La educación en la era digital
Desafíos teóricos y antropológicos

Alberto Sánchez-Rojo y
David Reyero García (eds.)

La educación
en la era digital

Desafíos teóricos y antropológicos

Con la ayuda del Programa de Financiación de la UCM para Grupos de Investigación validados, convocatoria 2023 (970581)

GRUPO DE INVESTIGACIÓN
EN ANTROPOLOGÍA Y
FILOSOFÍA DE LA EDUCACIÓN

Colección Nuevo Ensayo, nº 138

Fotocomposición: Encuentro-Madrid
Impresión: Tecnología Gráfica-Madrid
ISBN: 978-84-1339-235-6
Depósito Legal: M-11871-2025
Printed in Spain

Para cualquier información sobre las obras publicadas o en programa y para propuestas de nuevas publicaciones, dirigirse a:

Redacción de Ediciones Encuentro
Conde de Aranda 20, bajo B - 28001 Madrid - Tel. 915322607
www.edicionesencuentro.com - info@edicionesencuentro.com

ÍNDICE

SEGUNDA PARTE
DIVERSIDAD E INCLUSIÓN

INTRODUCCIÓN

Cuando uno se enfrenta a un libro colectivo suele hacerlo con ciertas precauciones, todas muy comprensibles. Los primeros que suelen mirar estos textos con cierta desconfianza son las propias editoriales y por eso queremos agradecer a Ediciones Encuentro la publicación de este texto. Las razones pueden ser varias. Estos libros se venden mal, no tienen un mensaje sino miles de mensajes, no suelen tener un estilo sino tantos como autores han participado en él, y no suelen tener un tema claro. Por otra parte, quienes ven el libro en una feria o una librería, o leen una reseña, los potenciales lectores, tienen las mismas cautelas fruto de las mismas experiencias. «Me interesa un capítulo, ¿merecerá la pena todo el libro?». Además, a cada uno de esos potenciales lectores les pueden interesar capítulos distintos. La promoción del texto es desde luego más complicada y su calidad seguro que desigual. ¿Por qué comprometer a una editorial en esta tarea y por comprometer a los autores? ¿Merece la pena? Humildemente, nosotros creemos que merece la pena por al menos una cosa y no es *publish or perish*.

Aunque los ensayos al uso puedan parecer más unificados es fácil que, en el fondo, también sean desiguales; lo son: de hecho, solo un puñado de ideas puede resultar finalmente de interés y transcender el propio tiempo del ensayista. En esta colección de breves microensayos pasa lo mismo: un grupo de profesores intentamos, mediante las distintas formas de acercarnos a problemas antropológicos, desentrañar el tiempo que nos ha tocado vivir, un tiempo regido por una tecnología que no es como las demás, claramente sometidas a nuestro dominio, sino con una cierta capacidad de agencia, una tecnología que amenaza con tomar decisiones, y que de hecho las toma o al menos las informa como última palabra. Una tecnología con autoridad.

La rápida evolución de la tecnología a partir del último tercio del siglo XX fue dando lugar paulatinamente a cambios significativos en la forma en que vivimos, trabajamos, nos comunicamos y nos relacionamos con el mundo que nos rodea, hasta afectar a todos y cada uno de los ámbitos de nuestra vida. El paso de la sociedad de la información a la sociedad del conocimiento durante la primera década del siglo XXI marcó un hito importante, con la creación de la web 2.0 y las posibilidades de participación y colaboración que gracias a ella se abrían. La proliferación de dispositivos móviles con acceso a Internet que permite el intercambio constante e instantáneo de información entre individuos en todo momento ha revolucionado la manera de comunicarnos y, asimismo, de acceder, manejar, almacenar e incluso de entender y valorar nuestro mundo, cada vez más reducido a información y datos. Ya hace tiempo que se hace difícil distinguir la realidad analógica de la digital y más aún lo será previsiblemente en los próximos años gracias al gran avance de la inteligencia artificial (AI). El denominado Internet de las cosas (IoT) conecta toda nuestra vida a la red, empezamos a habitar espacios inteligentes y las cosas y materialidades de nuestra vida cotidiana están conociéndonos cada vez más, al mismo tiempo que nosotros vamos haciendo depender nuestra forma de movernos por el mundo del tipo de atención que ellas nos demandan y al mismo tiempo nos profesan.

Esta situación presenta un gran desafío para la educación, y no solo en el sentido de cómo se ve afectado el proceso de enseñanza-aprendizaje con todos estos soportes tecnológicos con los que hoy contamos, sino también, y quizás mucho más importante, en la línea de saber en qué consiste hoy educar a un ser humano. Esta última pregunta, que no es didáctica como la primera, sino teórica y antropológica, es la que se plantea responder este libro. Con este fin se recogen en sus capítulos grandes retos a los que se enfrenta la educación y que merecen una reflexión que marque ciertos principios de orientación pedagógica antes de llevar a cabo cualquier acción de carácter instrumental o didáctico.

Como se verá, no todos los retos que aquí se plantean están directamente relacionados con la tecnología, pero todos abordan algún asunto derivado del complejo mundo que estamos forzados a habitar a consecuencia de su presencia. Y es que la mirada reflexiva pedagógica en torno a la educación de un ser humano que hoy pretenda ser medianamente crítica no puede ni debe estar reducida a la presencia dominante de la tecnología en nuestras vidas, sino que debe atender asimismo a ciertos aspectos que aparentemente no tienen que ver con ella, pero que sin duda derivan de ella, del mundo que nuestra relación con esa tecnología ha generado.

El Grupo de Investigación en Antropología y Filosofía de la Educación (GIAFE) de la Universidad Complutense de Madrid es el punto de anclaje de todos los trabajos que aquí se presentan. Fundado en 2012, este grupo se ha consolidado como un espacio de reflexión interdisciplinaria y plural en el ámbito educativo. Compuesto por 25 investigadores provenientes de 7 universidades distintas y diversas áreas de conocimiento, GIAFE constituye la unión de un conjunto de personas comprometidas con el análisis profundo y crítico de los fundamentos antropológicos y filosóficos de la educación. La denominación del grupo no es, por lo tanto, casual, sino que refleja una identidad en el fin que perseguimos y que no es otro que ayudar en las preguntas que fundaban la antropología kantiana; qué podemos saber, qué debemos hacer, y qué nos cabe esperar. El libro que aquí presentamos persigue ser una muestra de esta identidad, que llevamos construyendo más de una década y que nos define como comunidad académica que trata de defender la posibilidad de un presente y un futuro donde prevalezcan los posicionamientos humanistas frente a aquellos que, teniendo un carácter técnico e instrumental, acaban por deshumanizar.

Alberto Sánchez-Rojo
David Reyero

PRIMERA PARTE
TECNOLOGÍA E INNOVACIÓN

EL IMPERATIVO DE LA INNOVACIÓN TECNOLÓGICA EN EDUCACIÓN: UN ANÁLISIS CRÍTICO[1]

Alberto Sánchez-Rojo (Universidad Complutense de Madrid)
Miriam Prieto (Universidad Autónoma de Madrid)

INTRODUCCIÓN

El 9 de enero de 2007, Steve Jobs, director ejecutivo de la compañía Apple, presenta, en un acto público y retrasmitido mundialmente, el primer iPhone, un producto que, según él, es revolucionario y viene a cambiar, siempre para mejor, la forma que teníamos de ser y estar en el mundo (Protectstar Inc., 16 de mayo de 2013). A lo largo de la hora y media aproximada que dura la presentación le vemos ilusionado, emocionado y en ocasiones incluso exaltado, explicando en detalle todas las funcionalidades que tiene ese teléfono inteligente que va a estar en poco tiempo disponible en las tiendas por un precio que él trataba de justificar como nada elevado, teniendo en cuenta la cantidad de cosas que podía hacer aquel aparato. Aparte de los calificativos de innovador y revolucionario, que no dejan de aparecer en su discurso, otros adjetivos como sencillo, bonito, impresionante o maravilloso se van sucediendo unos a otros, apareciendo como claros sinónimos

[1] Este trabajo se ha realizado dentro del marco del proyecto I+D+i «El imperativo de la innovación educativa: análisis de su recepción y articulación en el sistema educativo español – IMPNOVA» (ref. PID2022-138878NA-I00) financiado por el Ministerio de Ciencia e Innovación del Gobierno de España.

de mejora. Ahora bien, si analizamos en profundidad qué es lo que se mejora, podremos observar que, en muchos aspectos, tampoco está tan claro. Es cierto que el nuevo aparato, y sobre todo si su uso conseguía ser generalizado —algo que en ese momento estaba por verse—, produciría ciertos cambios en la manera en que las personas iban a interaccionar entre ellas y con el mundo, pero esos cambios no tenían por qué implicar necesariamente mejoras, tal y como él daba por descontado. La posibilidad de acceder de manera inmediata a Internet o de tener incorporados el correo electrónico, música o documentos en el teléfono, entre otras funcionalidades, podían agilizar algunas acciones en momentos puntuales, pero, por un lado, tampoco tanto, y, por otro lado, quizá no era ni siquiera necesario. Sin embargo, si quería tener éxito, Steve Jobs sabía que tenía que hacer ver a la gente que sí que lo era, y así lo hace en su discurso. De esta forma, cuando uno acaba de ver el acto de presentación siente que debe comprar el iPhone, pero no por gusto o interés, sino por necesidad.

Y es que «si toda mercancía tiene un valor de uso y todo uso responde a una necesidad, significa que la necesidad es el fundamento de la mercancía. En este sentido no hay mercancía sin necesidad» (Keucheyan, 2021, p. 57). De esta manera, el sistema capitalista, sustentado en la producción y el consumo constantes e ininterrumpidos, logra triunfar gracias a la creación incesante de necesidades a fin de justificar la importancia de seguir produciendo y consumiendo, cada vez en mayor cantidad, nuevas mercancías. Si el objetivo es la venta del producto en masa, las necesidades deben aparentar ser reales. A pesar de que esta dinámica ha sido siempre así dentro de este modelo económico, las tecnologías digitales ayudan a potenciarla, puesto que, debido a su materialidad concreta, son susceptibles de cambios y mejoras constantes, así como de la creación de nuevas necesidades (Nachtway y Seidl, 2024). El discurso de Steve Jobs en la presentación del primer modelo de iPhone es un ejemplo paradigmático de esto que podemos hoy ver reflejado en todos los aspectos de la vida humana, desde aquellos de carácter más público, como la política (Feldstein, 2021), hasta aquellos más privados, como las relaciones afectivo-sexuales (Bankov, 2022). También lo observamos de manera muy clara en la educación, cuyos cimientos llevan años siendo marcados por finalidades de desarrollo económico y productivo, y donde hoy en día podríamos decir que tiene una gran presencia la tecnología (Solé Blanch, 2020).

Este capítulo pretende ser un análisis pedagógico y crítico de la manera en que la innovación ha acabado convirtiéndose en elemento clave y dominante en el campo de la educación de un modo marcadamente acrítico, ocupando aquí un lugar sustancial la incorporación de las tecnologías digitales como herramientas, no de apoyo y opcionales, sino, al menos aparentemente, necesarias. Para el análisis emplearemos dos acepciones del término necesario: «carencia de las cosas que son menester para la conservación de la vida» (sinónimo de carencia); y «aquello a lo cual es imposible sustraerse» (sinónimo de imperativo)[2]. En el primer apartado abordaremos la necesidad como imperativo de la mano de los discursos en materia de innovación de la Organización para la Cooperación y el Desarrollo Económico (OECD por sus siglas en inglés y OCDE en español), organismo internacional de carácter económico que desde hace décadas lleva marcando las líneas principales de acción en el campo educativo a nivel mundial. En un segundo apartado mostraremos cómo muchas de las necesidades y problemas señalados por este organismo son artificiales, o, al menos, no lo suficientemente evidentes desde una perspectiva pedagógica, abordando así la necesidad como carencia. Finalmente, antes de las conclusiones que sintetizarán los principales puntos de este trabajo, incluiremos un último apartado en el que señalaremos la importancia de que el

---

[2]   Acepciones dos y tres del término «necesidad». Se puede consultar en: https://dle.rae.es/necesidad.

campo de la educación sea devuelto a profesionales de la misma, siguiendo en su desarrollo, en primer lugar, y de manera primordial, criterios de acción educativos y pedagógicos, por encima de cualesquiera otros procedentes de distintos campos.

LA INNOVACIÓN: UN IMPERATIVO IMPERANTE, TAMBIÉN EN EDUCACIÓN

«La lucha por la educación es demasiado importante como para dejársela solo a los educadores», cuenta Christian Ydesen (2019), uno de los ponentes que participaron en la primera conferencia organizada por la OCDE en 1961. Desde entonces, la educación se ha convertido en un campo de batalla político en el que tienen interés, e intereses, y en el que han ido cobrando protagonismo distintos agentes. Entre ellos, la OCDE se ha erigido como una autoridad en educación en todo el mundo, operando a través de tres mecanismos prioritarios de gobernanza: la producción de ideas a través de los discursos, la evaluación de políticas y la producción de datos (Martens y Jakobi, 2010). En las líneas que siguen mostramos algunos ejemplos del papel central que la innovación ha desempeñado en el trabajo desarrollado por la OCDE, siendo una temática constante y central de los discursos, de la evaluación de políticas y de la producción de datos y, por tanto, un eje central en la gobernanza de la OCDE y en las políticas educativas globales que ha promovido.

La innovación ha sido una línea estratégica de la OCDE desde su creación, entendiéndola como un factor clave en la mejora de los estándares de vida de los individuos, las instituciones y los sectores económicos. Esta línea de trabajo se ha concretado, entre otras actividades, en la elaboración del *Manual de Oslo*, una guía para la recogida e interpretación de datos sobre innovación que la Organización elabora en respuesta a lo que caracteriza como una fuerte demanda política de evidencia empírica en innovación

(OECD, 2018). El *Manual* cuenta con cuatro ediciones y se dirige a la identificación de buenas prácticas para la recogida de datos sobre innovación y a facilitar la comparación. La primera edición data de 1992 y tenía por objetivo servir de guía para la recogida de datos en materia de innovación tecnológica. En 1997 vio la luz una segunda edición, esta vez ampliada al sector servicios. Ambas versiones, sin embargo, limitaban la innovación a procesos o productos tecnológicos nuevos o mejorados significativamente. La tercera edición, publicada en 2005, amplió tanto la definición de innovación como el marco de medición, y abandonó la identificación de los productos y procesos de innovación con el cambio tecnológico para incluir innovaciones en los servicios que mejoran de forma significativa la experiencia de los usuarios sin que necesariamente tengan un componente tecnológico.

La definición de innovación que adopta la OCDE es la reflejada en esta tercera edición: «una innovación es la implementación de un producto (bien o servicio) o proceso significativamente mejorado, un nuevo método de marketing o un nuevo método organizativo en prácticas de negocio, organizaciones laborales o relaciones externas» (OECD, 2005, p. 46). De acuerdo con esta definición, las tipologías de innovación se clasifican en cuatro: de producto, de proceso, de marketing y organizativas. La innovación de producto implica la introducción de un bien o servicio que es nuevo o está mejorado de forma significativa con respecto a sus características o su uso. La innovación de proceso es la introducción de una producción o método de provisión nuevo o significativamente mejorado. La tercera categoría, de marketing, constituye la implementación de un nuevo método de marketing que implica cambios significativos en el diseño o embalaje, la disposición, la promoción o el precio del producto. La innovación organizativa se define como la implementación de un nuevo método organizativo en las prácticas de mercado, la organización laboral o las relaciones externas de una empresa. Como evidencia esta definición, la concepción que de la innovación hace la OCDE se refiere de forma prioritaria, y prácticamente exclusiva, a mercancías. Y como veíamos en el apartado anterior siguiendo a Keucheyan (2021), se necesita entonces la necesidad.

Durante tres años (2007-2010) la OCDE desarrolló la Estrategia de innovación, de la cual se derivaron un conjunto de principios para fomentar la innovación, tanto en los individuos como en las empresas y los gobiernos. En el informe que recoge los resultados del trabajo desarrollado durante este periodo se identifica la innovación como la solución decisiva (idónea y asequible) para dar respuesta a problemas sociales como el cambio climático, la salud, la seguridad alimentaria o el acceso al agua potable, así como a la crisis económica que en aquel momento se vivía a escala mundial (OECD, 2010). Para fomentar la innovación la Organización señala tres líneas de trabajo fundamentales, referidas, como se ha señalado anteriormente, a los individuos, las empresas y los gobiernos. En lo que respecta a los individuos, la necesidad de fortalecer la innovación requiere de una educación de alta calidad que posibilite el desarrollo de un amplio abanico de competencias que habiliten al alumnado para aprender y aplicar nuevas capacidades. En el ámbito empresarial, el informe señala el papel crucial que desempeñan las pequeñas y medianas empresas, especialmente las nuevas y jóvenes, en la traducción de conocimiento e ideas en puestos de trabajo y riqueza. A los gobiernos les traslada la responsabilidad de desarrollar políticas que apoyen el emprendimiento y de desarrollar y financiar programas de investigación y desarrollo. Se trata, por tanto, a todos los niveles, de crecer a través de la creación de necesidades que potencien, por un lado, la producción y, por otro lado, el consumo, que no tiene por qué ser de mercancías físicas, sino que también puede ser de mercancías abstractas, como puede ser la formación o el conocimiento. El trabajo desarrollado en el marco de la Estrategia de Innovación refleja un discurso que incluye ya la mercancía y la necesidad, articulada esta como carencia (necesidad de fortalecer la innovación, lo que apela a su falta), esto es, como elemento esencial para el mantenimiento de las sociedades (y sus sistemas productivo y económico).

Esta estrategia se actualizó en 2015, reflejándose el resultado en el informe *The Innovation Imperative. Contributing to Productivity, Growth and Well-Being* (OECD, 2015a). En este informe la innovación se define ya de manera clara y directa como un imperativo, y no constituye un fin en sí mismo, sino la base para la creación de nuevos negocios y puestos de trabajo y como un motor clave para el crecimiento económico y el desarrollo. El fortalecimiento de la innovación se identifica así como un desafío central para que los países puedan mejorar sus vidas y su prosperidad, y se articula en cinco prioridades: fortalecer la inversión de los gobiernos en innovación; invertir y dar forma a un sistema eficiente de creación y difusión de conocimiento; equilibrar los beneficios de la economía digital; promover el talento y las competencias y optimizar su uso; y mejorar la gobernanza y la implementación de políticas para la innovación (OECD, 2015, pp. 12-13). Sin embargo, a pesar de que la innovación se califica como un imperativo en el título, en el contenido del informe este imperativo no se desarrolla o explica; es más, no se aborda en absoluto. Este vacío de justificación evidencia el paso de la necesidad como carencia a la necesidad como aquello a lo que es imposible sustraerse, tal y como muestra el propio discurso de la OCDE al articular la innovación como un imperativo.

Hasta aquí hemos abordado sólo breves pinceladas del trabajo de la OCDE sobre innovación. Ahora nos ocuparemos de manera más explícita de la relación entre la innovación y la educación, que también ha sido una línea de trabajo central para la Organización que se remonta casi tan atrás como su existencia, con la creación ya en 1967 del *Centre for Educational Research and Innovation* (CERI). La relación entre la educación y el desarrollo económico ha sido una constante en la historia de la OCDE, y la creación del CERI se ha interpretado como el inicio del trabajo de la Organización en el ámbito de las políticas educativas (Centeno, 2019, 2021). De acuerdo con la información que actualmente se muestra en la página web del organismo, el CERI «provee y promueve investigación, innovación e indicadores internacionales comparados; explora aproximaciones a la educación y al aprendizaje innovativas y orientadas al futuro; y facilita la construcción de puentes entre la investigación educativa, la innovación y el desarrollo político»[3]. El CERI pertenece a la Dirección de Educación y Competencias, encargada de proveer análisis de políticas y asesoría en materia educativa para ayudar tanto a los individuos como a los gobiernos a identificar y desarrollar el conocimiento y las competencias que pueden conducirles a generar mejores trabajos y mejores vidas y que pueden promover la prosperidad y la inclusión social. A esta Dirección pertenecen programas clave de la OCDE como PISA o TALIS, en tanto que mecanismos centrales de producción de datos.

La caracterización de la innovación como un imperativo en el ámbito educativo se recoge en el informe *Schooling Redesigned. Towards innovative learning systems* publicado por el CERI en 2015, el mismo año que la revisión de la Estrategia de innovación que hemos señalado anteriormente. El informe se dirige a abordar lo que la OCDE define como el problema de que los entornos de aprendizaje innovadores sean la excepción en lugar de la norma (OECD, 2015b, p. 4) y para darle solución aborda los principios y condiciones que pueden hacer que la innovación sea sistémica.

El primer capítulo de esta publicación abre con el apartado «El imperativo de la innovación». El contenido de este apartado recoge dos tipos de críticas, una económica y otra pedagógica, a los sistemas educativos. En lo que respecta a la crítica económica,

---

[3]   Se puede consultar en: https://www.oecd.org/en/about/programmes/centre-for-educational-research-and-innovation-ceri.html.

el informe caracteriza los sistemas educativos como lentos y resistentes al cambio y desconectados de los rápidos cambios económicos que se están produciendo tanto a escala global como local, y señala la necesidad de dar respuesta a su falta de eficiencia mediante la reforma y la innovación (OECD, 2015b, p. 16). En lo pedagógico, el problema radica para la OCDE en que los sistemas educativos son profundamente desiguales y están regidos por la función social y económica de la clasificación y la selección. El informe continúa afirmando que lo que pueden parecer críticas diferentes pueden converger en aspectos sustanciales:

> Críticos de ambos bandos pueden encontrar evidencias en el elevado número de jóvenes que se desenganchan del aprendizaje antes de la adolescencia. Ambos pueden insistir en que se necesita una transformación radical y no cambios menores. Ambos reclaman innovación y la urgencia de aumentar la capacidad de las escuelas y otros espacios para generar aprendizaje. Ambos pueden afirmar que un cambio sistémico es necesario, y no innovaciones asiladas aquí y allí (Ibid., p. 16).

El informe continúa señalando que la innovación significa mirar más allá de las estructuras y los colaboradores convencionales y apela a abrir los sistemas educativos a las tecnologías digitales, la entrada de nuevos proveedores, los intereses de los empleadores en los resultados de la educación reglada y la experiencia de otros sectores en el aprendizaje. «Necesitamos modelos que apuesten por la horizontalidad y la verticalidad, por lo no formal y lo formal, la colaboración voluntaria y la regulada. No se trata de rechazar a las escuelas y sus sistemas organizativos sino de incorporarlas dentro de conceptos y sistemas más integrales» (Ibid., p. 17).

En línea con este informe, la OCDE publica un año más tarde el informe *Innovating Education and Educating for Innovation. The power of digital technologies and skills* (OECD, 2016), en el que dedica el primer capítulo al imperativo de la innovación en educación. En él, se mantiene la definición de innovación que se ha descrito previamente, esto es, como mercancía. La necesidad de la innovación se justifica en el ámbito educativo como medio para mejorar los resultados de aprendizaje y la calidad, la equidad y la eficiencia de los sistemas educativos, y como un motor para su adaptación a los rápidos cambios sociales y económicos que experimentan las sociedades (OECD, 2016, pp. 13-14). Los discursos de la OCDE no incluyen una explicación argumentada o evidencias de por qué la innovación puede ser un medio para mejorar los resultados de aprendizaje, ni por qué ha de ser el único medio (lo que se deduce de su articulación como imperativo). Y, por tanto, vemos cómo también en educación la innovación se articula como una necesidad exigida pero no justificada, y de ahí el paso a su configuración como imperativo.

EL SOLUCIONISMO Y EL DETERMINISMO TECNOLÓGICO EN EDUCACIÓN

La relación entre la innovación y la digitalización es el objeto central del informe *Innovating Education and Educating for Innovation* (OECD, 2016) mostrando la necesidad de su implementación a pesar de reconocer explícitamente que no hay evidencia de que la utilización de herramientas digitales mejore en ningún sentido los resultados formativos de los y las estudiantes (p. 85). Ahora bien, el texto refleja, sin ninguna evidencia real, como incuestionable el hecho de que, si esto es así, se debe a una falta de formación de los y las profesionales en materia tecnológica, así como una introducción incorrecta de esta en las aulas, algo que el informe señala como necesario solucionar. Y es que plantearse la idoneidad o no de introducir las tecnologías digitales en el aula, o de que la presencia de estas no tenga al menos un carácter esencial, no es asumible. Las tecnologías digitales son innovación, innovar es la mejor forma de mejorar y esto parece legitimar que aparezcan como una necesidad.

Tal y como sostiene Aibar (2023), «la innovación tecnológica es el patrón a partir del cual se valoran y se miden el resto de innovaciones» (p. 30). Esto se debe, por un lado, a su presencia dominante en todos los ámbitos de la vida humana, lo cual marca parámetros de acción disruptiva, o al menos transformadora, con efectos claros de rendimiento económico, más allá de los propios del ámbito del que se trate; y, por otro lado, precisamente por esta presencia dominante, también se debe a la tendencia generalizada a pensar que las innovaciones, para serlo, tienen que incorporar algún aspecto tecnológico, considerándose este siempre el principal o más destacable. De hecho, se suele «concebir de manera lineal el flujo entre ciencia, tecnología e innovación, donde la innovación resulta directamente de la tecnología y esta, a su vez, de la ciencia» (Langhi, *et al.*, 2023, p. 10). Sin embargo, la referencia es siempre a la ciencia que posibilita el desarrollo técnico de la aplicación o el aparato del que se trate, y no tanto a aquella que estudia de manera específica el ámbito concreto en el que se vaya a introducir esa tecnología.

En el campo de la educación esto puede comprobarse fácilmente atendiendo a análisis bibliométricos de publicaciones académicas relacionadas con la innovación educativa, pues si bien suelen destacarse distintos aspectos de la innovación que no tendrían por qué estar directamente relacionados con la tecnología, finalmente, la gran mayoría de trabajos y, sobre todo, aquellos más citados, siempre involucran la introducción y el trabajo con algún tipo de tecnología de carácter digital, cuya inclusión viene justificada precisamente por la innovación que en sí misma supone y que viene avalada por la ciencia que sustenta su técnica, pero no tanto por su idoneidad pedagógica, que normalmente ni se cuestiona (Gil-Quintana *et al.*, 2023). Esta asociación entre innovación y tecnología en el campo educativo se evidencia también en los discursos del profesorado; al ser cuestionados sobre cómo conciben la innovación, los términos que primero les vienen a la cabeza son cambio, novedad o proceso, seguidos de tecnología, dando por hecho la necesidad de que esta sea introducida (Sales y Kenski, 2021).

Esta prevalencia de las tecnologías digitales en el campo de la educación refleja lo que Morozov (2016) denomina *solucionismo tecnológico*; esto es, la creencia, sin argumentación ni evidencias científicas claras, en que la solución a cualquier problema va a encontrarse en la tecnología. El solucionismo se basa, a su vez, en el denominado *determinismo tecnológico*, que considera que todo cambio socioeconómico a lo largo de la historia ha venido determinado por cambios de carácter tecnológico, siendo, por tanto, la tecnología, el principal, o incluso el único, motor para el desarrollo y progreso de la humanidad. Según este autor, este planteamiento es problemático porque, al estar la mirada atravesada de principio a fin por la cuestión tecnológica, la posibilidad de ir reflexivamente más allá de esta se ve limitada, ocultando problemas y centrando el foco en otros que son precisamente creados o, al menos así considerados, exclusivamente por ella. Es decir, partir de la base de que es necesario introducir las tecnologías digitales en el campo de la educación para cualesquiera procesos de enseñanza-aprendizaje que se produzcan, genera un imaginario que no permite pensar la educación fuera de su relación con la tecnología, puesto que esta relación se presenta como incontestable. Esta relación incontestable es la que se refleja en los discursos de la OCDE: si no se produce una mejora en los aprendizajes en ningún caso puede ser debido a que las tecnologías no sean necesarias para producir este efecto, porque se parte de la base de su necesidad imperiosa; será necesario identificar otras causas, teniendo en cuenta que, dentro del imaginario regido por la relación entre educación y tecnología, más tecnología resulta coherente.

El discurso acostumbra a ser que el mundo actual viene hoy determinado por las tecnologías digitales, que estas marcan una manera concreta de ser y de estar en el mundo y que, si queremos sobrevivir en él no nos queda otro remedio que adaptarnos, pues todos los males se explican por una falta de ajuste en este sentido (Ekwere, 2022). Así pues, todos los datos negativos relacionados con la educación empiezan a asociarse a una falta de preparación de los centros y su profesorado, frente a un alumnado que ha crecido en un mundo tecnologizado que los hace aprender de determinada manera acorde con las competencias que de ellos demandará en el futuro. La flexibilidad, el trabajo en equipo o la resiliencia son competencias acordes con este contexto incierto y el modelo educativo tradicional se supone que no está preparado para ello. De esta forma, se demoniza la clase magistral, la memorización de conceptos o el libro de texto, como métodos y herramientas desfasados y que imposibilitan la adaptación al mundo tecnológico que habitamos. Ahora bien, lo que se presenta no es sino una caricatura exagerada de un modelo educativo, que se engloba bajo el término *tradicional*, donde quien aprende es descrito prácticamente como un ser inerte que está ahí cual recipiente vacío en el que quien enseña introduce acríticamente una serie de conocimientos de manera forzada y autoritaria. Frente a esto, aparecen las tecnologías como elemento salvífico disruptivo que viene a dinamizar el aprendizaje adaptándolo a las demandas sociales actuales.

Cierto es que lo nuevo en educación ha tenido tradicionalmente una connotación utópica (Araújo, *et al.*, 2018) y que esta polarización ayuda a observar las tecnologías de una manera mucho más optimista y esperanzadora. No obstante, a poco que nos acerquemos a la realidad educativa de manera directa, o incluso parándonos a pensar un poco en esta manera de describir el modelo educativo tildado de tradicional, nos daremos cuenta de que la concepción maniquea que se nos traslada de la educación tradicional y la innovadora no puede responder a la realidad, puesto que los y las estudiantes son personas, sujetos con capacidad racional, de modo que en ningún caso pueden permanecer tan inertes como se los supone. Asimismo, hay docentes buenos y malos, siempre los ha habido, pero son muchos los que tratan de transmitir su materia siguiendo los criterios pedagógicos que consideran que pueden ayudar mejor a su alumnado a introducirse en ella. Es por esta razón por la que hay algunos profesionales que, viendo cuestionado su criterio pedagógico y proyectada una imagen de la realidad escolar desacorde con su experiencia en aras del solucionismo tecnológico, se posicionan en contra de cualquier cambio, lo cual incrementa la polarización por el otro lado, algo que tampoco es deseable (Trilla, 2018). Lo cierto es que a poco que analicemos el oficio docente nos daremos cuenta de que los métodos pueden ir cambiando, de que se van produciendo novedades dentro y fuera de la escuela que sin duda la afectan, pero lo esencial es que éstos sirvan a los fines, y coincidiendo aquí con la OCDE, la innovación no es un fin en sí mismo. El imperativo de la innovación parece forzar a que las nuevas generaciones de docentes sean formadas en esta capacidad de innovar incesantemente, cuando lo realmente importante es la cotidianeidad del aula y de la relación educativa, que es fija, estable en el tiempo, y en la que va a consistir su labor la mayor parte de la jornada (Larrosa, 2019). Es aquí donde, como veremos en el siguiente apartado, quizá convenga situarse, huyendo de una polarización irreal, pero cuyos efectos negativos desde una perspectiva educativa sí que están siendo reales.

Son negativos, por un lado, por parte de quienes terminan por rechazar la tecnología bajo cualquier circunstancia y, por otro lado, por parte de quienes acaban abrazándola sin ningún tipo de cuestionamiento, teniendo fe ciega en sus posibilidades antes de haberse parado a observar pedagógicamente si estas son verdaderamente reales. «Los discursos deterministas tienden a animar a los y las profesionales de la educación a enseñar con, antes que sobre, la tecnología» (Nichols, 2022, p. 82), lo cual no deja de ser lógico si el objetivo es la integración sin cuestionamiento. Si atendemos a cómo las innovaciones tecnológicas en educación tienden a justificarse cuando la necesidad de su introducción no se da por hecho, veremos que normalmente lo hacen sustentándose en casos anecdóticos no generalizables, en supuestos sin base científica comprobable o en datos de satisfacción en un sentido emocional (Carrier, 2017). No obstante, una cosa es la experiencia vivida y otra los resultados, que es lo que se debería tener en cuenta de manera principal (Deneen y Prosser, 2021). Ahora bien, hacerlo pondría en cuestión su necesidad y la producción, venta y consumo de la mercancía podría peligrar, de manera que a quienes dirigen la educación les conviene mantenerse en aquellos discursos que potencian que la tecnología sea vista como necesaria, de ahí la importancia de mantener la polarización con respecto a un modelo educativo demonizado y la fe ciega en lo nuevo, lo alternativo y lo disruptivo como garantía incuestionable de mejora (Engelmann, 2022).

Cabe señalar que la innovación en educación está ligada al proceso y no tanto al producto, pues no se trata tanto de lo que introduzcamos, sino de qué implique dicha introducción (Yamina y Saleh, 2016). Es decir, si introducimos, por ejemplo, la pizarra digital en el aula, pero la utilizamos de manera idéntica a como usábamos la pizarra clásica, no se estaría produciendo innovación alguna y esto es importante tenerlo en cuenta, puesto que a la hora de analizar los posibles efectos de las tecnologías digitales en el campo de la educación debemos atender al uso que se hagan de ellas y no tanto a su mera incorporación. Esto no quiere decir, sin embargo, que atender a las características del producto no sea importante. Existe en el campo educativo una tendencia a considerar que las tecnologías son neutrales y que sus efectos, ya sean positivos o negativos, dependen exclusivamente de cómo sean utilizados, pero esto no es cierto (Sánchez-Rojo y Martín-Lucas, 2021). Por ejemplo, podemos hacer uso de las múltiples posibilidades que nos aporta Instagram siguiendo su política de protección y salvaguarda de nuestra privacidad, pero, en sí misma, la herramienta no deja de ser un medio que sirve para publicitar y difundir todo tipo de información. Asimismo, la forma en la que está diseñada, las restricciones del formato a la hora de comunicar algo, determinan una serie de comportamientos concretos. Eso no quiere decir que no se pueda desafiar al sistema, o incluso cambiarlo, a través del uso, pues este sin duda es esencial y tiene un gran potencial transformador (Oudshoorn y Pinch, 2003). Sin embargo, es importante tener en cuenta cómo son diseñadas las herramientas y no pensar que estas son neutrales y han sido creadas de manera desinteresada y sin objetivo alguno, pues siempre lo hay y, sobre todo, en el sentido de sacar un rédito de carácter económico.

Al señalar la importancia de mantener una mirada pedagógica crítica ante las tecnologías, no queremos decir que estas tengan por qué ser negativas, pero es comprensible que haya quien las ha definido como *pharmakon*, palabra que en la Grecia Clásica aludía al mismo tiempo al veneno y al remedio (Lewin, 2016). Asimismo, es un hecho que modifican nuestro mundo hasta el punto de poder hablar de la existencia de una condición humana digital (Stalder, 2017). En el campo educativo esto se ve reflejado en muchos aspectos y es por eso por lo que es importante conocer las gramáticas que definen este contexto, pero sin perder de vista que la mirada debe ser siempre pedagógica (Sánchez-Rojo, *et al.*, 2022), pues las tecnologías digitales pueden ser o no un medio educativo adecuado, pero en ningún caso tienen, o al menos no ha sido hasta el momento demostrado, un carácter necesario.

DESMONTANDO EL IMPERATIVO DE LA INNOVACIÓN EDUCATIVA Y RECUPERANDO LO EDUCATIVO

Si analizamos en detalle los textos de la OCDE señalados en el segundo apartado de este trabajo, o las distintas políticas educativas nacionales que se generan a partir de ellos, así como los modelos de organización, currículo o metodologías de enseñanza y aprendizaje que potencian y que, a pesar de la falta se evidencia científica que los sustente, se intentan difundir como los más exitosos académicamente (Quilabert, *et al.*, 2023), llegaremos fácilmente a la conclusión de que aparentemente «la única y exclusiva finalidad de la escuela es producir un determinado tipo de mano de obra: reciclable, aquiescente, resiliente y acomodaticia respecto a las demandas del capital» (García Fernández y Galindo Ferrández, 2024, p. 17), lo cual pasa por ser educadas y educados en la innovación como ideología (Aibar, 2023), a fin de pensar que solo innovando y participando de la innovación es posible triunfar. Esto es, para concebir de manera incuestionable la innovación como una necesidad, ayudando a mantener en buena salud el sistema socioeconómico productivista y consumista que habitamos. Con este objetivo no solamente se están elaborando políticas que mantengan este discurso, sino que, directamente, se está permitiendo a empresas del sector tecnológico y empresarial influir directamente en la educación (Saura, 2021).

Ahora bien, la innovación educativa, precisamente por el lugar en el que se desarrolla, no puede ser concebida de igual forma que entendemos otro tipo de innovaciones, como pueden ser las tecnológicas o las empresariales. Cros (1993) señala determinadas especificidades de la innovación escolar que es importante tener en cuenta. La principal de ellas es la importancia del contexto. Las innovaciones escolares se ponen en marcha por y para sus actores, de manera que siéndolo para unos, podría no serlo para otros, ya que su carácter es forzosamente siempre local. Esto es lo que hace posible que puedan ser consideradas en tanto que innovaciones ciertas prácticas cuya primera implementación tuvo lugar hace más de un siglo y también que no puedan ser fácilmente replicables. Asimismo, la escuela aborda una serie de cuestiones existenciales que son siempre idénticas, inamovibles, desde hace siglos, así que dentro de la innovación podríamos encontrar perfectamente elementos sumamente repetitivos. A esto hay que añadir el importante papel del profesorado, que tiene determinada visión del alumnado, así como unas expectativas concretas, cuya conexión hace que, en ocasiones, decida poner en marcha una innovación, sin necesidad de que se deriven de aquí resultados concretos e inmediatos. Cuando encontramos alumnado con dificultades académicas o de comportamiento, es más fácil que el docente se anime a innovar, pues cuenta con un alumnado que no está respondiendo y tiene la expectativa de que, si cambia algunas cosas, en algún momento lo haga. Por último, señala esta autora, la escuela no se pliega a lógica instrumental alguna, pues se ven involucradas relaciones socioafectivas y esto hace que en cualquier innovación lo importante sea la marcha del alumnado, el proceso, en mayor medida que sus resultados.

Estas ideas, señaladas por esta autora a principios de los años 90 del siglo pasado y que definen muy claramente qué es una innovación escolar desde una perspectiva educativa, contrastan con nuestro contexto actual, en el cual «la frontera entre la 'innovación pedagógica' y la 'innovación tecnológica' es a veces fina» (Mohib, 2019, p.126), tan fina que con mucha frecuencia se difumina. Distintos agentes con una elevada capacidad de influencia en lo que sucede en las aulas, la OCDE entre ellos, promueven la integración de las tecnologías digitales con base en ejemplos anecdóticos de resultados positivos como si estos pudiesen ser sencillamente replicables en cualquier parte, como si el contexto local, que es lo primordial, fuese absolutamente indiferente. Se habla de competencias por encima de contenidos, pues de lo que se trata es de formar trabajadores flexibles que puedan adaptarse a cualquier circunstancia y sepan cómo hacerlo, dejando de lado la tarea principal que siempre ha tenido la escuela de transmitir una cultura que, por supuesto, se sustenta en contenidos más allá de cualquier competencia (Bellamy, 2018). En el contexto actual nada se repite, todo cambia, siendo por ello por lo que el día a día debe consistir en innovar. Es ya indiferente que el alumnado tenga unas características, necesidades y dificultades u otras, porque el contexto carece de relevancia y esto abre la puerta a que la lógica del sistema sí pueda ser instrumental independientemente de las relaciones socioafectivas que se produzcan en la escuela, ya que nos interesan fundamentalmente unos resultados concretos, que sean medibles y, sobre todo, que se adapten al mundo digitalizado actual fomentando la producción y consumo de herramientas que claramente son definidas como una necesidad. No importa si no está claro que influyan directamente de forma positiva en los resultados del alumnado, pues si esto es así, no puede deberse a otra cosa que a su incorrecto uso y a la falta de formación del profesorado (OECD, 2016), lo que justifica más inversión, más producción y más consumo de mercancía.

La innovación educativa se presenta, como hemos visto, como disruptiva, revolucionaria, frente a un modelo tradicional que se define como anticuado, inservible, obsoleto. No obstante, como hemos señalado, la caricatura del modelo educativo tradicional no es real; y, por otro lado, no deja de estar en diálogo con las estructuras políticas y empresariales dominantes. La innovación educativa, tal y como es entendida hoy, no pretende romper con el *statu quo*, sino que lo que pretende ante todo es mantenerlo (Mohib, 2019). Se busca un enemigo fuera para aparentar ser rompedora, pero en el fondo no lo es; más bien es conservadora del sistema socioeconómico actualmente dominante que se sirve de ella para perdurar con buena salud en el tiempo. No se trata, por tanto, de revolución alguna, tampoco es comparable a la invención, pues esta parte de la voluntad e interés de un individuo y las innovaciones actuales vienen definidas externamente y deben ser asumidas por el profesorado que tiene asimismo que formarse para saber cómo hacerlo. Así pues, con el modelo de innovación educativa actual, sustentado en una necesidad artificial de introducción de la tecnología digital, los y las docentes han perdido su capacidad real de innovar; o, mejor dicho, de inventar y crear. Ya no son creadores, inventores, sino guías que deben servir de apoyo para la autoformación de su alumnado a través de la tecnología (García Fernández y Galindo Ferrández, 2024). Los y las profesionales de la educación han sido relegados a un plano secundario en su propio campo al asumir el imperativo de la innovación.

Ahora bien, una vez que analizamos en detalle la situación y nos damos cuenta de que la necesidad de innovar que nos es impuesta a quienes nos dedicamos al campo de la educación no es tal, que podemos cuestionarla y que nos podemos permitir poner los criterios pedagógicos en primer lugar, todo cambia (Gil Cantero, 2023; Sánchez-Rojo y Gil Cantero, 2020). Y es que nos damos cuenta de que la tecnología puede ser un gran apoyo, pero siempre bajo el prisma de la mirada pedagógica; de que es importante la formación para entender cómo funcionan estas herramientas y qué implicaciones pueden tener en el proceso de enseñanza-aprendizaje de cada materia, más allá de aprender su técnica, pues está muy bien saber cómo usar una tecnología, pero primero conviene averiguar si es idóneo usarla, porque al no ser una necesidad, puede resultar que no sea adecuado hacerlo; que educar es innovar siempre, porque en todo momento hay problemas que enfrentar y resolver y eso exige nuevas acciones, pero en el sentido de inventar y crear nuevos mundos, nuevos seres humanos, nuevas posibilidades, y no tanto de forzosamente adaptar algo que nos viene dado. La reflexión pedagógica, por tanto, resulta fundamental actualmente (Conesa-Lareo, 2025). Los y las profesionales de la educación tienen que recuperar su campo para que la escuela vuelva a ser un lugar particular de crecimiento académico, cultural y personal (Masschelein y Simons, 2014), más allá de intereses socioeconómicos externos. Al contrario de la afirmación que en 1961 hacía uno de los ponentes de la conferencia de la OCDE con la que abríamos este capítulo, precisamente porque la educación es demasiado importante, no puede sustraerse de sus profesionales ni de la intencionalidad pedagógica.

CONCLUSIÓN

Comenzamos este capítulo haciendo mención al discurso de presentación del primer iPhone realizado por Steve Jobs hace casi dos décadas, en el que veíamos que se dedicaba a crear necesidades artificiales a fin de que la compra de su producto se transformase más que en una opción, en un imperativo. Pues bien, el mismo formato de discurso es el que encontramos hoy en el terreno educativo con respecto a la inclusión de las tecnologías digitales en el aula. La OCDE, en tanto que organismo internacional con gran peso en el desarrollo de políticas educativas así lo defiende, viéndose apoyada por empresas del sector tecnológico y empresarial, así como por una importante parte de la comunidad educativa que se ha dejado persuadir por lo que podríamos denominar una ideología (Aibar, 2023), cuya legitimidad científica es claramente cuestionable (Carrier, 2017) y que, por lo tanto, solo puede ser defendida en un acto de fe.

Este acto de fe, muy conveniente para los defensores del sistema socioeconómico capitalista actual, ha hecho, en contrapartida, que los y las profesionales de la educación hayan pasado a ocupar un lugar secundario, inclusive anecdótico, como agentes autónomos dentro de su propio campo de trabajo. La innovación genuinamente educativa, con unas características concretas que derivan de su origen en el centro mismo de la relación educativa en un contexto concreto, ha pasado a ser prácticamente sinónimo de la innovación tecnológica, que responde a criterios económicos y técnicos, pero sin ninguna base pedagógica. De esta forma, la educación termina estando secuestrada por terrenos que la utilizan como medio para sus objetivos, pero que en ningún caso se ocupan de los fines que emanan de ella misma. Estos fines solo pueden descubrirse cuando es considerada como un campo de desarrollo humano con entidad propia y para ello, los y las profesionales de la educación deben recuperarla y reapropiársela. Esto pasa hoy por desmontar la ideología de la innovación poniendo en cuestión su carácter imperativo sin evidencia científica. Solo así podremos lograr que los criterios pedagógicos vuelvan a ser los que primen en cualquier decisión con respecto a la educación por encima de cualesquiera otros que provengan de campos que se aproximan a ella tratando de colonizarla para sus intereses. Esto no quiere decir, insistimos, que las tecnologías sean siempre negativas o que deban estar fuera de la escuela, simplemente señalamos algo tan simple como que no son incontestablemente necesarias y que son los y las profesionales de la educación quienes, conociendo las gramáticas del contexto actual —pues están obligados a hacerlo—, toman su decisión, sustentada en criterios pedagógicos, de usarlas, no usarlas y de qué manera hacerlo.

REFERENCIAS

Aibar, E. (2023). *El culto a la innovación*. NED.

Araújo, A. F., Araújo, J. M. y García del Dujo, A. (2018). Ideologia e utopia: o fascínio da novidade da Educação Nova. *Revista Lusófona de Educação*, 39, 27-35. https://doi.org/10.24140/issn.1645-7250.rle39.02.

Bankov, K. (2022). Cultural Transformations of Love and Sex in the Digital Age. En *The Digital Mind. Semiotic Explorations in Digital Culture* (pp. 83-88). Springer.

Bellamy, F. X. (2018). *Los desheredados: por qué es urgente transmitir la cultura*. Encuentro.

Carrier, N. (2017). How educational ideas catch on: the promotion of popular education innovations and the role of evidence. *Educational Research*, 59(2), 228–240. https://doi.org/10.1080/00131881.2017.1310418.

Centeno, V.G. (2021). The OECD: actor, arena, instrument. *Globalisation, Societies and Education*, 19(2), 108-121, DOI: 10.1080/14767724.2021.1882958.

Centeno, V. G. (2019). The Birth of the OECD's Education Policy Area. En C. Ydesen (Ed.), *The OECD's Historical Rise in Education: The Formation of a Global Governing Complex* (63–82). Springer International Publishing.

Conesa-Lareo, M. D. (2025). Entre pantallas y pensamientos: hacia una educación reflexiva en entornos digitales. *Teoría de la Educación. Revista Interuniversitaria*, 37(1), 111–128. https://doi.org/10.14201/teri.31888.

Cros, F. (1993). *L'innovation a l'école*. Presses Universitaires de France.

Deneen, C. C. y Prosser, M. (2021). Freedom to innovate. *Educational Philosophy and Theory, 53*(11), 1127–1135. https://doi.org/10.1080/00131857.2020.1783244.

Ekwere, V. B. (2022). Innovation technologique et l'éducation désormais: enjeux et défis des nouvelles compétences. *Akofena*, 6(3), 443-450.

Engelmann, S. (2022). Alternative(s): Better or just different? *Journal of Philosophy of Education, 56*(4), 523-534. https://doi.org/10.1111/1467-9752.12702.

Feldstein, S. (2021). *The Rise of Digital Repression: How Technology is Reshaping Power, Politics, and Resistance*. Oxford University Press.

García Fernández, O. y Galindo Ferrández, E. (2024). *Aprendizaje Basado en Proyectos. Un aprendizaje basura para el proletariado*. Akal.

Gil Cantero, F. (2023). La Pedagogía ante el desfase prometeico del transhumanismo. *Revista de Educación*, 396, 11–33. https://doi.org/10.4438/1988-592X-RE-2022-396-528.

Gil-Quintana, J., Osuna-Acedo, S., Limaymanta, C. H. y Romero-Riaño, E. (2023). Análisis Bibliométrico de Artículos Sobre Innovación Educativa en Educación a Distancia: Un Reto Para la Pedagogía Crítica y la Educación Mediática. *American Journal of Distance Education, 37*(4), 308–326. https://doi.org/10.1080/08923647.2023.2241715.

Keucheyan, R. (2021). *Las necesidades artificiales. Cómo salir del consumismo*. Akal.

Langhi, C., Cordeiro D. S. y Duarte, E. M. (2023). Técnica, tecnologia e inovação no âmbito da educação corporativa: ressignificação de conceitos. *Refas, 10*(1), 1-16. https://doi.org/10.26853/Refas_ISSN-2359-182X_v10n01_07.

Larrosa, J. (2019). *Esperando no se sabe qué. Sobre el oficio de profesor*. Candaya.

Lewin, D. (2016). The Pharmakon of Educational Technology: The Disruptive Power of Attention in Education. *Studies in Philosophy and Education, 35*(3), 251–265. https://doi.org/10.1007/s11217-016-9518-3.

Martens, K. y Jacobi, A. (2010). Expanding and Intensifying Governance: The OECD in Education Policy En K. Martens y A. Jacobi (eds.) *International Incentives for National Policy-Making?* (pp. 163-179). Oxford University Press.

Masschelein, J. y Simons, M. (2014). *Defensa de la Escuela. Una cuestión pública*. Miño y Dávila.

Mohib, N. (2019). L'institutionnalisation de l'innovation dans l'enseignement supérieur français: Analyse des discours de promotion des innovations technologiques et pédagogiques. *Education & Formation*, e-313, pp.125-140.

Morozov, E. (2016). *La locura del solucionismo tecnológico*. Katz.

Nachtwey, O. y Seidl, T. (2024). The Solutionist Ethic and the Spirit of Digital Capitalism. *Theory, Culture & Society*, 41(2), 91-112. https://doi.org/10.1177/02632764231196829.

Nichols, T. P. (2022). *Building the Innovation School. Infrastructures for Equity in Today's Classrooms*. Teachers College Press.

OECD/Eurostat. (2018). *Oslo Manual 2018: Guidelines for Collecting, Reporting and Using Data on Innovation, 4th Edition, The Measurement of Scientific, Technological and Innovation Activities*. OECD Publishing. https://doi.org/10.1787/9789264304604-en.

OECD. (2016). *Innovating Education and Educating for Innovation: The Power of Digital Technologies and Skills*. OECD Publishing. http://dx.doi.org/10.1787/9789264265097-en.

OECD. (2015a). *The Innovation Imperative: Contributing to Productivity, Growth and Well-Being*. OECD Publishing. http://dx.doi.org/10.1787/9789264239814-en.

OECD. (2015b). *Schooling Redesigned: Towards Innovative Learning Systems, Educational Research and Innovation*. OECD Publishing. https://doi.org/10.1787/9789264245914-en.

OECD. (2010). *The OECD Innovation Strategy: Getting a Head Start on Tomorrow*. OECD Publishing. https://doi.org/10.1787/9789264083479-en.

OECD-Eurostat. (2005). *Oslo Manual: Guidelines for Collecting and Interpreting Innovation Data, 3rd Edition*. OECD Publishing. http://dx.doi.org/10.1787/9789264013100-en.

Oudshoorn, N. y Pinch, T. (eds.) (2003). *How Users Matter: The Co-construction of Users and Technology*. The MIT Press.

Protectstar Inc. (16 de mayo de 2013). *iPhone 1 - Steve Jobs MacWorld keynote in 2007 - Full Presentation, 80 mins*. [Archivo de Vídeo]. Youtube. https://www.youtube.com/watch?v=VQKMoT-6XSg.

Quilabert, E., Moschetti, M. y Verger, A. (2023). Del discurso pedagógico a la política: la irrupción de la innovación educativa en la agenda pública. *Teoría De La Educación. Revista Interuniversitaria*, 35(2), 57–79. https://doi.org/10.14201/teri.31221.

Sales, M. V. S. y Kenski, V. M. (2021). Sentidos da inovação em suas relações com a educação e as tecnologias. *Educação e Contemporaneidade, 30*(64), 19-35. https://doi.org/10.21879/faeeba2358-0194.2021.v30.n64.p19-35.

Sánchez-Rojo, A., García del Dujo, A., Muñoz-Rodríguez, J. M. y Dacosta, A. (2022). Grammars of «Onlife» Identities: Educational Re-significations. *Studies in Philosophy and Education, 41*(1), 3-19. https://doi.org/10.1007/s11217-021-09811-7.

Sánchez-Rojo, A. y Martín-Lucas, J. (2021). Educación y TIC: entre medios y fines. Una reflexión post-crítica. *Educação & Sociedade,* 42, 1-14. https://doi.org/10.1590/ES.239802.

Sánchez-Rojo, A. y Gil Cantero, F. (2020). Ya es hora de devolver la educación al profesional de la educación. En E. S. Vila Merino, J. E. Sierra Nieto y V. M. Martín Solbes (coords.) *Teoría de la Educación: Docencia e Investigación* (35-54). GEU.

Saura, G. (2021). Redes políticas y redes de datos de gubernamentalidad neoliberal en educación. *Foro de Educación, 19*(1), 1-10. doi: http://dx.doi.org/10.14516/fde.924.

Solé Blanch, J. (2020). El cambio educativo ante la innovación tecnológica, la pedagogía de las competencias y el discurso de la educación emocional: Una mirada crítica. *Teoría de la Educación. Revista Interuniversitaria, 32*(1), 101-121. https://doi.org/10.14201/teri.20945.

Stalder, F. (2018). *The Digital Condition.* Polity.

Trilla, J. (2018). *La moda reaccionaria en educación.* Laertes.

Yamina, G. y Saleh, A. (2016). De L'innovation à L'intégration Des TIC. *Journal of Economic Integration,* 4(3), 1-14.

Ydesen, C. (2019). Introduction: What Can We Learn About Global Education from Historical and Global Policy Studies of the OECD? En K. Martens y A. Jacobi (eds.), *International Incentives for National Policy-Making?* (1-14). Oxford University Press.

LA FORMACIÓN UNIVERSITARIA Y LA INTELIGENCIA ARTIFICIAL: ANDAR CON PIES DE PLOMO

Francisco Esteban Bara (Universidad de Barcelona)
Juan García Gutiérrez (Universidad Nacional de Educación a Distancia)

INTRODUCCIÓN

La Inteligencia Artificial (IA) ya lleva un tiempo en la universidad: en la investigación, la gestión y también en la formación, que es la dimensión que a nosotros nos interesa tratar aquí. Está y nos atrevemos a decir que no marchará. No ha llegado para quedarse una temporada como si fuera una moda, sino para instalarse. Inventos como el *ChatGPT*, en cualquiera de sus sucesivas y mejoradas versiones, por ejemplo, resultan lo bastante atractivos y útiles, en un sentido posmoderno, como para invitarlos a salir de la formación universitaria (Ribera y Díaz Montesdeoca, 2024). Pero también existen otras opciones de IA más integradas en los procesos formativos y, por ello, con una influencia menos visible y más silenciosa pero igualmente transformadoras de formación universitaria.

Uno puede optar por cerrarse en banda ante la realidad, perfecto, pero eso no le ayudará a quitársela de encima. Muchos profesores y estudiantes la tienen al alcance de la mano, la consideran eficaz y eficiente, y, lógicamente, la utilizan asiduamente. También puede uno asombrarse, entusiasmarse y obcecarse, por ese orden. La IA, desde esta posición, parece ser más que un recurso, el remedio a los males que tenía la formación universitaria y que la pondrán a la altura que merece estar, un nuevo tótem educativo. Nos parece más acertada una posición intermedia en relación con la IA, que consiste en no darle la espalda ni lanzarse a sus brazos, sino pensarla y considerarla pedagógicamente. La IA puede ayudar a enriquecer la formación universitaria, pero hay que andar con pies de plomo, pues también puede desvirtuarla y convertirla en algo que tenga poco que ver con ella. En este trabajo vamos a presentar qué entendemos por formación universitaria y por IA. Las ideas que se puedan tener sobre ambas son determinantes para proponer una posible relación entre ellas y valorar sus consecuencias para ámbitos específicos de la formación universitaria. Y sobre esas ideas y dicha relación se elaborará un diagnóstico que tiene en cuenta el proceso que sigue la IA en la formación universitaria, centrando la mirada no sólo en las posibilidades de la IA Generativa, en cualquiera de sus opciones, sino especialmente en el proceso tácito de expansión e integración en las plataformas educativas. Ya anunciamos que, sin dejar de apreciar sus bondades, atisbamos ciertos riesgos para la formación universitaria que, por lo menos nosotros, tenemos en la cabeza. Esos riesgos afectan a aspectos esenciales de dicha formación, en tanto que hablan del florecimiento humano que conlleva lo universitario, y que pueden ser llamados así: el espíritu crítico, el esfuerzo y la conversación.

¿QUÉ ES LA FORMACIÓN UNIVERSITARIA Y LA INTELIGENCIA ARTIFICIAL?

¿Qué es la formación universitaria?

El debate sobre la formación universitaria, por lo menos en Occidente, viene siendo una constante desde la Alta Edad Media, cuando se instauran las primeras instituciones universitarias, hasta nuestros días. La Universidad no puede vivir en paz, pero el desconcierto no es una incomodidad para ella, sino una de sus cualidades inherentes, su elixir vital tal y como decía Kant (1999). Ese debate se anima de considerablemente a finales del siglo pasado. El 18 de septiembre de 1988, en plena celebración del noningentésimo aniversario de la Universidad de Bolonia, 388 rectores de universidades europeas y no europeas firman la *Magna Charta Universitatum* que fue avalada por la presidencia de la Subcomisión para la Universidad de la Asamblea Parlamentaria del Consejo de Europa. La apuesta era clara y contundente: «El porvenir de la humanidad [...] depende en gran medida del desarrollo cultural, científico y técnico que se forja [...] en las universidades»[1].

No hay que olvidar el contexto europeo y en buena medida mundial en el que se produce esa declaración, son los años del Tratado de Libre Circulación (1985), del Tratado de Maastricht (1992) y de la creación de la moneda única (1999), los años en los que, de una manera decidida, empieza a adquirir forma la Europa del siglo XXI. El año 1998 aparece la *Declaración Mundial sobre Educación Superior en el siglo XXI: visión y acción* de la UNESCO, y si en la *Magna Charta Universitatum* se dibujaba el horizonte, aquí se traza el camino. Se afirma que es necesario «formar diplomados altamente cualificados y responsables, capaces de atender a las necesidades de todos los aspectos de la actividad humana, ofreciéndoles cualificaciones que estén a la altura de los tiempos modernos»[2]. Un año más tarde, concretamente el 19 de junio de 1999, se firma la Declaración de Bolonia, se empieza a construir el conocido Espacio Europeo de Educación Superior (EEES). Y todo sea dicho, ese mismo año se celebra la conferencia de la Cúpula de Río de Janeiro, en la que se propone la

---

[1]   Ver: http://www.magna-charta.org/magna-charta-universitatum [Consultado 04/03/2025].

[2]   Ver: https://unesdoc.unesco.org/ark:/48223/pf0000113878_spa [Consultado 04/03/2025].

creación del Espacio Común de Educación Superior de América Latina, el Caribe y la Unión Europea (ALCUE)[3].

Han pasado más de dos décadas desde entonces, se podría decir desde aquella tectónica de placas, y la Universidad ha cambiado sustancialmente, es más, todo indica que la transformación irá *in crescendo* conforme pase el tiempo. Se está pensando, por ejemplo, en la incidencia que están empezando a tener en la Universidad los 17 Objetivos de Desarrollo Sostenible (ODS)[4] de la *Agenda 2030 sobre el desarrollo sostenible* que la Organización de las Naciones Unidas (ONU) aprobó en el año 2015; en los cambios del quehacer universitario que se han puesto en marcha como consecuencia de la pandemia del COVID-19; y, aunque todavía esté dando sus primeros pasos, principalmente con el *ChatGTP*, en el peso que tendrá la IA. Lógicamente, las opiniones que provocan estas nuevas circunstancias son diversas y dispares, y eso es bueno siempre que se hable con conocimiento de causa. El actual y a veces encendido debate sobre la Universidad es una nueva oportunidad para indagar en su *leitmotiv*, y por supuesto, para recoger el testigo de filósofos e intelectuales de todos los tiempos (Fulford y Barnett, 2020).

La formación universitaria, quizá hoy más que nunca, y por lo menos a nuestro entender, necesita saber lo que es para poder ser. Ortega y Gasset (2002), se muestra vehemente en su *Misión de la universidad*, cuando se refiere a este asunto, a esa suerte de necesidad sentida. Dice así:

> El pecado original radica en eso: no ser auténticamente lo que se es. Podemos pretender ser cuanto queramos, pero no es lícito fingir que somos lo que no somos, consentir en estafarnos a nosotros mismos, habituarnos a la mentira sustancial. (p. 42).

---

[3]   Ver: https://redue-alcue.org/ [Consultado 04/03/2025].

[4]   Ver: https://www.un.org/sustainabledevelopment/es/sustainable-development-goals/ [Consultado 04/03/2025].

Si lo que se pretende es no cometer ese pecado original se hace necesario estudiar a fondo esa crónica, por lo menos la de la Universidad occidental[5], para conocer el transcurrir histórico-filosófico de la formación universitaria; y para, en último término, reconocernos en lo bueno y lo inapropiado, lo bello y lo desfigurado. Obviamente, no podemos entrar en ese estudio de una manera pormenorizada, pero sí que podemos plasmar algunas ideas que nos parecen esenciales. La primera, y quizá la principal, es que la universidad, como sugiere el Cardenal Newman (2024), es la provisión a una demanda o, si se prefiere así, la institucionalización de esa provisión. Esa demanda es una condición humana de primer orden, la *curiositas*, el deseo de conocimiento. Ciertamente, la formación universitaria es la consumación de un deseo que convierten a la persona que se embarca en ella en buscadora de verdades, bellezas y bondades, de conocimiento de altura, de conocimiento superior (Esteban, 2023). Visto así, lo universitario se institucionaliza en la Alta Edad Media, en aquellas emblemáticas y primeras universidades de Bolonia, París, Oxford o Salamanca, por ejemplo, pero empieza mucho antes. En lugares como la comunidad pitagórica, la Academia platónica, el Liceo aristotélico, el Museo de Alejandría o en el movimiento monástico, también se respiraba el aire universitario, en esos lugares se enarbolaba el deseo de conocer lo mejor de lo mejor.

Por lo dicho, puede entenderse que la formación universitaria es un *modus vivendi* en tanto que una forma de vida, esa es la razón por la que hablamos tantas veces de la vida universitaria. Se trata de una vida en comunión, habitando un mismo lugar con otras personas que tienen el mismo deseo de conocimiento, el mismo anhelo personal. Y, además, son personas que tratan de buscar

---

[5]   Decimos por lo menos la Universidad Occidental, porque no deberíamos descartar otras realidades que quizá tengan algo que decirnos, como, por ejemplo, la Universidad de la China Imperial o del islam.

conocimientos desde diferentes ámbitos, desde distintos flancos de la realidad. En cualquier caso, son conocimientos que mantienen una relación, que responden la idea mitológica, filosófica y religiosa que dice que el conocimiento es como un árbol con ramas, en este caso, con las ramas del saber. Esta idea fue fundamental para las primeras universidades, en las que más que especialistas en algo había estudiosos de todo.

Partimos de esta idea de formación universitaria, de este proyecto humano y humanizador que busca el conocimiento verdadero, bello y bueno, que se regocija en el saber por el simple hecho de saber, que considera que ese es su fin y su mayor utilidad (Ordine, 2013). En los siguientes apartados de este texto trataremos de defender cómo esta idea de formación universitaria que ha atravesado todos los tiempos y aún se mantiene, por lo menos sobre el papel, puede verse afectada, por no decir, vilipendiada.

¿Qué es la Inteligencia Artificial?

Uno de los mantras que con más frecuencia se escucha actualmente sobre la Universidad es que debe modernizarse. Aquí, modernización es sinónimo de digitalización. Con asiduidad y de la mano de herramientas tecnológicas se nos anuncia, con voz grave, la desaparición de la Universidad y de su *modus vivendi*. Hace casi diez años, el *New York Times* consideraba al 2012 como «el año del MOOC»[6]. Era el tiempo en el que irrumpían los Cursos Online Masivos y en Abierto, de la mano de grandes plataformas surgidas, paradójicamente, en esas mismas universidades, americanas y de prestigio, a las que prometían sustituir. Aunque había algunas experiencias previas, la popularidad de estos recursos llegó con

---

6   El artículo, escrito por Pappno, lleva por título en inglés «The Year of the MOOC» y fue publicado concretamente el 2 de noviembre de 2012. Tras la experiencia propiciada por la pandemia, el mismo periódico publicaba un artículo de Lohr bajo el título «Remember the MOOCs? After Near-Death, They're Booming», concretamente el 26 de mayo de 2020.

uno sobre «*Introducction to Artificial Intelligence*» dictado por Thun, en ese momento profesor de Stanford y Norvig, director de investigación de Google. El curso consiguió tener matriculados a más de 160.000 estudiantes de todo el mundo. Una «clase» más numerosa que la mayoría de las universidades del mundo. Thrun abandonó Stanford para fundar Udacity y durante este periodo surgieron plataformas similares como Coursera (2011), EdX (2012) o MiriadaX (2013). En una entrevista realizada a la co-fundadora de Coursera, D. Koller, reconocía que la publicidad inicial había sido algo inmerecida y se basaba en la presunción de que los MOOCs terminarían con el negocio de las universidades.

Más recientemente, coincidiendo con el lanzamiento de *Chat-GPT* y con ese mismo talante profético se publicaba un artículo en *The Atlantic* con el título «El ensayo académico ha muerto» (Marche, 2022). Si un programa informático es capaz de escribir sobre cualquier temática, a un nivel «universitario», en menos de lo que se tarda en tomar un café, ¿qué podemos esperar de la enseñanza y el aprendizaje en la Universidad?; ¿si nuestras preguntas son respondidas por una IA, más rápido, casi, de los que tardamos en formularlas, para qué servirán los profesores? No cabe duda de que los procesos de digitalización son imparables y afectan a todas las actividades e instituciones humanas. Ahora bien, es preciso conocer en qué consisten realmente esos procesos y cómo se expresan en la educación superior para intentar conducirlos pedagógicamente. Deberemos conocer en qué consiste realmente la IA si queremos mantener el compromiso de la universidad y la tensión con una formación superior que apunte realmente a las mejores formas de vivir y de ser humanos.

Sin duda, la IA lleva mucho tiempo instalada en la mente de los hombres, inspirando, de una u otra forma, no sólo las narraciones de ciencia ficción, sino también las investigaciones sobre las máquinas que puedan «reproducir» o asomarse a lo que sucede dentro del cerebro humano. Aquí radica una de las nuevas fronteras del conocimiento que puede desbordar los presupuestos éticos de la investigación científica. Ser capaces de conocer el interior del cerebro humano y cómo funciona la mente y los pensamientos. Una vía para acceder a ese conocimiento son las neurociencias; otra, tratar de reproducir externamente lo que creemos que hacen las personas cuando «piensan». De ahí que la primera definición que podemos ofrecer, de forma intuitiva, es que la IA trata de recrear un tipo de actuar que, sin ser natural, logra imitar los procesos del pensamiento humano ofreciendo resultados similares. De igual manera que la inteligencia humana cubre un amplio rango de procesos y actividades, los investigadores que trabajan en el desarrollo de la IA pueden hacerlo en diversas direcciones. Por ejemplo, se estudia el «procesamiento de lenguaje natural» (PLN, por sus siglas en inglés), cuyos resultados han dado lugar a recursos tan espectaculares como el mencionado *ChatGPT*, asistentes como *SIRI*, etc. Otro ejemplo, son trabajos en la percepción, tan necesaria para guiar los coches autónomos, pero también a los drones u otros sistemas militares. Nótese que hemos incluido este ejemplo para destacar la importancia que tienen no ya los usos civiles sino aquellos militares donde el desarrollo de la IA resulta mucho más opaco e inaccesible y, por ello, también más peligrosos. En ambos casos conviene que no escapen al escrutinio ético.

Desde un enfoque ético, debemos tener en cuenta que este auge de la IA, justamente en este periodo, se explica gracias a la confluencia de dos factores que deberían ser susceptibles de una deliberación cívica o política más amplia. Por un lado, el aumento en la velocidad de los procesadores, lo que permite hacer más operaciones en menor tiempo; y, por el otro, un cauce de datos ilimitado gracias al despliegue de Internet. Ahora bien, la cara oculta de estos factores es que no son «inmateriales». O, dicho de otra forma, son actividades que también tienen un impacto grande en el planeta. Desde el tendido de cables submarinos en el océano y satélites en la órbita geoestacionaria para garantizar la red de

Internet, a la búsqueda y extracción de nuevos minerales para la investigación en procesadores, baterías, etc. pasando por el coste ambiental, en agua, por ejemplo, que requieren los sistemas cada vez más numerosos y sofisticados de almacenamiento de datos. Cualquiera podría responder que la mejor forma de solucionar un problema es no creándolo.

Si tratamos de entender qué es la IA podemos encontrar muchas definiciones o aproximaciones. Ahora bien, no podemos proponer una definición de IA que haya sido aceptada unánimemente por la comunidad científica. Por ello, Russell y Norvig propusieron una definición operativa centrada en lo que la IA podía hacer —que sí ha tenido éxito[7]—. Esto es, definir la IA por sus objetivos. De esta forma las definiciones dadas a la pregunta qué es la IA, podían situarse en alguno de los cuadrantes resultantes, según el objetivo que persigan. Por un lado, si el objetivo es igualar el rendimiento humano o, por el contrario, la racionalidad ideal; y, por otro, si el objetivo es construir sistemas que razonen o piensen, o más bien sistemas que actúen (Brigsjord y Govindarajulu, 2024). Otra definición ampliamente aceptada, que nos puede ayudar a entender mejor qué es y su alcance, la encontramos en la Recomendación sobre ética de la IA de la UNESCO (2021). En este texto, adoptado por su Asamblea General se entiende la IA como «sistemas capaces de procesar datos e información de una manera que se asemeja a un comportamiento inteligente, y abarca aspectos de razonamiento, aprendizaje, percepción, predicción, planificación o control (párr. 2) (UNESCO 2021)». En la misma dirección se encuentra la definición incluida en la Ley de la IA Europea (AI Act)[8], que la define como «un sistema basado en máquinas que está

---

[7]   AIMA, como es conocida esta monografía, es la más popular e influyente en su campo. Ver:
    http://aima.cs.berkeley.edu/adoptions.html [consultado el 04/532025].

[8]   En términos jurídicos se trata de un reglamento que por brevedad e implicaciones se ha dado en llamar popularmente como «Ley de AI» de la UE.

diseñado para funcionar con diversos niveles de autonomía y que puede mostrar capacidad de adaptación tras su despliegue, y que, para objetivos explícitos o implícitos, infiere, a partir de la entrada que recibe, cómo generar salidas tales como predicciones, contenidos, recomendaciones o decisiones que pueden influir en entornos físicos o virtuales».

Como vemos, debido a su complejidad puede que no se llegue a comprender, en toda su profundidad, el discurso asociado a la IA. Términos como aprendizaje profundo, redes neuronales, algoritmos, procesamiento del lenguaje natural, *big data*, escapan de las conversaciones cotidianas. Sin embargo, su influencia e impacto es tan importante como nuestro desconocimiento sobre ella. Esta inocencia, al final, genera un efecto «caja negra» ya que somos capaces de entender las «entradas» y las «salidas» pero no lo que ocurre en el proceso. Como hemos visto, los sistemas de IA operan con modelos matemáticos, algoritmos y estadísticas complejas. Esto es, «operan instrumentalmente», no piensan, ni razonan como un humano, aunque los resultados finales se asemejen o, incluso, puedan superarlos. La IA, como hemos visto, puede hacer un amplio rango de operaciones, que también hacen los seres humanos, como: predecir, generar contenidos, recomendaciones, adoptar decisiones, planificar o controlar generando resultados o productos similares a los que haría una persona sin que podamos asimilar los procesos mentales a los procesos algorítmicos ni viceversa[9]. Dicho de otra forma, para los sistemas de IA es sencillo

---

Disponible en: https://artificialintelligenceact.eu/es/article/3/ [consultado el 04/03/2025].

[9] Sería necesario abrir espacios de reflexión y deliberación pedagógica amplios sobre por qué y cómo queremos integrar la IA en los procesos educativos. En esta línea de reflexión apuntan las «Directrices éticas de la Unión Europea sobre el uso de la IA y los datos en la educación y la formación para los educadores» que deben considerarse juntamente con las «Directrices Unión Europea para profesores y educadores sobre la lucha contra la desinformación y la promoción de la alfabetización digital a través de la educación y la formación».

ofrecer resultados desde un saber experto, pero casi imposible razonar sobre aquello que a nosotros nos parece evidente y justo ahí reside uno de los problemas más importante de la IA, sobre todo si la pensamos desde un punto de vista educativo, eso es, que sirva realmente para «educar» o «enseñar» algo en términos educativos. No se trata de un problema cuantitativo. No hace falta más velocidad de procesamiento ni más potencia de cálculo, sino que carece de las capacidades y elementos para la comprensión de la realidad que sí tienen los seres humanos y, por ello, para su transmisión.

Precisamente, uno de los problemas más importantes de la IA, que aparecen por este tipo de operaciones algorítmicas y de entrenamiento con grandes cantidades de datos, son los sesgos (Baker y Hawn, 2022). En relación con este asunto, el profesor Innerarity señala que la traducción automática de textos, por muy perfeccionada que sea y llegue a estar, en realidad no lee propiamente el texto, sino que lo trabaja como meros caracteres, símbolos desconectados de la experiencia del mundo (Innerarity, 2020, p. 38). Por ello, podemos decir que el éxito de la expresión IA se debe más a un consenso comercial que académico y más a su capacidad evocadora y al *hype* con que lo ha asumido el imaginario social que a una comprensión profunda de lo que representa. Dicho de otra forma, la IA puede realizar muchas de las tareas que se realizan en los procesos educativos, pero careciendo completamente de ese sentido educativo con que los humanos pueden realizarlas.

LA DIGITALIZACIÓN UNIVERSITARIA QUE ANDA CON PIES DE PALOMA

Escribía Nietzsche que «las palabras más silenciosas son las que traen la tempestad. Pensamientos que caminan con pies de paloma dirigen el mundo» (Nietzsche, 1993, p. 91). En efecto, si lo comparamos con otras revoluciones más o menos recientes, la revolución digital no está siendo beligerante. Como diría Nietzsche, la digitalización y la IA avanzan con pies de paloma por los claustros de nuestras universidades presenciales y, sobre todo, virtuales. Se han impuesto entre el silencio de quienes se aprovechan de la falta de regulación y el de aquellos que por la falta de conocimientos suficientes no sabían realmente lo que estaba pasando. Sin ruido, sin escándalo, sigilosamente. La revolución digital es disruptiva y su forma de implantarse más comercial que política (Innerarity, 2023). Se trata de una transformación profunda que afecta a todos los ámbitos del quehacer humano, y muy espacialmente al educativo. Las diversas fisionomías que adopta la IA vienen, dicho de forma amigable, para ayudar, facilitar o sustituir aquellas acciones humanas más repetitivas, trabajosas, monótonas, arduas, difíciles o peligrosas. Lo cierto es que desde muchos sectores se alerta de los peligros de la automatización y de la pérdida de trabajos debido a la generalización de la IA en todos los sectores laborales[10].

A diferencia de otros ámbitos, la educación sufre doblemente este impacto. En primer lugar, por un lado, como en cualquier otra profesión, los profesores y educadores deberán lidiar con estas herramientas y de qué manera las incluyen, o no, en su día a día. Pero, sobre todo, deberíamos reflexionar sobre cómo queremos que evolucione la IA en el sector educativo y si los docentes, o al menos muchos de ellos, podrán llegar a ser prescindibles o reemplazables (Selwyn, 2019), no tanto por «robots» como por plataformas educativas, que con la excusa de «ayudar» terminen por modificar radicalmente la tarea docente y el significado de

---

[10]   Es elocuente el titular que ya en 1980 publicaba el *New York Times* (3 de septiembre, p. 19, por H. Shaiken del MIT): «Un robot está tras tu trabajo»; y casi 15 años después, en 1996 se publicaba el libro de Rifkin, sobre «El fin del trabajo. nuevas tecnologías contra los puestos de trabajo». Una cronología sobre la sucesiva inclusión de los robots a las tareas laborales y profesionales puede verse en: L. Anslow, Robots have been about to take all the jobs for 100 years (Mar. 22, 2023). Disponible en: https://newsletter.pessimistsarchive.org/p/robots-have-been-about-to-take-all [consultado el 04/03/2025].

la formación superior. Y, como sucede en muchos casos, que el docente termine por convertirse en un experto en el uso de la plataforma educativa, pero no en la educación. A la vez, en segundo lugar, también se espera algo más de la educación y es que socialice y normalice el uso de la IA en la sociedad. Que aporte confianza. Implícitamente, se exige que la educación haga suyos los valores propios de esta nueva oleada digital y, por tanto, que enseñe a ser, vivir y hacer con estas tecnologías emergentes inteligentes. Esto es, aceptar la dependencia de la IA en las tareas y trabajos y aprender a relacionarnos con ella con cotidianeidad.

En la Universidad, la revolución digital llegó también de forma silenciosa; sin avisar y sin preguntar. Como una emergencia impuesta por los nuevos tiempos, como algo inevitable. No se preguntó ni a los estudiantes, ni a los profesores si querían digitalizar, o no, sus materiales, sus espacios formativos, lo universitario. De la mano del proceso de Bolonia empezaron a sucederse cambios que debían mejorar la universidad y la educación superior, y tras más de veinte años no está claro que se esté logrando. Como hemos visto, una de esas promesas de mejora venía a través de la digitalización[11]. Pero ni la digitalización, ni la plataformización de la universidad son algo «neutro», ni accesorio o superficial. Apuntan al núcleo esencial de la educación superior: la forma de generar y transmitir el conocimiento. Los argumentos, interrelacionados y a favor de la integración tecnológica del uso de IA en la educación superior, pueden alinearse en dos posturas: aquellos que defienden una mayor modernización y eficiencia de las universidades y, por otro lado, aquellos que abogan por una mayor personalización de

---

[11]   No resultará extraño que una de las compañías más importantes en el ámbito de la educación superior como es Pearson afirme en su blog lo siguiente: «el 77% de los estudiantes universitarios consideran que la experiencia de aprendizaje a través de una plataforma e-learning es igual o mejor que su experiencia en el aula». https://blog.pearsonlatam.com/educacion-del-futuro/ejemplos-de-plataformas-e-learning-para-la-educacion-superior [consultado el 04/3/2025].

la educación superior. Sin duda, la confluencia de estos argumentos hace posible una tormenta perfecta para la educación superior.

La modernización y la eficiencia de las universidades

Preguntémonos algo: ¿quién gana y quién pierde con la integración de la IA en la educación superior? Efectivamente si alguien gana, otros pierden como diría N. Postman. No se trata de un «*win-win*» donde todos los agentes, aparentemente, salen ganando. Con la integración de la IA en educación habrá quienes ganen, pero también quienes salgan peor parados. Si preguntamos a los responsables educativos universitarios, desde los rectores a los dirigentes políticos, dónde sería más eficaz y eficiente invertir una suma importante de euros, pongamos 100.000 millones, para mejorar la educación superior ¿qué nos responderían? Posiblemente, todos apuntarían a los elementos materiales. Mejorar las aulas, adecuar y construir nuevos edificios; laboratorios, instalaciones deportivas, incluso acondicionar lugares para impulsar el bienestar de los estudiantes. Sobre todo, pensarían también en dotar a todos esos lugares de los últimos adelantos tecnológicos. Incluso en ofrecer a cada estudiante el último modelo de dispositivo portátil, obviamente, conectado a Internet y a las aplicaciones más «inteligentes» del momento.

¿Y los profesores? Alguien pensaría en invertir todo ese dinero en contratar más profesores, mejorar su selección y formación pedagógica, facilitarles tiempo para poder estudiar, investigar, reducir las ratios, etc. No parece que sean esas las tendencias políticas en educación superior. Si las tecnológicas ganan (esto es, los grandes gigantes tecnológicos) quienes pierden son los profesores y los estudiantes. Basta recordar los antecedentes. Los departamentos de educación de todo el mundo han gastado una cantidad ingente de dinero público en programas como el «1 a 1», para que cada estudiante tuviera un ordenador en la escuela, la financiación de la conexión de los centros docentes a Internet, *software* y ahora plataformas educativas, etc. A pesar de todas esas inversiones tecnológicas, parece que los resultados no están a la altura[12] y como ya se ha empezado a denunciar, por ejemplo, en EEUU, [las Big Tech] «han creado y cultivado intencionalmente una crisis de salud mental entre los jóvenes estadounidenses[13]».

En efecto, una consecuencia de la expansión de los procesos de digitalización y plataformización basados en IA es que necesitan de una gran inversión económica (y nótese el empleo nada neutral que hemos dado a los términos «inversión» y «gasto»). Las tecnológicas esperan recuperar con creces sus inversiones. Sin embargo, a diferencia de lo que ocurre con el «gasto» en recursos humanos, no hace falta dedicar tiempo para la formación de buenos maestros, ni hace falta reclutar a los mejores. No hay que invertir en sus investigaciones. Tampoco es necesario retribuirlos no ya dignamente, sino a la altura del cometido social que tienen encomendado. Además, estas tecnologías ni enferman, ni reclaman mejoras laborales. Sin duda, no veremos profesores reemplazados por robots, pero la automatización, de manos de la IA y otros recursos, tiene «cercado» el proceso educativo. Ahora bien, los profesores, como los galos en los cómics de *Ásterix*, son irreductibles y tremendamente imaginativos.

Un ejemplo que resulta muy ilustrativo de este proceso y de la extensión del modelo de racionalidad instrumental que va ocupando más espacio en las universidades, lo encontramos en los

---

[12]   «Hay pocas pruebas sólidas sobre el valor añadido de la tecnología digital en la educación» y «muchas de las pruebas [a favor de la tecnología] proceden de quienes quieren venderla» (UNESCO, 2024, p. 3).

[13]   US District Court Western District of Washington at Seattle. Seattle School District nº1 *V.* META PLATFORMS, INC., FACEBOOK HOLDINGS, LLC, FACEBOOK OPERATIONS, LLC, META PAYMENTS INC., FACEBOOK TECHNOLOGIES, LLC, INSTAGRAM, LLC, SICULUS, INC., SNAP INC., TIKTOK INC., BYTEDANCE INC., ALPHABET INC., GOOGLE LLC, XXVI HOLDINGS INC., and YOUTUBE, LLC. Case 2:23-cv-00032 (1/6/2023). Ver también Haidt (2024).

indicadores que componen el «índice digital universitario» del Ministerio de Universidades, dentro de su plan de digitalización[14]. Como vemos, todos los criterios del índice están, como no podía ser de otra forma, basados en datos. No dejamos de abandonar la misma lógica perversa que impulsan los rankings.

Debemos pensar en el modelo de universidad por el que estamos apostando y cómo los modelos de negocio de las tecnológicas impactan en las instituciones de educación superior. Si los modelos clásicos de universidad han logrado pervivir y evolucionar hasta nuestros días es porque su identidad y sus particularidades han permanecido inalteradas por encima de planteamientos políticos o puramente instrumentales. Porque tradicionalmente han gozado de autonomía (mayor o menor según las geografías). Primero frente al poder religioso y luego frente al poder político de los Estados. Sin duda, actualmente, la autonomía universitaria está en jaque por el poder de las grandes tecnológicas. Deberíamos pensar en los valores más propiamente universitarios y aunque resulte extraño en la actualidad, seguir trabajando para que el tiempo universitario sea un tiempo regalado (Esteban, 2022)[15]. Esto es, cuidar del tiempo que

---

[14]   Los indicadores a los que se refiere el índice son: número de aulas con sistemas de videoconferencia y grabación de clases; número de profesores que utilizan sistemas de videoconferencia y grabación para la docencia; número de estudiantes ayudados con préstamos de equipos o acceso a conectividad; número de profesores formados en herramientas de tecnologías educativas para la formación *online*; número de proyectos para desarrollos en transformación de tecnologías educativas; nivel medio de competencia digital del profesorado universitario (*European Framework for the Digital Competence of Educators*); número de objetos de aprendizaje o recursos multimedia en repositorios libres para Educación Superior; número de centros universitarios conectados a 100 GB; número de kilómetros de fibra desplegados en redes del sistema académico; número de universidades con refuerzo en ciberseguridad mediante servicio de navegación segura (DNS firewall), https://www.universidades.gob.es/indice-de-digitalizacion/ [consultado el 04/03//2025].

[15]   Resulta más necesario, si cabe, por lo que algunos tienen en mente sobre el «aprovechamiento» del tiempo universitario. Mientras unos apuntan a los «microtítulos», otros fantasean con un «pasaporte educativo» de por vida, y en lugar de matricularse por un tiempo determinado, tener estudiantes «suscritos» a la universidad y pagar anualmente una cantidad que daría acceso un

dedicamos al crecimiento y florecimiento humano sin cortapisas puramente utilitarias y pragmáticas[16]. Justamente aquello que de esencial sucede en la Universidad, el estudio y la investigación, la transmisión del saber, el crear comunidad y el pensamiento es algo íntimamente conectado con el valor de la gratuidad. El reconocimiento y la autenticidad no son valores monetizables o susceptibles de un intercambio mercantil en el «capitalismo de la vigilancia» que busca el interés (y los datos) por encima de todo.

La personalización de la educación superior

Las diversas plataformas educativas[17] con que las universidades presenciales capearon «pedagógicamente» los confinamientos, constituyen actualmente uno de los movimientos de digitalización más importantes en la educación superior y, como hemos dicho, ya no son patrimonio exclusivo de las instituciones a distancia o virtuales (Francesc, 2023). Las plataformas, adquiridas por las universidades, construyen y generan espacios virtuales basados en IA que, con un mayor o menor grado de automatización, facilitan, de forma ubicua, síncrona y asíncrona, las tareas más significativas de cada uno de los perfiles que tienen asignados, según sean administrativos, docentes o estudiantes.

Las plataformas pueden incluir diversas opciones de aprendizaje personalizado y analíticas de aprendizaje, sistemas de

---

número de créditos determinado. Clientes fidelizados de forma cuasi-obligatoria. Ver el artículo de Marcus «How Technology is Changing the future of Higher Education», publicado en *The New York Times* el 20 de febrero de 2020, y también el trabajo de Teräs, *et al.* (2022).

[16] Jobs solía contar una anécdota en la que mostraba la «utilidad de lo inútil» de la formación que había tenido en el Reed College, decía «(…) de no haber asistido a las clases de caligrafía en Reed, el sistema operativo del Mac nunca habría tenido múltiples tipos de letra o fuentes con espaciado proporcional. Y como Windows se limitó a copiar a Mac, es probable que ningún ordenador personal los hubiera tenido» Issacson (2011, p. 69).

[17] Entre aquellas propietarias, podemos citar: Moodle, Google Classroom, Microsoft Teams, Edmodo, Blackboard, etc.

recomendaciones, modos de evaluación y calificación de trabajos, elaboración de materiales y *feedback*, *chatbot* para resolución de dudas, preguntas o informaciones diversas, etc. Todas estas acciones contribuyen a la confección de «productos educativos» personalizados. De las titulaciones y planes de estudios a las propias materias, todo estará más adaptado y ajustado tanto a las necesidades sociales como a los propios intereses y necesidades de cada estudiante. La educación superior convertida en un producto de consumo y no en la experiencia que se le presupone que es. Las plataformas se convierten así en dispensadores de contenidos y recursos educativos, a la vez que facilitan y regulan diversos tipos de interacción entre los propios estudiantes y entre ellos y los profesores. Ahora bien, todas estas posibilidades no serían posibles si las plataformas no tuvieran a su disposición grandes cantidades de datos (big data). Por tanto, no sólo «dan», también son generadoras y recolectoras de *big data* que, a su vez, pueden ser objeto de comercialización a terceros.

Como sucede en el caso de otras plataformas (desde Netflix a Glovo, pasando por Instagram) la clave para conocer mejor al «usuario» y prestarle así un mejor «servicio» reside en mantenerlo conectado a la plataforma el mayor tiempo posible para que el flujo de datos no cese. Este modo de educación basada en datos trata de justificarse pedagógicamente porque supone una mejora de la educación, personalizándola. Las plataformas no sólo liberarían a los docentes de trabajos rutinarios como las correcciones, por ejemplo. Sobre todo, permiten conocer mejor a cada uno de los estudiantes, sus características de aprendizaje o necesidades formativas. Por ejemplo, un profesor podría saber a través de la plataforma cuándo fue su última participación en el foro de la asignatura y analizando el mensaje que escribió, atisbar también alguna de sus emociones o si tiene algún problema de comprensión; incluso predecir si abandonará la asignatura. La respuesta, a su vez, puede estar automatizada y no pasar por la supervisión de un docente. El propio sistema puede emitir un juicio de lo que necesita el estudiante y enviar un mensaje motivador, sugerir una actividad o lectura de algún material adicional para mejorar la comprensión o, incluso, concertar una cita con el docente. Una vez «conectados», la plataforma puede recolectar más datos e inferir más aspectos, quizá no tan «educativos». El número de interacciones con los contactos de la plataforma, las horas y la duración; el tipo de dispositivo desde el que se conecta más habitualmente, la zona en la que se encuentra ubicado y el tipo de vivienda donde reside, el nivel socio económico, si tiene suscripciones a otras aplicaciones y de qué tipo, los registros del historial de búsquedas, etc. Como no podía ser de otra forma, para recolectar datos será necesario contar cada vez con más interacciones y actividades que se realicen a través de la plataforma, pero también ampliar esos espacios de recolección a las aulas y otros lugares donde mediante cámaras y sensores, perfectamente invisibles, se pueda seguir observando y monitorizando la actividad de los estudiantes (Watters, 2021).

Sin embargo, y sin considerarnos nostálgicos del pasado educativo, deberíamos preguntarnos si esta forma de «recabar datos» y de «escudriñar» a los estudiantes y sus interacciones son, en realidad, educativas; si podemos decir que, de verdad, esto significa conocer al estudiante. Las analíticas de aprendizaje podrán mostrarnos datos, estadísticas y hacernos una radiografía del estudiante, pero no llegaremos a conocernos sino en el encuentro educativo, en la relación educativa. Allí donde el estudiante se nos desvela, se nos da a conocer. Esta inversión de valores es relevante para la educación. Mientras que los datos cuantitativos pueden ofrecer mucha información sobre un estudiante (o cualquier usuario de una plataforma), etiquetarlo en categorías o predecir resultados según los datos que suministran... este tipo de análisis de datos que en términos comerciales o incluso médicos puede ser apropiado fracasa como proceso educativo porque la lógica instrumental es ciega ante los fines y valores que constituyen el hecho educativo y nos hablan de la identidad e historias de nuestros estudiantes.

En suma, es necesario no dejar de preguntarnos si la educación personalizada tiene que ver más con ese encuentro o, por el contrario, la sitúa en la tradición del aprendizaje individualizado, la enseñanza programada y las máquinas de enseñar que popularizara Skinner en los años 50 del siglo pasado (Watters, 2021). Por otra parte, conviene apuntar también que, en el mundo tecnológico, muchas veces sucede que «mejor» no es un calificativo moral, sino meramente cuantitativo. Esto es, mejor es más. Por ello no es un descuido que las narrativas pedagógicas digitales utilicen con más frecuencia términos como los de aprendizaje o enseñanza que el de educación. Dado que estas actividades son, aparentemente, más «neutras», fácilmente divisibles, intercambiables, observables, medibles y cuantificables y, por tanto, susceptibles de ser «virtualizadas» y «dataficadas».

Si atendemos a lo que nos dice una de las autoridades mundiales en materia de educación personalizada, un profesor que, a lo largo de su vida, entre otras publicaciones, coordinó los más de treinta volúmenes del «tratado de educación personalizada», podemos ver varias diferencias entre ambas propuestas, aunque en ambos casos se denominen de la misma forma. Para García Hoz, la educación personalizada «responde al intento de estimular a un sujeto para que vaya perfeccionando su capacidad de dirigir su propia vida o, dicho de otro modo, desarrollar su capacidad de hacer efectiva la libertad personal, participando con sus características peculiares en la vida comunitaria» (García Hoz, 1992, p. 18).

Una educación que masivamente está basada en el uso de IA difícilmente podrá comprometerse con la idea de perfeccionamiento de las capacidades personales porque, paradójicamente, esos recursos tecnológicos lejos de ampliar el horizonte de libertad y por tanto de autonomía lo limitan y restringen desde la subordinación. Al final es el dispositivo o el algoritmo quien realiza la tarea en lugar de uno mismo; y aunque te beneficies del resultado, no te educas, ni enriqueces durante el proceso, más allá del uso puramente instrumental. Algo que, en cierta forma supondría la corrupción del bien interno de la práctica. Entonces, lo que propician aquellos enfoques pedagógicos basados masivamente en uso de IA que descuidan una reflexión educativa profunda, es que uno mismo deja de actuar para perfeccionar sus propias cualidades humanas. Pasas a convertirte en un recurso, que ofrece datos y entrena la operatividad de la IA para mejorarla y asemejarla aún más al humano.

Por último, desde la perspectiva de la educación personalizada se entiende la educación como un proceso integral mientras que, desde estas perspectivas, como hemos dicho, se favorece la individualización y la fragmentación, considerando la persona desde la adición de sus dimensiones y no como la unidad que es. Estas son sólo algunas de las razones por las que consideramos necesario que la formación universitaria deba andar con pies de plomo en cuanto al uso «pedagógico» de la IA en la educación superior.

LA FORMACIÓN UNIVERSITARIA QUE ANDA CON PIES DE PLOMO

Vale la pena insistir en que no estamos en contra de la IA ni el *ChatGTP*, simplemente advertimos de andar con pies de plomo cuando se las considera como parte de la formación universitaria pues podrían dejar en entredicho algunas de sus dimensiones esenciales que comentamos a continuación. Además, conviene pensar en estas dimensiones o cualidades como algo integral y no aditivo. Aunque en muchos casos el discurso de las competencias nos pueda llevar a pensar la educación de forma fragmentada, no son «apps» que nos descargamos para activarlas cuando las necesitamos. Por ejemplo, y aunque profundizaremos en ello a continuación, algunos pueden ver el espíritu crítico como un detector de «*fake news*», para evitar la tan manida «polarización». De esta manera aparecen personas más preocupadas en descubrir la mentira mediática o política (curiosamente siempre en el *otro*) que por una búsqueda auténtica y sincera de la verdad. Pero el sentido crítico no es un dispositivo que se enciende o se paga a voluntad, tampoco se mantiene sólo en determinados contextos, sino que constituye un indicador de nuestro compromiso vital con la búsqueda de la verdad.

El espíritu crítico

Cuenta la historia que Sócrates era conocido entre sus conciudadanos como «el tábano de Atenas», a lo que se podría añadir que fue uno de los grandes primeros universitarios de la historia de Occidente. Se dice, además, que estaba encantado con ese sobrenombre porque le describía muy bien: él mismo consideraba que su misión era la de aguijonear al personal a través de preguntas y aclaraciones de esas que incordian y que, sobre todo, despiertan. Eso sí, al gran filósofo griego le salió muy caro el poner a pensar a determinada gente que, en verdad, prefería seguir durmiendo. Acordaron que a ese tábano que no paraba quieto había que suministrarle cicuta para que abandonara la biosfera. Sin embargo, su espíritu crítico ha dado como resultado una de las mayores revoluciones de la historia. Esa invitación a pensar con criterio, preguntarnos el por qué las cosas son así y no de otra manera, tratar de descubrir verdades y desmantelar falsedades, y no dejar de decir, como él mismo hacía, «solo sé que no sé nada», no tiene parangón.

El espíritu crítico o el pensar con criterio, que decía Jaume Balmes (1964), guarda una férrea relación con la formación universitaria, si es que no es una de sus médulas. Básicamente, porque es él el que nos libera de la ignorancia, es decir, de cualquiera o cualquier cosa que pretenda pensar por nosotros; y ya sabemos que estamos rodeados de personas e inventos tecnológicos, como por ejemplo el *ChatGPT*, dispuestos a tal cosa. Ciertamente, no hay cómo convivir con personas en las que anide ese espíritu, ellos nos enseñan todo lo dicho y nos demuestran que hay gente con la que es muy placentero trabajar o compartir las calles y las plazas.

Nuestro actual y mayoritario modo de pensar en la formación universitaria, esa voz indeterminada y envolvente que nos marca el camino, apuesta por el espíritu crítico y, en no pocas ocasiones, con la ayuda de la IA, pero ¿de qué espíritu crítico se está hablando en verdad? Las nuevas generaciones, se viene a decir, deben mejorar el mundo, necesitamos a muchos Sócrates en oficinas, hospitales, escuelas, partidos políticos, calles y plazas. Sin embargo, la realidad universitaria demuestra que con ese discurso no solo se forma el espíritu crítico, sino que también, y cada vez más, versiones poco logradas del mismo.

No son pocos los jóvenes que se presentan en sociedad con un espíritu crítico de bisutería, muy alejado del de Sócrates. Veamos tres de esas imitaciones, y acaso algunos remedios. Una de ellas es la consideración de que el espíritu crítico es el conjunto de opiniones que uno defiende y que ha nutrido por informaciones encontradas en el *ChatGPT* a base de formularle preguntas. El famoso lema que dice que el estudiante es el protagonista de la universidad podría ser la principal causa de esta curiosa imitación. Eso es lo que queremos que sea, por supuesto, pero deberíamos reconocer que no puede serlo de buenas a primeras ni buscando información según su criterio, por lo menos no con relación al espíritu crítico.

Y no porque no se quiera, sino porque el estudiante no está en condiciones de asumir tal papel. Quienes pensamos que el acontecimiento formativo universitario consiste, precisamente, en conducir al estudiante hacia la conquista de su protagonismo, eso es, de su autonomía intelectual y moral, nos quedamos sorprendidos cuando se escucha que tal cosa ya viene de fábrica y que lo que hay que hacer es potenciarla al máximo. Así las cosas, se educa al «opinólogo», un individuo convencido de que su opinión es tan válida como la de cualquiera, también como la del que más sabe; y animado para presentarse en cualquier conversación sentando cátedra. No hay espíritu crítico cuando nos llevamos por delante aquel principio que dice que para opinar antes hay que conocer, y muy especialmente, acertar con las preguntas que uno se hace. O si se prefiere así, no hay espíritu crítico cuando dejamos de valorar que la autonomía intelectual y moral consiste en recorrer un largo y duro trecho de verdades.

Otra posible imitación es cuando se considera que el espíritu crítico universitario debe centrarse en el conocimiento de lo que se cuece hoy y ahora. Y eso es lo que, desde nuestro punto de vista, estamos haciendo desde hace años: educar en respuestas útiles, rentables y eficaces. Sin embargo, si hay algo que mantiene vivo al espíritu crítico son las grandes preguntas que a todos nos afectan y nunca pasan de moda, y deberíamos pensar por qué hay muchos jóvenes que finalizan la travesía universitaria sin apenas tener nada serio que preguntarse sobre ellos mismos y el mundo en el que habitan. Esas grandes cuestiones suelen encontrarse en los clásicos del pensamiento, sí, en esas obras que, como decía Ítalo Calvino, tienden a «relegar la actualidad a la categoría de ruido de fondo, pero al mismo tiempo no puede prescindir de ese ruido de fondo» (Calvino, 2015, p. 19). Por eso un clásico, sea de hace siglos o de hace diez años, un libro o una película, es un clásico porque nunca acaba de decir lo que está diciendo, porque siempre nos interpela. Por mucho que cueste creer, un espíritu crítico sin clásicos anda a tientas, si es que realmente anda, y nos extraña que los universitarios, estudien la carrera que estudien, no tengan un primer curso de artes liberales, grandes ideas, humanidades, cultura general o como se le quiera llamar (Torralba, 2022).

Y, por último, otra versión sería la que dice que el espíritu crítico se demuestra de muchas formas, que va con el carácter de cada uno, en este caso, con el de cada universitario. Quizá los medios de comunicación y las redes sociales, en las que participan muchos profesores y estudiantes, sean el mejor escaparate para ver lo que aquí se está diciendo. Sin embargo, algo nos dice que la cosa va en dirección contraria, que ese espíritu se conquista, que es uno el que debe adaptarse a él. Lo demuestran aquellas personas que han aprendido a filosofar con delicadeza, humildad, prudencia y buenas palabras, que huyen de la calentura, la ordinariez, el rencor y la venganza fría. El espíritu crítico también tiene su estética, algo que, todo sea dicho, no suele encontrarse en la lista de competencias de nuestros planes de estudios universitarios, ni tampoco la ofrece la IA. Esa estética se aprende muy bien con el ejemplo humano, con el contacto personal más que tecnológico.

El esfuerzo

Conviene recordar que el diccionario de la RAE entiende el esfuerzo como un «empleo enérgico del vigor o actividad del ánimo para conseguir algo venciendo dificultades». Pedagógicamente deberíamos añadir que no se trata de conseguir «cualquier cosa», ese «algo» debería ser valioso y por ello merece la pena vencer las dificultades. No suele ser habitual que alguien se emplee con vigor y energía en cosas que no merecen la pena. En consecuencia, por eso se pone esfuerzo. Y, dos, las dificultades pueden referirse a elementos externos, pero sobre todo a elementos internos a la propia personalidad, que es preciso remover a través de la educación. El esfuerzo nos remite a una actividad intencional presidida por un elemento valioso. Existiendo un acuerdo más que unánime en que la educación se encamina al logro de cosas valiosas, la pregunta que debemos hacernos es ¿podemos conseguir o lograr algo valioso en lo personal o en lo colectivo sin esfuerzo? Sobra decir que el esfuerzo se ha visto afectado con la irrupción de la IA y del *ChatGPT*. Lo que antes requería una gran cantidad de tiempo y una buena dosis de dedicación, ahora puede alcanzarse en unas pocas horas o incluso minutos. Desde luego que es una maravilla que eso sea así, pero si no se combina con el esfuerzo típicamente universitario, nuestros estudiantes y futuros profesionales y ciudadanos podrían flaquear cuando vean que tienen que encarar retos que reclaman tiempo y dedicación. La actitud de desistir a la mínima de cambio, tanto en el ámbito laboral como en la relaciones sociales y personales podría estar a la orden del día. La formación universitaria debería pensar si no es lógico y bueno que se recupere lo que ha venido a llamarse la cultura del esfuerzo (Roa, 2023).

Además, saborear el esfuerzo universitario, mascar aquello que merece la pena ser aprendido, más que recibirlo de una plataforma tecnológica, tiene como resultado que eso que se ha aprendido quede en uno mismo y no en una nube virtual o guardado entre logaritmos. Y no solo desde un punto de vista cognitivo, también en un sentido emocional y valorativo. Salvando las distancias, también se mira con otros ojos la guitarra que uno se ha comprado con sus ahorros que a la que le han regalado por su cumpleaños. La formación universitaria no tiene porqué desterrar la IA o el *ChatGPT*, simplemente tiene que calibrarlo, ponderar en qué situaciones formativas pueden echar una mano y en qué otras pueden poner palos en las ruedas del esfuerzo, o si se prefiere así, en qué momentos contamos con ellas y en qué momentos es mejor dejarlas de lado.

A pesar de lo mucho que han evolucionado las profesiones que requieren título universitario desde el punto de vista tecnológico, no han conseguido todavía que tengamos que prescindir del esfuerzo. Incluso aquella persona que trabaja todo el día delante de un ordenador está convocada a esforzarse, a embarcarse en la rutina del esfuerzo. Y de la mano del esfuerzo va cogida la responsabilidad, las actuaciones justas éticamente hablando y el ser una persona de confianza a ojos de compañeros de trabajo, de clientes y de personas que forman parte de la vida personal de uno. El esfuerzo es una fuerza atractiva de capacidades, valores y virtudes necesarias para la mejora personal y comunitaria.

La conversación

Si la Universidad debe despertar algún afán, ese podría ser el de la comprensión, la de uno mismo y la del mundo (Esteban, 2019). Quien intenta comprender la realidad, incluida la profesional, y comprenderse, también intenta mejorar esa realidad y mejorarse a uno mismo, y por extraño que suene, y aquí viene lo más importante, se embarca en una auténtica actividad de amor. En *Fedro*, Platón (2010) identifica el afán de comprensión con una «locura de amor». Ciertamente, solo se llega a amar lo que se comprende, la ignorancia produce desamor y desidia. Todos conocemos a titulados universitarios que demuestran amar lo que hacen porque intentan comprender y mejorar eso que hacen; y a sus contrarios, los que no aman lo que hacen porque no les guía la comprensión, sino que les gobiernan deseos, estratagemas y egos. Puede que estos últimos parezcan ser más felices, pero seguramente sea solo eso, que lo parezcan.

Pues bien, esa filosofía de vida universitaria que hemos identificado con la autocomprensión y la comprensión puede ser entendida como una gran conversación que no requiere IA y que debería salvaguardarse. En efecto, en la conversación no sólo nos desvelamos a nosotros mismos, sino que captamos y reconocemos al otro en nuestra humanidad común. Es ahí, en esa conversación que se forjan las relaciones, las ideas, la reflexión y la introspección, la creatividad o la empatía que nos hacen más plenamente humanos (Turkle, 2019). Por ello, este par de palabras, gran conversación, merece un somero análisis. Una conversación, etimológicamente hablando, consiste en vivir dando vueltas en compañía de otros. Aunque lo incluye, es mucho más que hablar con otras personas. Se trata de habitar un lugar con otros, a lo que podría añadirse, habituarse a estar con ellos; y moverse, desde luego que no solo físicamente, también anímica e intelectualmente. El peripatético hace mucho más que charlar y pasear con Aristóteles, también se conmueve, perturba, inquieta, asombra y entusiasma, y todo eso sucede porque conversa con su maestro. Y la conversación de la que aquí se está hablando no puede ser otra cosa que grande. Primero porque supera en profundidad o altura, según como se mire, a lo común y lo regular, va en busca de lo verdadero, lo bello y lo bueno y se aleja de conversaciones mundanas que, en no pocas ocasiones, respiran utilitarismo, pragmatismo, y quizá lo más preocupante, escepticismo y relativismo. Esas conversaciones son muy cómodas de llevar, nadie suele salir escaldado, pero tienen muchos números de quedar en agua de borrajas. Segundo: la conversación que defendemos también es grande porque está fundamentada en la nobleza de mente y de alma, eso es, en la generosidad, la honradez, la lealtad, la bondad y la magnanimidad, todos ellos y algunos otros que podríamos añadir, sinónimos del primero. Y tercero, es grande porque es propia de personas adultas y estudiosas, de esas personas que se supone caminan por nuestros campus.

Dicho esto, apostamos por la tutoría universitaria, tanto presencial como virtual, pero alejada de cruces de mails y de analíticas de aprendizaje. Aquí radica el verdadero conocimiento del estudiante, en ese encuentro. Si hay un momento y lugar en el que la gran conversación universitaria adquiere sentido ese es el de la tutoría universitaria. Sin embargo, la realidad demuestra que buena parte de las tutorías que se llevan a cabo en las universidades de hoy acostumbran a ser reuniones burocráticas, encuentros oficinescos (Evans, 2005). La tutoría universitaria actual está para ofrecer y obtener respuestas efectivas, eficientes y satisfactorias a preguntas cerradas y reclamaciones concretas, se ha transformado, por lo menos desde nuestro punto de vista, en una versión reducida y desustanciada de lo que debería ser.

Habrá que trabajar para dar salida a la tutoría que es propia de la Universidad, a una conversación que, insistimos, no requiere *chatbots* inteligentes, ni Siris ni Alexas, sino a personas. El primer paso, el más evidente y fundamental será considerarla como parte esencial de los planes de estudios universitarios. Se hace necesario dejar de tratarla como un recurso académico más y otorgarle un carácter de obligatoriedad. Ese paso es herencia recibida de las universidades medievales. Allí no podía haber estudiantes sin tutor asignado, sin un profesor con el que conversar sistemáticamente (Chrispoh, 1994). Ha llovido mucho desde entonces, es cierto, ¿pero eso justifica que tengamos que renunciar a ese modo de vivir la universidad?, ¿no será precisamente lo contrario, que ese *modus vivendi* nos salvará de las circunstancias en las que hoy nos encontramos? Algunas universidades responden con un no a la primera pregunta y con un sí a la segunda. Nos referimos especialmente a las que siguen el paradigmático modelo docente fundamentado en la acción tutorial, enarbolado principalmente por la Oxford University y la University of Cambridge, tándem universitario conocido como «Oxbridge». No es momento de analizar dicho modelo docente, pero sí de señalar que se trata de un referente mundial.

Pero no será suficiente con que la tutoría sea de obligado cumplimiento, de hecho, eso no servirá de mucho si en ella no se establece una conversación típicamente universitaria. Se está hablando de una conversación permanente e inconclusa que trate sobre la profesión de la profesión, no la de arquitecto, geógrafa o educador social, sino la profesión de universitario. Al fin y al cabo, no hay tanto un espíritu crítico asignado a cada grado universitario, como un espíritu crítico universitario es general. En la tutoría universitaria hay un profesor y un estudiante, pero también puede verse a dos individuos deseosos de conocimiento conversando; un par de personas que, aunque tengan años de experiencia dispares, están comprometidas con cumplir los votos de la Universidad. Son compromisos con el espíritu crítico, tanto en su dimensión intelectual como en la personal y que, como es de imaginar, se retroalimentan mutuamente. Por un lado, en la tutoría universitaria se ofrece la oportunidad de retomar asuntos que ya han sido tratados en clase, bien para clarificarlos, bien para ampliarlos. En ese sentido, la tutoría universitaria sirve para recordar que «el estudiante y el profesor son iguales en varios momentos clave en los que se quedan sin respuestas, y esto les obliga a pensar» (Lavinia, 2022, p. 92). Sin embargo, lo más relevante es que sirve para el enriquecimiento personal. El tutor tiene el encargo de responsabilizarse y cuidar del otro, pero no como quien se hace cargo de un enfermo, de los amigos o clientes, sino como quien mira por el bienestar de la Universidad y el de sus miembros. Hay muchas maneras de ser universitario, pero un universitario no es de todas las maneras posibles. Con todo el tacto pedagógico y ético posibles, el profesor debe presentar al estudiante modos de ser universitario, protegerle de imitaciones de baratija e invitarle a no conformarse con medias tintas, a pensar, hablar y sentir de las mejores maneras posibles. Eso es cuidar al estudiante y no dejarlo a la intemperie, eso también es respetarle en tanto que se cree en sus posibilidades (Sennet, 2006). Y al cuidar al estudiante, el tutor se autoexige el cuidarse a sí mismo, es decir, el mostrarse como un buen representante de la Universidad. No se trata de dar consejos o advertencias y no aplicarse el cuento, sino de dar ejemplo. Ya se sabe que una cosa es predicar y otra dar trigo.

REFERENCIAS

Baker, R., & Hawn, A. (2022). Algorithmic bias in education. *International Journal of AI in Education, 32,* 1052-1092. https://doi.org/10.1007/s40593-021-00285-9.

Balmes, J. (1964). *El criterio.* Espasa Calpe.

Bringsjord, S., & Govindarajulu, N. S. (2024). Artificial intelligence. *The Stanford Encyclopedia of Philosophy* (Summer 2024 Ed.). Edward N. Zalta & U. Nodelman (Eds.). https://plato.stanford.edu/cgi-bin/encyclopedia/archinfo.cgi?entry=artificial-intelligence.

Calvino, I. (2015). *Por qué leer los clásicos.* Siruela.

Christpoh, R. (1994). Estudiantes. En W. Rüegg (Ed.), *Historia de la Universidad en Europa. Las universidades en la Edad Media* (pp. 223-278). Editorial de la Universidad del País Vasco.

Evans, M. (2005). *Killing thinking: The death of the universities.* Continuum.

Esteban Bara, F. (2019). *La universidad light.* Paidós.

Esteban Bara, F. (2023). *Universitarios: lo que son y lo que dicen ser.* Ediciones Encuentro.

Fulford, A., & Barnett, R. (2020). *Philosophers on the university. Reconsidering higher education.* Springer.

García Hoz, V. (1992). Sobre el concepto de educación personalizada y algunas derivaciones. *Anales de la Real Académica de Ciencias Morales y Políticas, 69,* 191-206.

Haidt, J. (2024). *The Anxious generation. How the great rewiring of childhood is causing an epidemic of mental illness.* Penguin Press.

Innerarity, D. (2020). La inteligencia de la inteligencia artificial. Consideraciones epistemológicas. *Argumenta Philosophica, 1,* 37-50.

Innerarity, D. (2023). Justicia algorítmica y autodeterminación deliberativa. *Isegoría. Revista de Filosofía Moral y Política, 68,* 1-10. https://doi.org/10.3989/isegoria.2023.68.23.

Issacson, W. (2011). *Steve Jobs.* Debate.

Kant, I. (1999). *La contienda entre las facultades de filosofía y teología.* Trotta.

Lavinia Marín, L. (2022). Pedir más a la universidad en línea. ¿Podemos pensar juntos estando separados por una pantalla? *Teoría de la Educación. Revista Interuniversitaria, 34*(2), 87-108.

Marche, S. (2022). The college essay is dead. *The Atlantic.* https://www.theatlantic.com/technology/archive/2022/12/college-essay-chatgpt-ai-writing/672398/.

Newman, J. H. (2024). *Auge y progreso de las universidades.* Ediciones Encuentro.

Nietzsche, F. (1993). *Así habló Zarathustra.* Altaya.

Ordine, N. (2013). *La utilidad de lo inútil.* Acantilado.

Ortega y Gasset, J. (2002). *Misión de la universidad. Y otros ensayos sobre educación y pedagogía.* Alianza Editorial.

Pedró, F. (2023). Promise and perils of the platformization of higher education. En C. Cobo & A. Rivas (Eds.), *The new digital education policy landscape* (pp. 165-190). Routledge.

Platón. (2010). *Fedro.* Gredos.

Ribera, M. y Díaz Montesdeoca, O. (coords.) (2024). *ChatGPT y educación universitaria: posibilidades y límites de ChatGPT como herramienta docente.* Octaedro-IDP/ICE UB.

Russell, S. J., & Norvig, P. (2021). *Artificial intelligence: A modern approach* (4ª ed.). Pearson.

Sennet, R. (2006). *El respeto*. Anagrama.

Selwyn, N. (2019). *Should robots replace teachers? AI and the future of education*. Polity Press.

Teräs, H., Teräs, M., y Suorante, J. (2022). The life and times of university teachers in the era of digitalization: A tragedy. *Learning, Media and Technology, 47*(4), 572-583. https://doi.org/10.1080/17439884.2022.2048393.

Torralba, J. M. (2022). *Una educación liberal. Elogio de los grandes libros*. Ediciones Encuentro.

Turkle, S. (2019). *En defensa de la conversación. El poder de la conversación en la era digital*. Ático de los libros.

UNESCO (2024). *Informe de seguimiento de la educación en el mundo, 2023: tecnología en la educación: ¿una herramienta en los términos de quién?* UNESCO.

UNESCO. (2021). *Recomendación sobre la ética de la inteligencia artificial* (SHS/BIO/PI/2021/1).

Van Leeuwen, A. (2023). Teachers' experiences of monitoring their students in online higher education: recommendations for course design and opportunities for learning analytics. *Technology, Pedagogy and Education, 32*(5), 589-604. https://doi.org/10.1080/1475939X.2023.2254297.

Veliz, C. (2022). *Privacidad es poder*. Taurus.

Watters, A. (2021). *Teaching machines. The history of personalized learning*. The MIT Press.

MENTES EN LA ERA DE LA MÁQUINA: DESENTRAÑANDO LA EDUCACIÓN DE LA CONCIENCIA HUMANA EN EL TIEMPO DE LA IA[1]

David Reyero (Universidad Complutense de Madrid)
Daniel Pattier (Universidad Complutense de Madrid)
Milagros Muñoz-Arranz (Universidad Complutense de Madrid)

«—¿Podrían pensar las máquinas como piensan los seres humanos?
—La pregunta interesante es: ¿solo porque algo piense diferente a ti significa que no piensa?»
The Imitation Game (película sobre la vida de Alan Turing)

INTRODUCCIÓN

La irrupción de la inteligencia artificial ha supuesto varias alternativas al pensamiento educativo. En primer lugar, como ha pasado muchas veces, el nacimiento de un sistema creado por el ser humano parece que nos obliga a repensar a su propio creador. Así, cuando surgió la cibernética nos dedicamos a analizar el funcionamiento de la mente como si se comportase de manera similar a como lo hace un computador. La diferencia era que, en lugar de silicio, el ser humano tiene en su base un organismo bioquímico.

---

[1] Este trabajo se ha realizado dentro del marco del proyecto I+D+i «El imperativo de la innovación educativa: análisis de su recepción y articulación en el sistema educativo español – IMPNOVA» (ref. PID2022-138878NA-I00) financiado por el Ministerio de Ciencia e Innovación del Gobierno de España.

En el caso actual, es el auge y la popularización de los chats conversacionales lo que nos obliga, o al menos lo que nos empuja, a darle una vuelta al asunto del pensamiento humano. ¿Qué es pensar?, ¿es lo que hace una máquina o solo lo que hace un humano? ¿Lo que hace una máquina con el procesamiento de palabras puede decirnos algo sobre lo que hacemos nosotros?, ¿lo clarificará o lo oscurecerá? ¿Cómo aprende una máquina a hacer lo que hace, cómo se la entrena? ¿Las formas de entrenar a una máquina nos pueden enseñar algo sobre educación humana o entorpecerá más el proceso?

Sucede, o puede suceder, con el auge de la inteligencia artificial, algo parecido a lo que pasó con el nacimiento de la antropología cultural. Al ver otras formas de actuar, otras organizaciones sociales, otras consideraciones sobre el bien, la verdad o la belleza, se pusieron en jaque los valores propios introduciendo en ellos el germen del relativismo y quizás esto oscureció en parte lo que sabíamos sobre nosotros. Así, aunque a la larga y en algún sentido pudo mejorar la comprensión de lo humano inicialmente lo confundió sin darnos algo realmente valioso para comprendernos. Conseguir, como conseguimos gracias a la antropología cultural, el «acceso a respuestas dadas por otros, que guardaban otras ovejas en otros valles, y así permitirnos incluirlas en el registro consultable de lo que ha dicho el hombre» (Geertz, 2003, p. 40) puede aumentar nuestra capacidad de recolectar rarezas sin sentido, y no hacernos necesariamente más sabios. ¿Cuál es el germen de la sabiduría?, ¿qué desentrañan otras vidas de nuestra propia vida? ¿Qué desentrañan otros pensamientos de nuestro pensamiento?, ¿qué desvelan otras inteligencias de nuestra inteligencia?

Así, más que sumergirnos en una batalla acerca de qué es pensar o mejor dicho, de si lo que las máquinas realizan o pueden realizar en el futuro es lo mismo que hacemos nosotros, que no lo es, la reflexión sobre la IA es, como casi siempre, una nueva oportunidad para empezar una reflexión sobre lo que somos y lo que implica nuestra materialidad informada, por utilizar una categoría aristotélica. Una ocasión para profundizar en asuntos del conocimiento humano por contraposición más que por analogía. Igual que el conocimiento de culturas ajenas provoca un nuevo reflejo de lo que somos y nos conocemos en parte por lo que los otros reflejan de nosotros mismos. Algo así reflejan los productos de la IA. Investigar sobre la IA, si no nos quedamos en la superficie de su utilización instrumental, es pensar sobre nosotros mismos. Para realizar un ensayo de esta tarea vamos a hacer algunas reflexiones sobre dimensiones propias del pensamiento humano y contrastarlas con lo que pasa en la IA en relación con esas mismas dimensiones. Estas son: la empatía, el olvido, el silencio, el tiempo, la intencionalidad y la vulnerabilidad. Pero antes deberíamos reflexionar sobre el propio instrumento que guía el pensamiento y que no es otra cosa que el lenguaje. Qué es el lenguaje y cuál es su relación con la realidad es uno de los orígenes del problema al que nos enfrentamos.

LENGUAJE, PENSAMIENTO Y REALIDAD

El auge de la inteligencia artificial, especialmente de los chats conversacionales como *ChatGPT*, puede parecer un logro tecnológico impresionante, pero si lo miramos de cerca, nos lleva de vuelta a una vieja forma de pensar: el idealismo. Este es un pensamiento que, en muchos sentidos, desmaterializa nuestra conexión con la realidad.

Pensemos en esto: los chats conversacionales trabajan con lenguaje, pero no lo hacen del mismo modo que lo hacemos nosotros. Para la IA, el lenguaje es solo un juego de signos sobre signos. Es como un gran juego de probabilidades, donde las palabras se eligen no por su relación con el mundo real, sino por cómo encajan mejor en un patrón. Es decir, las respuestas que obtenemos de la IA no tienen una conexión directa con la realidad, sino con probabilidades de que ciertas palabras aparezcan juntas. El lenguaje, en este sentido, deja de ser una herramienta para entender y describir el mundo, y se convierte en una especie de truco estadístico.

Si esto puede sonar un poco abstracto, basta pensar en los antiguos sofistas. Eran maestros en el arte de la retórica, capaces de convencer a la gente de prácticamente cualquier cosa, sin importar si lo que decían era cierto o falso. Lo importante no era la verdad, sino la persuasión. Pues bien, en muchos sentidos, el triunfo de la IA conversacional se parece al de los sofistas. Lo que importa no es tanto si lo que dicen refleja la realidad, sino si suena lo suficientemente convincente. Aquí es donde entra en juego una pregunta clave: ¿qué relación tiene el lenguaje con lo real?

En el mundo de la política, por ejemplo, hemos visto cómo los *bots* conversacionales han invadido las campañas electorales, difundiendo mensajes que a veces son solo eso: mensajes vacíos, sin conexión con hechos reales. Esto nos lleva al problema de la desinformación. Si podemos hablar de desinformación, es porque creemos que el lenguaje tiene, o al menos debería tener, una conexión necesaria con la realidad. Cuando alguien miente o manipula, el problema es que lo que dice no encaja con los hechos. Pero si el lenguaje solo es un juego de probabilidades, como lo es para la IA, ¿dónde queda esa conexión con lo real? ¿Y cómo podemos distinguir entre lo que es cierto y lo que simplemente suena bien?

Este es un tema que necesitamos explorar más a fondo si queremos entender cómo el pensamiento humano y el pensamiento «artificial» funcionan y qué impacto tiene la IA en la formación del pensamiento crítico. Porque, al final, la pregunta no es solo cómo interactuamos con estas tecnologías, sino cómo cambiamos nosotros al hacerlo. El pensamiento humano tiene una profundidad y una capacidad de reflexión que se desarrolla en el tiempo. Pensamos, dudamos, volvemos sobre nuestras ideas, las afinamos. Este proceso está profundamente conectado con nuestra experiencia de la realidad. En cambio, los chats conversacionales de la IA no tienen esta relación con el tiempo ni con la realidad. Procesan datos y responden al instante, pero ¿cuánto hay realmente de pensamiento en eso?

Para avanzar en esta discusión, tenemos que investigar a fondo dónde radican las fortalezas y debilidades de estos sistemas, y dónde brillan nuestras propias capacidades humanas. Porque si bien la IA es poderosa en velocidad y en su capacidad para manejar grandes cantidades de información, el pensamiento humano tiene la capacidad única de conectar el lenguaje con la realidad de manera más profunda y significativa.

Y aquí estamos, frente a un desafío fascinante: ¿cómo podemos formar y proteger el pensamiento crítico en un tiempo dominado por la IA? ¿Cómo podemos asegurarnos de que el lenguaje siga siendo una herramienta para revelar la verdad, y no solo un juego de probabilidades?

LA RELACIÓN ENTRE CONCIENCIA, PENSAMIENTO Y EMPATÍA

¿Pensar implica conciencia? ¿Qué es un pensar consciente? ¿Qué añade la conciencia al pensamiento? Entre muchas de las cosas que nos ofrecen las IA conversacionales está la experiencia de que la conciencia se puede simular. Parecía que no era posible el diálogo, o eso pensábamos hasta ahora, sin dos sujetos conscientes, propietarios de un yo. Si esa característica implica algo, empatía, quizás, debemos investigar a fondo en qué consiste y qué no puede suplir en ningún caso la conversación con una IA.

Siempre hemos pensado que la empatía es un tipo de conocimiento intersubjetivo por el que el yo percibe la vivencia del tú en el instante presente, *aquí y ahora*. Creemos que para que este intercambio sea posible, es imprescindible que los sujetos implicados sean personas, seres vivos formados por cuerpo y alma (Stein, 2005). Es decir, sujetos con vida: un yo personal frente a otro yo personal. Y en este punto nos encontramos con la primera diferencia entre los interlocutores implicados en una conversación generada por IA, donde un yo interpersonal intercambia mera información con un sistema algorítmico.

Para comprender con más exactitud cuál es la exigencia inherente a los procesos donde está implicada la empatía, tenemos que remitirnos a la siguiente realidad: las personas, a diferencia de la tecnología, no son seres aislados en su existencia. En virtud de su vida espiritual son capaces, y necesitan relacionarse con el entorno, aprehendiendo las vivencias externas e integrándolas en su vida interior. Estas, según Stein (2005), van configurando la particular *corriente de conciencia,* donde la empatía juega un papel esencial, pues gracias a este tipo de conocimiento intersubjetivo, se produce un intercambio de vivencias entre el yo y el tú. En este intercambio, el yo es capaz de aprehender la conciencia ajena, puede conocerla e intentar comprenderla. De esta manera, cada persona se va configurando a sí misma como fruto de este intercambio interpersonal. En función de estas interacciones con el exterior y la actividad introspectiva sobre las propias vivencias, la persona se posiciona ante la realidad respondiendo de una u otra forma ante los acontecimientos que se van sucediendo y ante los encuentros con otros sujetos. Es un ir y venir, un constante intercambio y actividad en la vida interior de la persona que se refleja en la propia vida, en los actos, en la libertad y la voluntad.

Si nos quedamos solo con el mecanismo de estímulo externo percibido y la predisposición para responder, como modelo de IA *pre-entrenado,* nos encontramos con la *conducta* del *ChatGPT.* Por analogía, al ver su capacidad de respuesta, podemos caer en compararlo con la conducta humana y pensar que es capaz de mostrar empatía. Pero en este caso caeríamos en un reduccionismo si tenemos en cuenta que en realidad no hay una vivencia propia en la IA, y esta no percibe mi vivencia. En realidad, su actuar se reduce a un conjunto de algoritmos, más o menos complejos, capaz de mejorar respuestas, pero en función de las probabilidades de respuestas mejor aceptadas por el receptor. Son unos datos que, de hecho, se han introducido previamente y se actualizan con el uso. Es decir, su base de datos no cambia en función de sus vivencias propias, que no las tiene, sino en función de aquello que se le establece desde el exterior a través de las sucesivas interacciones. En la IA no podemos hablar de *corriente de conciencia,* pues en realidad en su interior se almacena, en forma de *capas neuronales digitales,* un conjunto de probabilidades de respuesta vacías de sentimiento y de experiencia consciente.

Frente a la *corriente de conciencia* personal se sitúan las diferentes conexiones algorítmicas de la IA. La persona piensa por iniciativa propia y responde en función de la conciencia emocional e intelectual que va configurando. Sin embargo, la IA responde a la petición de una respuesta en función de unos parámetros determinados introducidos desde el exterior. En este caso, en la máquina no hay libertad ni voluntad, y muchos menos, afección personal, pues ésta responde en función de lo solicitado, y aporta la respuesta que matemáticamente es considerada como aquella que tiene más probabilidad de ser cierta, por ser aceptada y valorada por el usuario. Es más, si un segundo usuario le realiza otra consulta, podría ir respondiendo para ir ajustándose a la retroalimentación recibida. En este punto nos asalta la cuestión de la ética.

Por tanto, no podemos hablar de empatía en el caso de interacción con el *ChatGPT*, pues el mecanismo de respuesta es una mera simulación de un comportamiento humano. El único elemento común en el *pseudodiálogo* es el intercambio de información. Quizá sea la persona humana la que se sienta comprendida por las respuestas recibidas y diga que la máquina ha sido empática. Pero eso es una quimera, pues el *ChatGPT* ya se habrá olvidado de ella, tan solo puede haber enriquecido su base de datos para poder dar respuestas similares a consultas también similares. Y es que las máquinas no tienen cuerpo ni alma, ni vida espiritual, por lo que la empatía brilla por su ausencia en el elemento tecnológico.

La auténtica empatía es por lo tanto un fenómeno humano que exige conciencia y flujo experiencial como explicaba Stein, pero no es un fenómeno puramente espontáneo o que no pueda ejercitarse, por eso es posible encontrar humanos con menos empatía que la simulada por las máquinas. La inteligencia artificial generativa ha resaltado algo ya sabido, y es la importancia de la atención a lo que el otro dice. No podemos negar que lo que decimos es procesado y de manera simulada atendido por los algoritmos generativos si bien es una atención vacía de intencionalidad y contacto genuino con el otro yo personal.

Por otra parte, la empatía humana implica ir más allá de lo aparente. Es la aprehensión directa de la experiencia del otro. Educativamente es una experiencia fundamental porque es una capacidad que nos posibilita tener un discernimiento sobre la vida de aquel con quien empatizamos. Podemos ver así lo que a veces, por ofuscación o autoengaño, ni aquel con el que empatizamos, puede ver. La prueba de la empatía no es el refuerzo especular del otro en sus ideas o emociones, pues estas pueden resultar, como así sucede en muchas ocasiones, un flagrante autoengaño, sino más bien en la posibilidad de encontrar la verdad profunda de lo que se expone en la superficie, de tal manera que vemos desde otro lugar lo que el otro ni siquiera puede ver de sí mismo.

LA RELACIÓN ENTRE PENSAMIENTO Y OLVIDO. EL MISTERIO DE LA MEMORIA

Hay un cuento muy famoso de Borges titulado «Funes el memorioso» en el que el genial escritor argentino especula sobre la relación entre el olvido y el pensamiento humano. Funes, como consecuencia de una coz en la cabeza, sufre un problema de memoria absoluta. Todo lo que vive lo recuerda, sin poder olvidar ningún matiz. Dice Borges que Funes tarda 24 horas en recordar un día. Como consecuencia del accidente, Funes «no era muy capaz de pensar porque pensar es olvidar diferencias, es generalizar, abstraer. En el abarrotado mundo de Funes no había sino detalles inmediatos» (Borges, 1996, p. 485).

Hay al menos dos tipos de olvido en el pensamiento humano. Primero, el olvido como una necesidad para conceptualizar y abstraer, para captar la sustancia-esencia de las cosas, en la línea que Borges sugiere. Segundo, el olvido también surge como una limitación natural de nuestra capacidad cognitiva. Pero, ¿qué es el olvido realmente? ¿Cómo olvidamos y cómo regresan los recuerdos a la memoria? Aunque hay unas bases explicativas neuropsicológicas que explican estos procesos, debemos ahora repensarlas a partir de la forma que tiene la IA de simular tareas similares, porque la máquina simula pensamiento y cognición sin olvido, podría así parecer que el olvido no es una necesidad del pensamiento sino simplemente una imperfección.

¿Qué significa entonces pensar desde el olvido? Cómo utilizar la IA sin descargar en exclusividad sobre ella datos que son necesarios para pensar, y qué datos son esos, son temas que estamos obligados a plantear. Estas preguntas son cruciales en nuestra reflexión sobre las diferencias fundamentales entre el ser humano y las máquinas.

Tanto los seres humanos como las máquinas pueden ir recibiendo datos que almacenan en su memoria a lo largo del tiempo. Pero, por lo menos hasta ahora, las máquinas no pueden hacerlo desde la emoción, desde el sentimiento. Los humanos procesamos y almacenamos datos de manera selectiva, influenciados por nuestras emociones. Por ejemplo, al caminar por un bosque, registramos múltiples sonidos, pero un crujido inesperado detrás de nosotros puede desencadenar una fuerte respuesta emocional que sella ese recuerdo en nuestra memoria. Este proceso de memorización, impulsado por la emoción y la atención selectiva, es inherentemente humano. La forma en la que recibimos los estímulos y acontecimientos de nuestra vida hace que ciertos datos se graben de manera más fuerte y duradera que otros. Esta forma de memorizar datos, que, mediante una atención selectiva, ya sea intencional o no, conduce a la creación de la memoria, es puramente humana. La máquina podrá almacenar datos simulando esta atención selectiva, pero no lo harán desde este proceso psicológico-emocional que jerarquiza el valor de los distintos recuerdos olvidando de hecho algunos. Este carácter del olvido humano cumple una importante función adaptativa que permite al ser humano procesar información de manera eficiente, enfocarse en lo relevante y adaptarse a nuevas situaciones.

Profundizando en este carácter jerárquico emocional de los recuerdos y la memoria aún podemos profundizar más en el olvido y el fenómeno del recuerdo. Estamos seguros de que los seres humanos olvidamos cosas, pero lo hacemos de varias maneras. En primer lugar, olvidamos datos de manera no intencional. Olvidar el nombre de alguna persona o su número de teléfono es algo que nos ocurre frecuentemente en el devenir de la vida. En segundo lugar, olvidamos datos de manera intencional. Y aquí podríamos hablar de dos subgrupos. Por un lado, olvidamos de manera intencional conscientemente. Por ejemplo, si nos dicen la clave de tres dígitos aleatorios para abrir el candado de la taquilla de un compañero que nos lo ha pedido, y consideramos que esto no es importante, esos dígitos caerán en el olvido con el tiempo, y lo hacemos de manera consciente ya que sabemos que, si repetimos esos números en nuestro pensamiento todos los días, probablemente podamos morir recordándolos. Por otro lado, olvidamos de manera intencional inconsciente. Por ejemplo, se dan casos donde el cerebro se bloquea ante acontecimientos traumáticos bloqueando los recuerdos ligados a estas situaciones.

En cuanto a la IA no podemos hablar de olvido consciente o inconsciente, pero existen también mecanismos artificiales de olvido como el *dropout* o el *pruning* (Goodfellow *et al.* 2016; Han *et al.,* 2015) El *dropout* es interesante porque se apoya en el mismo argumento que utilizó Borges en el cuento antes citado, la excesiva precisión sin jerarquía impide generalizar. Surge, por lo tanto, como una necesidad para evitar los problemas para generalizar y evitar el sobreajuste que ocurriría si no se pierden datos. Por ejemplo, imaginemos que estamos entrenando una red neuronal para clasificar imágenes de gatos y perros. Si una parte de la red se especializa demasiado en detectar características específicas de una sola imagen de un gato, podría volverse muy buena para identificar ese gato en particular, pero no generalizaría bien a otras imágenes de gatos. Con el *dropout*, a través del apagado selectivo de partes de su red neuronal, la red está obligada a aprender múltiples maneras de reconocer un gato independientemente de las características específicas de una imagen, mejorando así su capacidad de generalización.

Planteadas así las bases de nuestro trabajo, profundicemos ahora en el análisis de las peculiaridades humanas que son al menos dos, fruto de la específica forma de la vida humana. La huella de lo olvidado y el esfuerzo del recuerdo.

¿Qué queremos decir con la huella de lo olvidado? En primer lugar, lo olvidado, lo aprendido alguna vez, lo que nos ha dejado huella, tiene efecto en lo que somos. Muchas veces nos hacemos conscientes de cuál fue el origen de un hábito que actualmente tenemos, pero hubo un origen independientemente de que lo recordemos o no y en lo que somos está aquello que recordamos y también aquello que no recordamos, pero ha dado forma a nuestra manera de hacer, de pensar, de escribir, de hablar. Todo lo que hacemos, todo lo que constituye nuestra personalidad, todo lo que somos es, por lo tanto, el efecto de lo que hemos hecho. No solo forma parte de lo que somos lo que recordamos haber hecho, lo que está en nuestra memoria. Además, lo que recordamos no es siempre algo claro y distinto. Lo que recordamos está teñido por lo que estamos viviendo, sintiendo o experimentando en el momento actual. No es un fruto objetivo perenne, inamovible, estático, una foto fija, de algo que pasó, supimos o hicimos. En segundo lugar, nunca somos conscientes de lo que sabemos. Hay en nosotros una diferencia esencial entre lo que creemos saber y lo que sabemos de hecho. Lo que sabemos sale muchas veces en el momento en el que lo necesitamos. Pero no siempre se puede llamar al recuerdo como buscamos un fichero en el ordenador. No se puede llamar a lo que sabemos, recordamos o hemos hecho de manera absolutamente voluntaria o mecánica. La memoria se nos presenta, así, como un objeto insondable en el que el esfuerzo, la oportunidad y el trabajo juegan un papel relevante.

La segunda peculiaridad humana está en el esfuerzo requerido para traer a la memoria y también para introducir en la memoria. Tanto el esfuerzo en el recordar como el esfuerzo en aprender nos hace, nos constituye. Obligar al esfuerzo en recordar o en practicar no es simplemente un ejercicio pragmático, útil, sino que también es un ejercicio formativo porque obliga a centrar en la memoria aquello que hemos descubierto como importante y dicho trabajo si está bien hecho genera comprensión profunda. Pensemos en un pianista que practica una pieza complicada. Al principio comete errores, pero a través del esfuerzo y la repetición no solo mejora técnicamente, sino que también desarrolla una comprensión más profunda de la música, interpretando la pieza con más emoción y matices. Este tipo de mejora es cualitativa, involucrando crecimiento personal, emocional y artístico. En contraste, una IA que genera música puede mejorar su capacidad para imitar estilos o componer piezas más complejas, pero esta mejora es puramente cuantitativa: sigue reglas y patrones predefinidos sin el desarrollo de una comprensión o apreciación genuina de la música. En la máquina, por lo tanto, no hay esa relación a veces dolorosa con el esfuerzo en el recordar, el aprender o el practicar. En la máquina hay otra cosa. Para ella, el procesamiento de datos es un acto puramente computacional, sin la carga emocional o cognitiva que acompaña al esfuerzo humano.

El esfuerzo y el trabajo son características esenciales del ser humano, un ser biológico, corporal y espiritual. ¿Mejora la máquina con el procesamiento de datos de la misma manera que el ser humano mejora con el esfuerzo? La mejora en la máquina es un proceso técnico y cuantitativo, mientras que en el ser humano es cualitativa y está intrínsecamente ligada a nuestra experiencia emocional y cognitiva.

LA RELACIÓN ENTRE SILENCIO Y PENSAMIENTO

El silencio en el contexto humano no es simplemente la ausencia de sonido o actividad, sino un estado activo de la mente. Un estado que tiene relación con la atención a la realidad. Es un estado que facilita observar atentamente, o lo que Aristóteles llamaba *theorein*.

A diferencia de los seres humanos, las inteligencias artificiales, como *ChatGPT*, no experimentan estados de silencio, de contemplación. Los sistemas de IA están diseñados para estar en uno de dos estados: procesando información (respondiendo, calculando) o en reposo (esperando una entrada). No hay un estado intermedio en el que la IA reflexione o contemple. Este contraste resalta una diferencia clave: mientras que la mente humana puede beneficiarse de los periodos de silencio para integrar y reorganizar información, la IA simplemente «espera» hasta que recibe una nueva entrada para procesar.

El silencio puede conceptualizarse como un espacio mental en el que se permite que los pensamientos y experiencias se sedimenten, se integren y se ordenen. Es durante estos momentos de aparente inactividad cuando pueden surgir conexiones nuevas, resolver problemas complejos o simplemente alcanzar una comprensión más profunda de una situación o idea. El silencio no es vacío; es un terreno fértil para la creatividad y el autoconocimiento. Todos hemos vivido la experiencia de encontrar respuestas frente a problemas que nos vienen a la mente justo cuando no estamos absortos en su resolución, sino en momentos de un cierto silencio. Este fenómeno, conocido como incubación, es fundamental en muchos procesos creativos y científicos y es propio del pensamiento humano.

En muchas ocasiones el silencio se puede manifestar como una resistencia al pensamiento superficial al que nos empuja la tecnología. La tecnología funciona sin silencios, la tecnología se caracteriza por actividad continua y velocidad. Hacer silencio es algo contrario a la vida a la que la tecnología nos empuja. El silencio es una forma de parar, no tener que dar una respuesta, es precisamente un espacio para la profundidad. Por eso la introducción de la IA en el aprendizaje no puede hacerse a costa de espacios para el trabajo «silencioso».

LA RELACIÓN ENTRE TIEMPO Y PENSAMIENTO

Una diferencia clave entre el procesamiento de la inteligencia artificial y el pensamiento humano es la relación de este último con el tiempo. Para los seres humanos, la variable tiempo es fundamental y se encuentra profundamente ligada a las emociones. Percibimos el tiempo de manera distinta según la concentración en una actividad y el valor emocional que esta tiene para nosotros. El aprendizaje humano no puede comprenderse sin el tiempo como elemento esencial. Nuestra relación con lo que sabemos y pensamos está mediada por el tiempo que dedicamos, el significado que le otorgamos y la experiencia acumulada.

El tiempo confiere características importantes al pensamiento humano, y entre ellas podemos destacar las siguientes:

Primero, solo hablamos de sabiduría cuando hemos interiorizado principios prácticos con tiempo y experiencia. La virtud de la prudencia, según Aristóteles, es el resultado de una vida reflexiva y pausada. Los educadores universitarios sabemos que los pensamientos maduros rara vez surgen en los primeros años de la vida académica.

Segundo, el aprendizaje humano implica un antes y un después en cada experiencia educativa. Como seres vivos, experimentamos cambios en nuestra configuración personal que requieren tiempo para asentarse. Considerando que el aprendizaje es posible a lo largo de toda la vida, este proceso continuo reconfigura internamente a cada persona según sus experiencias y reflexiones. En este sentido, el ser humano es un «yo» encarnado, que florece o degenera en el tiempo y con el tiempo en varios niveles interrelacionados: biológico, psicológico y cultural. En contraste, la IA es una entidad inerte. Sus resultados, aunque rápidos y útiles, no alteran su constitución material ni afectan un mundo psíquico o cultural, del cual carece. Para los programadores de la IA, el tiempo es solo una resistencia que superar, nunca un aliado esencial en la búsqueda de respuestas maduras.

Tercero, un potencial riesgo para el ser humano es la tendencia a acomodarse a la inmediatez que ofrecen las máquinas. Mientras que para la IA la rapidez es uno de sus objetivos, el ser humano necesita etapas y tiempos naturales que no se deben obviar para construir una base sólida en su desarrollo. La IA no puede simular una etapa adolescente ni una maduración real. De hecho, si aplicamos este razonamiento al ámbito educativo, el valor de la relación entre docente y estudiante se basa en la valoración compartida del tiempo. Una relación educativa exitosa, que produce aprendizaje efectivo, requiere paciencia y esfuerzo, elementos que la inmediatez de una IA confronta directamente.

Cuarto, la variable del tiempo tiene un significado importante en la conversación y en las relaciones humanas. Quien no tiene esta vinculación con el tiempo, como la IA, no puede realmente conversar ni establecer relaciones genuinas, sino solo simularlas. Esto es especialmente relevante en el contexto educativo, donde la relación entre docente y discente no se limita a la transmisión de conocimientos, sino que incluye el desarrollo de habilidades sociales y emocionales, como la empatía, la colaboración y la resolución de conflictos. Estas habilidades requieren tiempo y práctica para desarrollarse y no pueden ser simuladas de forma eficaz.

Quinto, en el aprendizaje humano, la relación entre cantidad de información y tiempo es proporcional; cuanto más debemos asimilar, más tiempo necesitamos. Para la IA, aunque la respuesta solo puede surgir después de la pregunta, el acceso y procesamiento de información es tan rápido que parece un proceso inverso. Esta velocidad contrasta con la naturaleza humana, que no puede procesar sin respetar sus tiempos naturales. Al combinar este hecho con otros factores diferenciadores entre la IA y el ser humano, se concluye que la interacción entre máquina y persona es más una simulación que una conversación real.

En resumen, la relación educativa entre docente y estudiante es un proceso complejo que requiere tiempo y esfuerzo para desarrollarse plenamente. La vinculación con el tiempo es esencial en esta relación, y la inmediatez que ofrecen herramientas como *ChatGPT* no puede sustituir el proceso temporal necesario para un aprendizaje verdadero y la construcción de relaciones educativas exitosas. La IA puede procesar información rápidamente, pero la naturaleza humana necesita respetar sus propios ritmos para lograr un desarrollo y aprendizaje auténticos.

ERROR Y VULNERABILIDAD DEL PENSAMIENTO HUMANO

Todos hemos oído que estos grandes modelos del lenguaje generativo sufren alucinaciones, se inventan respuestas y no todo lo que dicen es cierto (Fiialka *et al.*, 2023; Zhu *et al.*, 2023). Qué tipo de errores cometen las IA al procesar y por qué son distintos de los errores humanos es una pregunta que nos puede ayudar a entender el pensamiento humano, nuestra peculiar relación con la vulnerabilidad y el error. Una comprensión de este tipo nos podría ayudar a un mejor diseño de las intervenciones educativas relacionadas con la formación del pensamiento.

En primer lugar, debemos admitir que muchas investigaciones realizadas sobre la temática de los errores o alucinaciones en diversos recursos creados con IA se basan en una premisa falsa: no se han realizado con IA general, sino específica. Actualmente estamos acostumbrándonos y sorprendiéndonos de los avances de la IA específica, es decir, de sistemas que son capaces de realizar tareas concretas en un determinado ámbito para las que han sido programadas. *ChatGPT*, por ejemplo, es una IA específica que utiliza técnicas de aprendizaje automático y procesamiento del lenguaje natural para «comprender» y generar respuestas contextualmente apropiadas en una conversación. No ha sido creada y desarrollada (aunque hasta cierto punto lo haga) para responder, por ejemplo, cuestiones de un test profesional como el *United States Medical Licensing Examination* (Gilson *et al.*, 2023).

Dicho esto, la pregunta sería: ¿Comete la IA específica errores teniendo en cuenta la función y tarea para la que ha sido diseñada? ¿Estos errores son solucionables mejorando la tecnología o el algoritmo en que se basan? ¿Son fuente de desarrollo o simples obstáculos a superar?

Siguiendo con el ejemplo de *ChatGPT*, los errores más comunes que obtenemos en su utilización vienen derivados de dos razones básicas: lagunas de contenido y propagación de desinformación automatizada. La inteligencia artificial es entrenada con cantidades ingentes de contenido, pero, cuando se encuentra ante una pregunta sobre la que no existen datos precisos, el algoritmo tiende a intentar rellenar esa laguna de contenido ofreciendo datos y resultados inventados que podrían, en cierto modo, adecuarse o acercarse a la verdad que se le pregunta. Por ejemplo, al no tener, a día de hoy, acceso a toda la literatura científica, *ChatGPT* inventa referencias científicas cuando se le pide esta acción (Pattier, 2024). Por otro lado, la inteligencia artificial como *ChatGPT* tiene acceso y se le entrena con aquello que está publicado en Internet. Es por eso que suele ofrecer como resultados aportaciones que aparecen en páginas web o incluso blogs. El problema de este mecanismo es que se basa no en una interpretación crítica en aras de la verdad, como haría una persona éticamente formada, sino en búsquedas a través de Internet automatizadas. Esto puede generar una propagación de desinformación automatizada en la que el algoritmo no es consciente, no puede serlo, de la falsedad de sus aportaciones. Por ejemplo, si todo el mundo comienza a subir a Internet afirmaciones sobre que la Tierra es plana, *ChatGPT* terminaría afirmando también que la Tierra es plana.

El primer tipo de error, la laguna de contenido, es una problemática solucionable con un entrenamiento más eficiente y con una mejora de la calidad de los datos de entrenamiento. Sin embargo, la propagación de desinformación automatizada es un problema más serio ya que se basa en el propio mecanismo de funcionamiento del algoritmo de la inteligencia artificial. Podríamos llegar incluso a afirmar que, de este modo, la verdad en la inteligencia artificial está en «la mayoría» de las afirmaciones, ya sean cualitativas o cuantitativas, que se encuentran en Internet. Pero bien sabemos los seres humanos que la verdad algunas veces no está en la opinión de la mayoría.

Si comparamos estos errores de la inteligencia artificial con los errores humanos, podremos observar ciertos aspectos que nos diferencian enormemente de las máquinas. Es verdad que los seres humanos tenemos inmensamente más lagunas de contenido que la IA. La IA tiene acceso a más contenidos que nosotros y siempre será así por mucho que nos dediquemos al estudio de las diversas ciencias. Lo que nos diferencia es la consciencia de la finitud y de nuestro ser imperfecto y el deseo de buscar la verdad. Asimismo, los seres humanos podemos caer en errores similares a la ya explicada propagación de desinformación automatizada. La historia de la humanidad está repleta de ejemplos en los que las personas en el poder intentan controlar la educación que se da en las escuelas y universidades para ofrecer no la Verdad, sino «su verdad», con resultados catastróficos en los que las nuevas generaciones educadas de esta manera son fieles a errores básicos incluso cuando atentan contra valores humanos fundamentales como el derecho a la vida. Sin embargo, los seres humanos tenemos una capacidad crítica de reflexión en la que, aunque la gran mayoría estipule o dictamine contenidos o sentencias falsas afirmando que son verdad, podemos llegar a conocer la Verdad y actuar en consecuencia aún a sabiendas de que vamos a ser rechazados o incluso eliminados con cicuta. La mayor presencia de las IA conversacionales, su creciente precisión, junto con nuestra proverbial tendencia a la pereza, nos puede situar en una situación de excesiva dependencia de la inteligencia artificial no necesariamente ligada a la verdad (Singh *et al.*, 2023).

Tanto las formas de error señaladas anteriormente como la reflexión sobre la posibilidad de una manipulación a través de la inteligencia artificial nos llevan a afirmar la necesidad de una educación crítica, que busque la verdad, desde edades tempranas. Dicho deseo de búsqueda de la verdad, e incluso, la libertad humana, puede estar en entredicho en unos años debido a esta dependencia e infantil confianza en la inteligencia artificial que se está vislumbrando en esta era.

Pero la vulnerabilidad humana es diferente en un sentido esencial y no comparable a las debilidades que hemos explorado en la inteligencia artificial. Nosotros también tenemos lagunas en nuestro conocimiento que deseamos llenar, y cierta incapacidad o limitación en el procesamiento lógico de los datos de los que disponemos, ya lo habíamos visto antes, pero nuestra debilidad es, o puede ser también, fuente de crecimiento, incluso de satisfacción. El ocultamiento de su sentido propio de las sociedades posthumanas, que huyen de la muerte y el sufrimiento, dificultan su comprensión. Sin entrar en el profundo debate sobre el posthumanismo y el transhumanismo en educación, tema que excede las posibilidades de este capítulo (ver Gil Cantero, 2022; Gaviria, 2024), no podemos dejar de decir algo que nos permita pensar en la vulnerabilidad y el error propiamente humanos. Hay en nuestro tiempo un cierto alejamiento de nuestra condición material fruto del predominio tecnológico y de la búsqueda ciega de un bienestar sentimental que nos impide o dificulta la experiencia del valor del esfuerzo y la asunción de la limitación. Sin caer en una mistificación del esfuerzo, todos hemos podido experimentar la satisfacción al vencer o solo enfrentar actividades exigentes que tensionan, ponen a prueba o incluso quiebran nuestras posibilidades. Es en esas acciones en las que podemos experimentar tanto nuestro límite como nuestra posibilidad y el gozo. Como quien trata de llegar a la cima de una montaña, agotado pero contento con su aventura, tiene que darse la vuelta. Podemos vernos muchas veces como un potencial Sísifo feliz. Es esa fuente del gozo en la debilidad donde también radica el lugar de la frustración y el dolor. No deja de ser el eje central de nuestra peculiar naturaleza encarnada. Su olvido puede ser una tentación que no deja de producir tristezas y sinsentidos de otra condición.

LA RELACIÓN ENTRE INTENCIONALIDAD Y PENSAMIENTO HUMANO

Todos los puntos anteriores encuentran su explicación en la ausencia de intencionalidad de la IA. La intencionalidad, como lo describe el filósofo John Searle, es una de las características más enigmáticas y esenciales del pensamiento humano. Searle define la intencionalidad como la capacidad de los estados mentales para ser «sobre» o «acerca de» algo. En otras palabras, cuando pensamos, deseamos, creemos o esperamos, nuestros pensamientos no existen en el vacío; siempre están dirigidos hacia algo, ya sea un objeto, una situación, una idea o una persona. Esta orientación hacia el «otro» o lo otro es lo que da significado y propósito a nuestras actividades mentales. El pensamiento humano, entendido en esta dimensión, no solo se limita a procesar información interna; tiene la capacidad de trascender su propia existencia y dirigirse hacia realidades externas. Cuando alguien piensa en una montaña, no solo está procesando datos sensoriales o recuerdos visuales de una montaña; su mente se orienta hacia la realidad de esa montaña, reconociéndola como un objeto externo, independiente de su propia conciencia.

Esta capacidad de trascendencia, de ser «sobre algo» más allá del propio ser, es lo que hace que el pensamiento humano sea tan único y difícil de replicar en máquinas, imposible de hecho. Las IA, por sofisticadas que sean, carecen de esta dimensión de intencionalidad porque no poseen una conciencia que les permita tener un «yo» que se relacione con un «no yo». No experimentan el mundo desde una perspectiva subjetiva ni tienen deseos, creencias o propósitos que se orienten hacia algo externo.

En este sentido, cuando dialogamos, estamos participando en un intercambio intencional. Cada afirmación, pregunta o reflexión está dirigida hacia algo: buscamos comprender, influir, o compartir una experiencia consciente con otro ser también consciente. Este acto de comunicación implica una intencionalidad que va más allá de la mera transmisión de información; es un encuentro entre sujetos que comparten o discuten significados y propósitos.

En contraste, cuando interactuamos con una IA, no existe una verdadera intencionalidad por parte de la máquina. Aunque pueda generar respuestas que parecen tener propósito o dirección, estas no son el resultado de un estado mental dirigido hacia un objeto o idea. En su lugar, las respuestas de la IA son el producto de algoritmos que correlacionan entradas con salidas basadas en patrones estadísticos aprendidos de vastos conjuntos de datos. La IA no «piensa en» algo en el sentido humano, sino que simplemente procesa datos según reglas predefinidas y ajustadas por aprendizaje automático.

Si comenzamos a equiparar el pensamiento humano con el procesamiento de información de una IA, corremos el riesgo de perder aspectos fundamentales del pensamiento que son cruciales para la experiencia humana. La intencionalidad, como característica esencial del pensamiento, nos permite no solo comprender y relacionarnos con el mundo, sino también participar en decisiones éticas, políticas y personales que requieren una comprensión profunda del significado y el propósito.

Reducir el pensar a una capacidad replicable por una máquina es ignorar la dimensión trascendental del pensamiento humano. Si aceptamos que una máquina puede «pensar» como un ser humano y le conferimos el mismo poder, podríamos excluir de nuestras decisiones elementos fundamentales como el sentido del bien y del mal, la justicia y la dignidad humana, todos dependientes de una intencionalidad dirigida hacia el otro y el bien común. Así, nos arriesgamos a dejar fuera aspectos esenciales que solo la comprensión humana puede aportar, como la empatía, la compasión y la previsión de consecuencias morales. Las máquinas, al carecer de intencionalidad, no pueden valorar el sufrimiento, la injusticia o la felicidad con la misma profundidad que una persona. Por tanto, depender de la inteligencia artificial para decisiones que afectan a individuos y sociedades podría llevar a soluciones técnicamente eficientes, pero moralmente insuficientes o insensibles a la complejidad humana. Si permitimos que el «pensamiento» mecánico prevalezca, corremos el riesgo de sacrificar el componente ético fundamental en la toma de decisiones, poniendo en peligro la construcción de un mundo verdaderamente justo.

Por tanto, la intencionalidad no es solo una característica del pensamiento humano, sino un pilar sobre el cual se construyen nuestras sociedades y nuestras interacciones significativas. Reconocer y preservar esta dimensión es crucial en una era donde la inteligencia artificial juega un papel cada vez más importante en nuestras decisiones.

LA EDUCACIÓN DEL PENSAMIENTO DE UN MORTAL

¿Qué conclusiones podemos extraer de este análisis? ¿Qué es realmente el pensamiento humano? ¿Qué nos preocupa en último término a la hora de introducir la inteligencia artificial en el plano de la relación educativa a la hora de formar o deformar nuestra manera de pensar? La inteligencia artificial está aquí, va a entrar en la escuela y, como todo, tendrá efectos, transformará nuestra manera de hacer las cosas, incluida nuestra manera de pensar. Su inevitable presencia puede empujarnos a un posthumanismo desencarnado que abandone la profundidad a la que nos lleva nuestra naturaleza mortal y relacional y se centre en el solucionismo tecnológico. Un mundo que, en términos aristotélicos, sea más de *techne* que de *phronesis*, de expertos más que de sabios, de metas más que de caminos. Un mundo que abandone algunas preguntas y priorice otras, que busque más lo útil que lo bueno, lo práctico que lo verdadero, o lo eficiente que lo bello. Un pensamiento mecánico, estadístico, más que elegante o comprometido. Un mundo más cómodo, quizás, pero más plano. Sin tiempo, sin historia, sin política, puro presente, donde el pensar sea sustituido por el procesar, y el diálogo por el simulacro.

Frente al pensar de la IA proponemos repensar una educación que reconozca y aborde la finitud y la encarnación de los seres humanos, teniendo en cuenta el tiempo y el espacio específicos en los que viven. Sostenemos que la educación debe centrarse en cultivar la humanidad de los individuos, preparándonos para vivir en un mundo compartido con otros seres humanos. Esto implica fomentar una comprensión de la propia mortalidad y de la necesidad de vivir de manera significativa y ética.

La naturaleza de la IA es la que es, pura materialidad. Sin apertura a la transcendencia ni al otro. Los mensajes no tienen posibilidad de alcanzar una verdadera experiencia de la alteridad aun cuando la simulen. Porque esta experiencia de la alteridad es una capacidad encarnada en un ser vulnerable, limitado, mortal.

Centrados en el mundo tecnológico olvidamos el detalle de la finitud y la imperfección y con ello, la bien conocida necesidad, al mismo tiempo que posibilidad perfectible que posee la naturaleza humana, desde el inicio hasta el fin de la existencia de la persona. Es, por tanto, una necesidad y un deber, que la transmisión y el aprendizaje de conocimiento esté amparada por el reconocimiento de esta característica con la necesaria responsabilidad ante la verdad del conocimiento creado.

Si esto no sucede y dotamos a la máquina de un supuesto poder para suplantar al ser humano ocultando esta realidad, entonces caeremos en el gran error de desarrollar la humanidad como una gran masa social con gran vacío existencial y dependiente del exterior. Las decisiones importantes dejarán de estar sometidas, por una perezosa actitud, a nuestro escrutinio moral. Inmersos en una sociedad del conocimiento *aparente o de la información,* no hay lugar para pensar, y menos, pensar en términos de humanidad.

Lejos de pensar que este es un discurso de reciente surgimiento, Edith Stein (2020) ya se planteó hace cien años la relevancia y repercusión que tenían en nuestra humanidad los avances de la tecnología. Teniendo en cuenta el contexto industrial de su época, centró su discurso desde un punto de vista pragmático en cuanto a los productos resultantes: aumento de la cantidad y su abaratamiento a costa de la calidad de los mismos; y el empobrecimiento social de algunos sectores. Aunque también abordó la cuestión de la producción cultural e intelectual. En este caso denunciaba la capacidad que tiene la facilidad de producción para persuadirnos sutilmente y llevarnos a apreciar bienes de menor calidad. Ahora traemos estos planteamientos a la cuestión que nos ocupa. En el mundo tecnológico que ha dado lugar a la IA y el bien de producción pasaría a ser el propio ser humano. Siguiendo con esta analogía, llegaríamos a la misma consecuencia vislumbrada por la filósofa: se estaría buscando un humano sin sufrimiento y, por lo tanto, más plano, más superficial incapaz de dar la vida y eugenésico. Con el argumento de la calidad, entendida superficialmente, acabaríamos con los imperfectos (Hadjadj, 2016).

Atrás quedó la paremia latina *Mens sana in corpore sano.* Y así, del filósofo que pensaba, pasamos ahora al filósofo que posaba. Y aquí nos encontramos nuevamente con la potencia de la IA convertida en debilidad en el ámbito educativo, pasando a ser un peligro potencial para el desarrollo del pensamiento ¿Nos hace la IA más inteligentes? ¿Nos conforma como humanos? ¿Perfecciona a la persona? ¿Puede resolver ese vacío interior que hace del suicidio infanto-juvenil una de las principales causas de muerte? Y en último término, ¿mejora la humanidad?

REFERENCIAS

Borges, J. L. (1996). Funes el memorioso, en *Obras completas I* (pp.485-490). EMECÉ.

Fiialka, S., Kornieva, Z., y Honcharuk, T. (2023). ChatGPT in Ukrainian Education: Problems and Prospects. *International Journal of Emerging Technologies in Learning (iJET), 18*(17), 236–250. https://doi.org/10.3991/ijet.v18i17.42215.

Gaviria, J. L. (2024). ¿Transhumanismo 'contra' educación? [Transhumanism 'against' Education?]. *Teoría de la Educación. Revista Interuniversitaria, 36*(2), 1-23. https://doi.org/10.14201/teri.31762.

Geertz, C. (2003). *La interpretación de las culturas.* Gedisa.

Gil Cantero, F. (2022). La Pedagogía ante el desfase prometeico del transhumanismo. *Revista de Educación, 396*, 11-33. https://doi.org/10.4438/1988-592X-RE-2022-396-528.

Gilson, A., Safranek, C. W., Huang, T., Socrates, V., CHI, L., Taylor, R. A., y Chartash, D. (2023). How Does ChatGPT Perform on the United States Medical Licensing Examination? The Implications of Large Language Models for Medical Education and Knowledge Assessment. *JMIR Medical Education, 9*, e45312. https://doi.org/10.2196/45312.

Goodfellow, I., Bengio, Y., y Courville, A. (2016). *Deep Learning.* MIT Press.

Hadjadj, F. (2016). *Puesto que todo está en vías de destrucción (Reflexiones sobre el fin de la cultura y de la modernidad).* Nuevo Inicio.

Han, S., Pool, J., Tran, J., y Dally, W. (2015). «Learning both Weights and Connections for Efficient Neural Networks». *Advances in Neural Information Processing Systems* (NeurIPS), 1135-1143.

Pattier, D. (2024). Inteligencia artificial y revisiones sistemáticas: Una experiencia con ChatGPT. En I. Cabero Fayos (Coord.), *Perspectivas contemporáneas en educación: innovación, investigación y transformación* (pp. 1156-1177). Dykinson.

Singh, H., Tayarani-Najaran, M. H., & Yaqoob, M. (2023). Exploring Computer Science Students' Perception of ChatGPT in Higher Education: A Descriptive and Correlation Study. *Education Sciences, 13*(9), 924. https://doi.org/10.3390/educsci13090924.

Stein, E. (2005). *Escritos filosóficos. Etapa fenomenológica. Obras completas II.* Espiritualidad-Monte Carmelo-El Carmen.

Stein, E. (2020). *Neu aufgefundene Texte und Übersetzungen VII. Texte zu Philosophie, Politik, Pädagogik; Übersetzung: Bonaventura, Karmel-Geschichte, „Judenfrage«. Neu aufgefundene Briefe und Dokumente.* Verlag Herder GmbH. (Edith Stein Gesamtausgabe No. 28).

LA EXPERIENCIA PEDAGÓGICA DEL ERROR EN LA ERA DIGITAL

Tania Alonso-Sáinz (Universidad Complutense de Madrid)
María José Ibáñez-Ayuso (Universidad Francisco de Vitoria)

«Últimamente se habla mucho de la importancia de equivocarse. La verdad es que nadie quiere errar. Lo que queremos es acertar. Pero, ya que nos equivocamos, debemos aprender a no perder tiempo compadeciéndonos de nosotros mismos, a no echar la culpa al profesor porque nos tiene manía, y a aprender algo del análisis de nuestro error que, puesto que es nuestro, algo dice de nosotros» (Gregorio Luri, 2020, pp. 234-235)

INTRODUCCIÓN. LA NECESIDAD DE VERDAD EN TIEMPOS DE AUTOENGAÑO

«La vida es cada vez más dura, por suerte siempre nos quedará el autoengaño». Así comenzaba, hace ya casi una década, un famoso anuncio de conservas que retrataba con agudeza y humor la compleja relación de nuestra sociedad con la verdad. Con frases que no nos resultan ajenas como «no me ha dejado ella, lo hemos dejado los dos», «no me afeito porque esté calvo, sino porque estoy muy sexy» o, al recibir una prenda de imitación, «si nadie la toca, nadie lo nota», el anuncio revelaba el *modus operandi* del autoengaño[1]. Por un lado, nos convence de que nada nos afecta

---

[1]   Ver https://www.youtube.com/watch?v=oyGz47eroSc [Consultado el 04/03/2025].

y nos lleva a construir narrativas en las que siempre somos los dueños absolutos de nuestras decisiones, quedando así inmunes a las heridas. Por otro, actualizaba con matices modernos el clásico cuento de Andersen sobre el traje del emperador: las escenas de los padres que asienten cariñosamente a la falsa narrativa de la ruptura de su vástago treintañero, incapaces de confrontarla ayudándole a madurar, o la fingida sonrisa de la hija que acepta la cazadora de polipiel ante sus progenitores como si de una verdadera se tratase, reflejan la posmoderna realidad de cómo quienes nos rodean contribuyen, con su silencio y complicidad, a perpetuarnos en una inmadurez *peterpaniense*, dejándonos sumidos en un mundo irreal.

Así, en un mundo saturado de filtros, *likes* y una asfixiante positividad (Han, 2023), el autoengaño se convierte en un bálsamo que posibilita nuestra supervivencia; evita la incomodidad de la verdad, pero a un alto precio: el de impedirnos vivir en plenitud. Construimos una fachada que oculta nuestras vulnerabilidades, pero es también esta fachada la que actúa como un muro que nos distancia de la autenticidad necesaria para un encuentro profundo con los otros, con nosotros mismos y con la realidad. De hecho, el anuncio concluía con una afirmación desafiante: «el autoengaño está bien para sobrevivir, pero cuando lo que quieres es vivir, buscas otra cosa». Una afirmación que desvelaba una profunda realidad antropológica: la necesidad inherente de verdad que posee el ser humano y es que por mucho que se intente cubrir las grietas con relucientes parches de autoengaño, algo en lo más profundo de su humanidad anhela autenticidad (Barrio Maestre, 2008). Al ser humano no le basta con sobrevivir; anhela vivir en el pleno sentido de este término. Quiere que su existencia sea real, aun con sus imperfecciones, sus vulnerabilidades y sus fallos.

Es, entonces, cuando se comprende la trascendencia que tiene el error como elemento posibilitador de aceptación de lo real y de crecimiento personal en todas las épocas de la vida, pero especialmente en la niñez y en la adolescencia, cuando las bases de nuestra relación con nosotros mismos y con los demás comienzan a asentarse, conectándonos con la realidad. Y es que el error se revela como una puerta abierta a dos grandes experiencias profundamente humanas.

La primera es el descubrimiento de la acogida incondicional, un desafío acuciante para una sociedad marcada por la autoexplotación y la cultura del rendimiento. El error nos permite entender que ser queridos no depende de nuestros talentos, éxitos o logros, sino de nuestra condición esencial de ser. Ser verdaderamente acogidos en el error implica un doble movimiento. Primero, nos confronta con la realidad de que nuestros actos reflejan aspectos de quiénes somos, pero no agotan ni definen por completo nuestra identidad. Segundo, abre la puerta al descubrimiento de que, incluso en nuestras caídas, hay quienes —un padre, un profesor, un amigo— no se rinden con nosotros. Su compromiso inquebrantable, expresión viva del amor, se convierte en una fuente de esperanza que no solo nos moviliza y nos impulsa a superarnos, sino que también nos ofrece una nueva mirada sobre nuestra propia identidad. Es un amor que desvela un horizonte personal renovado, donde resuena con claridad el eco de que el mal no tiene la última palabra sobre nuestras vidas, sino que es el bien el que nos llama a seguir adelante.

La segunda experiencia que posibilita el error es el descubrimiento, en primera persona, de la condición limitada y falible del ser humano, condición *sine qua non* para una vida auténtica en comunidad. Es, solo desde una asunción encarnada de la propia limitación, de que son muchas las veces que no hacemos el bien que queremos, sino el mal que no queremos; desde donde podemos acoger verdaderamente al otro en sus luces y en sus sombras. Esta aceptación encarnada de la falibilidad propia y ajena se convierte en el punto de partida para vivir experiencias profundamente humanas como el perdón, la entrega y el amor. En este sentido, el error se convierte en un terreno de juego que nos vincula y humaniza.

Queda, por tanto, entender las derivadas pedagógicas del error para hacer de él realmente una oportunidad educativa. A este respecto, y muy especialmente ante el deseo comprensible de todo padre de ahorrar sufrimiento a un hijo, nos recuerda Luri (2020) que «no fracasamos, aunque erremos, si disponemos de un profesor a nuestro lado que nos enseña a concentrarnos para reflexionar sobre nuestros errores, a desentrañar la lógica perversa que nos ha empujado en la dirección equivocada» (p. 231). Es, por tanto, el acompañamiento de un otro el aspecto clave que permite asumir nuestro error, tomándolo como punto de partida en el marco de la condición perfectible propia de toda vida humana. Un otro que nos recoge desde donde estamos y nos anima a levantar la mirada, desvelándonos con una propuesta vital significativa encarnada en su propia vida un horizonte al que caminar (Nembrini, 2014). Un otro que nos ayuda a realizar un trabajo de traducción, en el que siguiendo el símil de la práctica clínica se sirve de nuestros errores como síntomas, como indicios, para ayudarnos a comprender el problema real más profundo que a ellos subyace. Un otro que frente a la lógica del autoengaño nos desvela las trampas de nuestros propios razonamientos.

Es, a la luz de la centralidad de este acompañamiento, cuando se torna imprescindible reflexionar sobre los potenciales cambios que trae el hecho de que el papel de este otro sea realizado por una alteridad digital: ¿Es posible que la ausencia de prejuicios en la IA cree un espacio más seguro para enfrentar los errores, ofreciendo un entorno menos condicionado por juicios emocionales?; ¿en qué medida podría la IA complementar el trabajo humano al proporcionar un análisis más rápido y exhaustivo de patrones de error que quizás no sean evidentes para un profesor?; ¿podría la IA ampliar el acceso a la educación reflexiva en contextos donde la disponibilidad de profesores es limitada?; ¿puede una inteligencia artificial sustituir en sus preguntas a alguien que posee tal vez menos capacidad de análisis de nuestros fallos o menos perfección algorítmica, pero que tiene en su propia carne la incertidumbre del carácter inacabado propio de la vida humana?; ¿qué tienen algunas vidas humanas que sus correcciones nos interpelan especialmente?; ¿puede una IA que carece de la libertad para no acogernos en nuestro error generar el mismo impacto formativo que un ser humano?; y por último, en línea con investigaciones recientes, ¿podría la IA, con su «*spoon-based approach*»[2] o su carácter amable, al evitar la confrontación directa, erosionar el encuentro genuino con nuestro propio fallo? (Sánchez-Rojo *et al.*, 2024).

En definitiva, no se trata tanto de posicionarnos a favor o en contra de la IA, sino de comprender cómo la incorporación de estas tecnologías transforma nuestra forma de vivir el error y de experimentar aspectos tan humanos como el perdón, la vulnerabilidad, la acogida o la confrontación a fin de poder generar una reflexión antropológica profunda que posibilite un criterio pedagógico sólido que permita discernir en qué contextos y de qué modos puede la IA resultar beneficiosa, pero también qué intercambios, reducciones o trampas pueden producirse en la relación de un discente con su error al emplearla.

EL ERROR EN LA POSMODERNIDAD Y SU AMPLIFICACIÓN EN TIEMPOS DE IA

En este apartado vamos a explorar diferentes manifestaciones contemporáneas de la vivencia del error en el contexto de la relación educativa, concretamente en sus versiones del arrepentimiento, del dolor y de la incertidumbre, y el modo en que estos

---

[2] La Teoría de las Cucharas es un concepto que describe cómo las personas con enfermedades crónicas o fatiga tienen una cantidad limitada de energía (representada por cucharas) para gastar en las actividades del día (ver: https://butyoudontlooksick.com/articles/written-by-christine/the-spoontheory/). Aquí lo aplicamos a la IA para indicar que esta tiende a «racionar» o «administrar» sus interacciones de manera cuidadosa, evitando respuestas demasiado confrontativas o directas, tal como alguien con energía limitada gestionaría sus esfuerzos.

elementos se amplifican en el mundo digital, en concreto, con los objetos de la IA.

Históricamente, la pedagogía ha trabajado el error como parte del proceso educativo: destacar los errores, decir lo que está mal, corregir en bolígrafo rojo aquello en lo que se ha equivocado el estudiante, han sido tradicionalmente elementos que han venido formando parte del día a día de la relación pedagógica maestro-alumno. Sin embargo, en España, la escuela franquista de «la letra con sangre entra» y de poner orejas de burro a los estudiantes que no se sabían la lección ha dejado una resaca emocional de la que quizá todavía no nos hemos recuperado, a tenor del pendulazo al que asistimos. Esto puede comprobarse en distintas realidades cotidianas que, como veremos más adelante, tienen una traducción en la IA. En este sentido, defendemos la tesis de que la IA no está transformando nuestra imagen contemporánea del error en el ámbito educativo, sino que la está acentuando; y es que, como señala Luri (2022), «las tecnologías son básicamente prótesis antropológicas que amplifican lo que ya somos para bien y para mal» (p. 185).

Así, veremos una primera reducción narcisista que consiste en una exacerbación de la autorreferencialidad; una segunda reducción emotivista que consiste en tener como horizonte educativo el bienestar; y, por último, el reduccionismo tecnológico, que consiste en evitar la incertidumbre aumentando la sensación de control mediante la acumulación de datos. Todas estas reducciones resultan amplificadas por la IA y, como veremos en la conclusión, son formas antipedagógicas de afrontar el error porque lo niega, lo evita o hipervigila; y, en definitiva, desaprovecha el potencial educativo del error.

Reducción narcisista: la autorreferencialidad en tiempos de IA

La famosa canción de Edith Piaf nos revela una frase que se ha convertido en un lugar común entre nuestros contemporáneos:

«Non, je ne regrette rien». El arrepentimiento, según la RAE, es el «sentir pesar por haber hecho o haber dejado de hacer algo» en su primera acepción; o, en su segunda, «cambiar de opinión o no ser consecuente con un compromiso». Así, como sinónimos, entre otros, aparecen «dolerse» y «rectificar».

Resulta muy interesante, a tenor de la definición, caer en la cuenta de que el arrepentimiento, por tanto, tiene que ver con un dolor, y con reconocer que había un camino más recto (rectificar) que el que se había tomado. Es propio del crecimiento y del desarrollo humano darnos cuenta de que algunas cosas que creíamos que eran de un modo, son de otro; que asuntos que parecían buenos, no lo son tanto; o que caminos que emprendimos no estuvieron bien sopesados, aunque eso no haya malogrado la vida, sino todo lo contrario, nos haya ayudado a rectificar. Ahora bien, reconocer esto es salirse del mundo mental de la *happycracia* (Cabanas y Illouz, 2019) y del pensamiento ideológico (Ratzinger, 2016). La primera —la *happycracia*— no tolera otro estado de ánimo que la alegría, sea ésta adecuada a la realidad o no; y la segunda —el pensamiento ideológico— actúa con un esquema mental preconcebido sobre la realidad que bloquea la capacidad crítica y de juicio de la razón e impide, por tanto, el adentrarse en las profundidades de la verdad, quedándose en la idea o en la costumbre.

Ambas cuestiones (la *happycracia* y el pensamiento ideológico) parten de las ideas mentales, del deseo y del sentimiento como únicas herramientas de la relación con la realidad, por lo que el error no puede ser ni más (ni menos) que un constructo social en un determinado momento y contexto que, en definitiva, emerge de la interpretación de la persona y que, por tanto, nada tiene que ver con algo parecido a una realidad objetiva. Sobre todo, porque esto último (la realidad objetiva) no existe como tal, al ser la experiencia humana en su totalidad un conjunto de representaciones mentales sobre la realidad. Si este asunto contiene muchas tensiones en la actualidad es, precisamente, porque el ser humano moderno tiene serias dificultades de ser explicado desde el exterior, lo cual explica la autorreferencialidad a la hora de narrar su historia y de juzgar sus actos.

Por ello, no es de extrañar que nada externo a la persona moderna (o posmoderna o hipermoderna) pueda explicarle algo de su realidad, ni de sus aciertos, ni de sus errores; pues la única fuente de verdad —de existir tal cosa— es uno mismo. En definitiva, el error sólo tiene cabida en un contexto de confrontación con la realidad, y de discernimiento sobre lo bueno y sobre lo mejor, con la apertura de la razón que permite que factores externos a ella le expliquen la realidad (la suya, la de otros y la del mundo) para comprenderla mejor, y salir así de la preeminencia de la opinión como único criterio de juicio sobre la realidad.

Mirando a la IA, nos podemos preguntar ¿los diálogos que tenemos con *chatbots* nos llevan a la alteridad o a la autorreferencialidad? ¿Nos abre a lo desconocido o nos encierra en el narcisismo? Todos hemos tenido la experiencia de hacer una pregunta en clase, delante de un profesor, y tener la sensación de haber preguntado algo un tanto absurdo, que ya se había dicho, o que es una cuestión que deberíamos saber de años anteriores. Si el docente tiene tacto, nos lo hace saber, con la mirada, con el gesto, o con la palabra, de manera que pronto caemos en la cuenta de que nuestro punto de partida era inadecuado: se trataba de una mala pregunta. Sin embargo, para *ChatGPT* no hay malas preguntas, de hecho, según el propio *chatbot* casi siempre tu pregunta «¡es muy interesante!». No nos imaginamos a *ChatGPT* diciéndonos: «para la edad y la carrera que tienes, me preocupa tu pregunta». La IA siempre trata con amabilidad nuestros errores de partida, y nos conduce a partir de nuestras preguntas hacia respuestas que consideremos buenas, y avanzaremos en el diálogo con ella, a partir de nuestra propia opinión que, por definición, para la IA también será siempre muy interesante, en un *looping* sin fin, que no puede llevarnos a lugares muy distintos de los que partíamos, ya que (a) las preguntas las hacemos nosotros, y (b) las respuestas las aprobamos también nosotros. Es una paradoja muy parecida a la que ya hemos asistido desde la aparición de las redes sociales, como por ejemplo Twitter (actualmente X), que nos prometían apertura y diálogo con personas muy diferentes a nosotros mismos con las que no coincidiríamos en nuestros ambientes habituales. Como bien sabemos, lo que ha ocurrido es exactamente lo contrario: seguimos a los que piensan como nosotros, generamos redes de personas parecidas, y nos convencemos de que nuestra opinión es ampliamente compartida por los círculos sociales en los que habitamos digitalmente. En definitiva, aunque había al inicio una intención de alteridad de las redes sociales, o eso parecía, el tiempo ha demostrado cómo nos encierra en la autorreferencialidad personal y en la polarización social.

Lo mismo ocurre con la IA, con la que tenemos la sensación de estar confrontando nuestro pensamiento con la totalidad del conocimiento posible y, en cambio, su aproximación *soft* y *friendly* nos reafirma (y condena) a lo que ya pensamos, tal vez amplificando nuestros argumentos, pero no haciéndolos mejores por no confrontarlos. Por supuesto, si le pedimos expresamente que nos muestre las debilidades de nuestra argumentación, lo va a hacer, pero en última instancia, eso queda a decisión del usuario. En síntesis: aprender a pensar mejor es siempre nuestra decisión, nunca un ideal que tiene la IA para nosotros, porque la IA no encierra un *telos* pedagógico: no busca lo mejor para nosotros.

La alteridad educativa, en cambio, un docente, un padre, un amigo, sí nos confrontan con nuestro punto de partida, con nuestras preguntas, con nuestro modo de razonar, están dispuestos a sacarnos de nuestra zona de confort, a ser *hard*, incluso a no ser *friendly* porque sí buscan lo mejor para nosotros.

«Education for well-being»: El bienestar en tiempos de la IA

Uno de los nuevos imperativos de la OCDE y de otros organismos supranacionales es el *well-being* como objetivo educativo a tenor de lo que reflejan documentos recientes[3], en los cuales la educación es un factor clave para alcanzar la meta del *well-being*. En definitiva, la educación está al servicio del bienestar. Asimismo, la Comisión Europea[4] menciona la importancia del *well-being* describiéndolo como salud mental positiva que ha de ser cuidada en los colegios, subrayando la dimensión emocional de la actividad escolar.

La reducción emotivista de la educación es una constante de nuestros sistemas educativos actuales, que hacen un tratamiento de la educación emocional como sinónimo de evitar sufrimientos del alumno (Gil Cantero, 2023; Luri, 2022; Biesta, 2024), convirtiendo la función docente en una función terapéutica en la cual se difuminan los límites entre el transmisor de conocimientos y el psicólogo (Recalcati, 2016). Así, la hora de clase deviene en una sesión centrada en el sujeto y sus sentimientos y no tanto en el mundo a conocer.

Este énfasis en el *well-being* como criterio pedagógico se refleja en la aparición de distintos patrones de sobreprotección parental, todos los cuales tienen un denominador común: evitar el sufrimiento a los hijos. Así aparecen los «padres quitanieves» empeñados en eliminar los obstáculos antes de que lleguen a sus hijos; los «padres *curling*» que se encargan de despejar el terreno para que sus retoños avancen sin esfuerzo; los «padres helicóptero» que incluso en la universidad siguen vigilando a sus hijos e interviniendo ante la primera dificultad que aparece. En definitiva, todos ellos intervienen de una forma u otra, no dejando que sus hijos se equivoquen y tratando de recorrer el camino por ellos.

Es habitual pensar de manera teórica y con cierta distancia epistemológica sobre el error hasta que aparece la difícil tarea de verlo

---

[3]   Ver «The OCDE Learning Compass 2030» en OCDE (2019).

[4]   Ver https://education.ec.europa.eu/education-levels/school-education/wellbeing-at-school [Consultado el 04/03/2025].

encarnado en los hijos. Así, cuenta Howard Gardner la anécdota de la cantidad de académicos que se oponían e incluso reían y despreciaban su teoría de las inteligencias múltiples por una falta de validez científica, pero cómo a la vez muchos de estos se volvieron creyentes y acérrimos defensores de las inteligencias múltiples cuando tuvieron un hijo al que le costaban los estudios. Lo narra así:

> la perspectiva de las inteligencias múltiples suele perturbar a los académicos. Los miembros del oficio académico valoran la mezcla particular y quizá peculiar de lenguaje y lógica que conforma el sello distintivo de la investigación y la discusión académica. Pero esta situación puede cambiar bruscamente si un académico tiene un hijo con una dificultad de aprendizaje de algún tipo. Se sabe que este tipo de situaciones crean conversos instantáneos a la teoría de las inteligencias múltiples: «A mi hijo no se le dan bien los estudios, pero tiene un gran sentido de la orientación», o «Sabe entender muy bien a los demás» o «Tiene inteligencia musical». (Gardner, 2022, p. 163).

Esta tendencia que comenta Howard Gardner es extensible a todo tipo de adultos con alguna responsabilidad e implicación afectiva con la infancia. También en las políticas educativas vemos esta tendencia a evitar el sufrimiento a toda costa. Es el caso de las medidas que tratan de maquillar la realidad evitando cualquier juicio de valor que pueda generar malestar al estudiante, desviando la atención siempre del error. Si bien merecería un examen más exhaustivo, son bien conocidas las medidas educativas como promocionar de curso cada vez con un mayor número de asignaturas suspensas, difuminar las diferencias a partir de trabajos en grupo o partir siempre de los centros de interés del alumno desde educación infantil hasta la universidad como reflejo de esta cultura que prima el bienestar por encima del crecimiento.

El impulso de los adultos por evitar el sufrimiento, los errores y equivocaciones de los niños y jóvenes, tiene un sentido instintivo proteccionista muy natural, pero muy peligroso a nivel educativo.

Normalmente, las manifestaciones educativas que tenemos con los hijos tienen que ver con la gestión en primera persona de nuestros propios errores, sufrimientos, dolores y equivocaciones; y si bien ha existido siempre, el mundo moderno tiene serias dificultades para integrar el error, el sufrimiento, el dolor y la equivocación como partes necesarias, dramáticas, pero no trágicas, del camino de crecimiento humano. Por tanto, ahora nos queda la pregunta de qué panorama nos plantea la IA de esta reducción emotiva.

Si hemos dicho que nuestra relación con el error es problemática, queremos ahora observar cómo esta relación se complica más con la introducción de la tecnología de la IA, especialmente en la modalidad de los conocidos *chatbots* y altavoces inteligentes que están a nuestra disposición para lo que deseemos: desde poner la radio, hasta encender las luces, avisarnos de un temporizador o contarnos un chiste. La experiencia con humanos, como bien sabemos, no es así. No se rinden a nuestros deseos y gustos, nos llevan la contraria. La IA, en cambio, está diseñada para el bienestar, para no contradecirnos, para obedecernos siempre. En este sentido, si hemos dicho que madurar tiene que ver con descubrir que el mundo (Biesta, 2020) y los otros no son como nosotros desearíamos, es evidente que la IA nos puede encerrar en un estado de agradable y permanente adolescencia.

Lo que ocurre, como anunciábamos, es que esto es reducir la educación a psicología, pues la educación no tiene como objetivo el bienestar del niño, sino su madurez, asumiendo que este es un camino de alegrías y penas, reconocimientos y correcciones, no por un aliento masoquista, sino para que, en un futuro, disfrute más plenamente, siendo más libre y más humano.

«Científicamente probado»: la narración en tiempos de IA

Nos preguntamos ahora por el modo de ver el mundo a partir de los datos que nos ofrecen las inteligencias artificiales, tan propio de nuestro tiempo. Los Apple Watch nos monitorizan la vida cotidiana: la alimentación, el sueño, el ritmo cardiaco. La IA nos sitúa en una apariencia de control, cientificismo y exactitud ante los hechos más cotidianos de nuestra vida, como pasear o dormir. ¿En qué consiste este capitalismo informático que tiende a una reducción tecnológica de lo humano a partir del dato como fuente prioritaria de conocimiento? ¿En qué medida puede parecer que nos ahorra el esfuerzo narrativo de contar la historia de nuestra vida?

En el capitalismo cognitivo, término acuñado por Moulier-Boutang en el año 2008, el conocimiento es el punto de partida para las nuevas relaciones del capital, mientras que en el capitalismo informático (como en 2006 lo llamaron Bryan y Rafferty) el dato es el punto de partida. El protagonismo de la información frente al conocimiento tiene evidentes consecuencias pedagógicas relacionadas con el tipo de empoderamiento que genera en las personas, pero también tiene unas primeras implicaciones antropológicas que merece la pena analizar. Si con la revolución industrial nos preocupaba la fragmentación y separación del ser humano de la naturaleza, con el capitalismo informático ocurre una fragmentación en la propia relación con nosotros mismos, al ser los datos fragmentos abstractos e insignificantes. Respecto a la datificación que provoca el capitalismo informático, López Gabrielidis en 2020 afirmaba que este «interpela al sujeto como entidad significante [...] para luego extraer valor de la recombinación de sus transacciones dividuales en una variedad potencialmente infinita de conjunto de datos» (p. 124). Un caso claro de datificación de los sujetos es el reloj inteligente que llevamos en nuestras muñecas. Nos informa de nuestras pulsaciones, nos cuenta los pasos, nos dice la *body battery* que tenemos al despertarnos, nos registra con parámetros nuestras horas y calidad de sueño, e incluso puede detectar un principio de Parkinson. Todo lo datifica, monitorizando la realidad.

La monitorización se introduce cada vez más en la vida cotidiana en forma de *convenience*. Los infómatas, que nos ahorran mucho trabajo, resultan ser eficientes informantes, que nos vigilan y controlan. De ese modo permanecemos confinados en la infoesfera. En el mundo controlado por los algoritmos, el ser humano va perdiendo su capacidad de obrar por sí mismo, su autonomía. Se ve frente a un mundo que no es el suyo, que escapa a su comprensión. Se adapta a decisiones algorítmicas que no puede comprender. Los algoritmos son cajas negras. El mundo se pierde en las capas profundas de las redes neuronales, a las que el ser humano no tiene acceso. La información por sí sola no ilumina el mundo. Incluso puede oscurecerlo (Han, 2021, p. 7).

No tenemos gran consciencia de cómo estos dispositivos lo hacen ni de lo que hacen exactamente con nosotros, pero mediante algoritmos inteligentes generan recomendaciones basadas en cálculos. De este modo, un paseo se convierte en un número determinado de pasos y una noche de descanso se convierte en tiempo dormido, índice respiratorio y fases del ciclo de sueño por las que hemos pasado.

En definitiva, todas estas Apps son objetos que datifican la vida como «unidades discontinuas de breve actualidad que no se combinan para constituir una historia» (Han, 2021, p. 6). Pensemos en la madre con tres hijos pequeños cuyo Apple Watch a las 08.00 de la mañana le dice «Tan solo tienes un 9% de *body battery*. ¡Ánimo, hoy puedes intentar dormir mejor!». Su vida se ríe del dato, porque hay cosas en la vida —las más importantes— que no caben en los datos. Pero es que el fenómeno de la datificación parece imparable: reconocidas divulgadoras de psiquiatría hablan de la batería mental, en un intento de observarnos como máquinas que van gastando energía a lo largo del día y, sobre todo, cuyo objetivo último es el bienestar, como decíamos en el apartado anterior.

La continuidad narrativa de la vida (un paseo, una noche, una mala racha) que genera historia y memoria, pasa a ser interpretada por una acumulación de datos, reduciendo, de algún modo, lo humano a lo psicológico y cuantificable y, lo que es peor, obviando que la vida exige biografía. El Apple Watch tiene la pretensión de facilitarnos la existencia, de liberarnos de este peso de auto-interpretar nuestra vida en narrativas coherentes con algún sentido unitario, tarea a menudo fatigosa pero que, por otro lado, nos humaniza y no nos reduce a nuestras funciones ejecutivas y a una serie de datos.

La vida no es un Power Point, y solo se vuelve un poco transparente a partir de la razón histórica, es decir, a partir de contarnos la historia de nuestra vida (Ricoeur, 1992). La narración autobiográfica, como dice Han (2023), se basa en hacer una reflexión sobre lo vivido, un trabajo consciente de rememoración. Los datos, por el contrario, se generan al margen de la conciencia, son un reflejo inmediato de nuestras actividades, sin que medie la reflexión, aparentando una objetividad que ayuda a la claridad interpretativa de la vida. De hecho, *a priori* parece que mejor será la calidad de los datos cuanta menor sea la implicación del humano en ellos. En este denominado *self-tracking* o «autoseguimiento», la narración se sustituye por gráficas y diagramas que generan la quimera del autoconocimiento mediante cifras, pero que en el fondo no pueden generar una historia coherente sobre la vida.

Este no es un fenómeno nuevo. La pretensión de reducir lo humano a lo «científicamente probado», esto es, reducir las ciencias humanas a las ciencias experimentales, es una constante desde la Modernidad, a la que la propia filosofía se rindió, como explica Taylor (1989) en su introducción a su teoría sobre la construcción de la identidad moderna. Si bien el método científico experimental ha sido una gran aportación para poder conocer la realidad material, medirla, definirla y acotarla, a su vez, ha supuesto una gran problemática reduccionista para abordar las cuestiones filosóficas, antropológicas o pedagógicas.

Asimismo, vemos esta reducción en el límite de las propuestas transhumanistas que pretenden colmar los anhelos del ser humano desde el mejoramiento de su realidad corporal material reduciendo, por ejemplo, la felicidad a la perfección física o genética. Así, los datos que podemos obtener sobre nosotros mismos de los dispositivos digitales pueden limitar nuestra experiencia autocomprensiva al limitar nuestro modo de razonar a evidencias que por sí solas no son capaces de ayudarnos a contestar las preguntas que a ellas subyacen, las que tienen que ver con el sentido de nuestro actuar y en última instancia, de nuestra propia vida.

En definitiva, la reducción tecnológica de lo humano tiene como pretensión controlar más y mejor lo humano no mediante el recuerdo, la reflexión, la narración o la discusión, sino mediante las cifras y el conteo que nos da un objeto de la IA: perfiles de movimiento, monitoreo del sueño, datos de la temperatura corporal, el ritmo cardíaco o la presión arterial.

Como diría Postigo Solana (2019), una vez reducida la naturaleza humana a sus aspectos meramente cuantificables, el problema no es tanto de índole científico-tecnológica cuanto de índole ética y, en última instancia, de antropología metafísica: quiénes somos en tanto que humanos y cuál es el mejoramiento y el perfeccionamiento que nos corresponde en cuanto tales; y aún más, cuál es el papel del error en este perfeccionamiento.

Solo en el marco de un *telos* pedagógico que opera en la realidad con una concepción antropológica de mejoramiento o perfeccionamiento amplio, histórico, narrativo, complejo e irreductible, podemos acoger el error como algo más que un dato (Luri, 2020) y atrevernos a analizarlo como parte esencial de la experiencia educativa y como estímulo para nuestro crecimiento personal. En definitiva, una apuesta por el autoconocimiento mediante historias de éxito y fracaso por interpretar, y no como cifras negativas o positivas, es lo que nos llevará a tener una vida examinada que merezca la pena ser vivida.

CONCLUSIÓN

El alumno no necesita que le digan solo que está equivocado, como el paciente dolorido no necesita solo que le digan que anda mal de salud. Uno va a la escuela como va al médico, para salir mejor (Lourenço, *et al.*, 2025), más sano médicamente o humanamente. Cuantificar la ignorancia no es el objetivo de la escuela. Sin embargo, ocurre a menudo en las últimas décadas, que hemos querido borrar el error (al borrar el acierto) seguramente por el miedo a quedar definidos, etiquetados o estigmatizados por este error. No llamar al error por su nombre hace que se tenga un problema mayor que el error mismo, al generar una gran confusión en el que erra y no posibilitarle un camino.

Como hemos mostrado, la IA actualiza las formas de relacionarnos con el error. Las herramientas que podríamos agrupar bajo el término de «infotecnologías», donde se inserta la IA, forman parte de las tecnologías NBIC (nanociencia, biotecnología y cognotecnología), que están abriendo posibilidades técnicas sin precedentes. Sin embargo, a la luz de movimientos como el transhumanismo y el posthumanismo, estas tecnologías plantean interrogantes éticos sobre su uso, límites y aplicaciones, lo que nos obliga a reflexionar sobre cómo preservar la condición humana. En este contexto, el error, como manifestación de la naturaleza limitada, falible y vulnerable del ser humano, se convierte en un punto de encuentro entre los defensores y detractores del transhumanismo. Mientras que, para los primeros, la falibilidad humana es vista como una debilidad que debe ser «corregida» mediante mejoras tecnológicas, los detractores de estos movimientos advierten sobre el reduccionismo materialista que implican sus propuestas; y es que, como señalan las profesoras Miró y de la Calle (2021), «si los límites psíquicos, morales o espirituales se pueden superar con la tecnología, ¿no somos nada más que un conglomerado de piezas? Si somos algo más, ¿la técnica puede abordar las debilidades humanas intangibles?» (p. 151). Es, desde la reflexión pedagógica que cuestiona el reduccionismo materialista del transhumanismo, desde donde podemos comprender mejor los debates sobre el error y su tratamiento por parte de la IA (Gil Cantero, 2023).

En primer lugar, la IA con su aproximación *soft* al error humano nos lleva a la necesidad de profundizar en la consideración sobre el límite y la vulnerabilidad que transmite. Negar el error, como hacen los *chatbots*, es una forma antipedagógica de tratarlo, que desaprovecha el potencial de crecimiento que encierra, condenando al sujeto a su reducción narcisista.

En segundo lugar, hemos explorado diversas manifestaciones de la IA que pueden dificultar uno de los grandes descubrimientos que posibilitan nuestros errores: el de descubrir que es en esa limitación, en esas «preguntas no interesantes» que muchas veces hacemos, donde hay un otro que libre y voluntariamente decide acogernos tal y como somos, para acompañarnos desde un punto de partida real —que no ideal— en un proceso de crecimiento y despliegue personal a menudo costoso y no exento de tensiones, como sabe cualquiera que haya tenido la fortuna de contar con un buen maestro. Es, precisamente, esta manifiesta intención de promover en el discente un proceso de crecimiento y despliegue personal donde encontramos otra gran diferencia entre la alteridad humana y la digital: su *telos* y su acogida incondicional. Una manera de afrontar el error de un modo pedagógico requiere que el error sea llamado como tal y no se evite, y que a la vez se le quiera, libremente, sacar del error al discente. En esto consiste la alteridad humana: en que alguien, pudiendo no acogerte, te acoge, y pudiendo no corregirte, te corrige. Libertad imposible para la alteridad digital, programada para acogerte y no corregirte.

Por último, hablábamos de una tercera reducción: reducir el ser humano a datos (positivos y negativos), a ese conglomerado de piezas del que hablaban las autoras, tratando de comprendernos desde nuestras horas de sueño, número de pasos u oxígeno en sangre. Queda así el error reducido a un mal dato, sin historia. Como hemos señalado, estos datos nos ofrecen una información valiosa sobre nosotros mismos, pueden ayudarnos a comprendernos y a mirarnos desde otros puntos de vista. Sin embargo, entrañan también el riesgo de dejar de ser una mirada complementaria a la narración de quiénes somos, conduciéndonos a una mirada fragmentada que impida dar unidad a nuestras distintas dimensiones (bio-psico-socio-espiritual) tanto en el momento presente como a lo largo del tiempo. Y es aquí, donde siguiendo a Hadjadj (2020) observamos el gran riesgo al que puede conducir la aproximación al error desde la IA y que comparte en el fondo con todas las tecnologías NBIC: el intercambio de la fructificación por la fabricación como paradigma de comprensión del ser humano.

> Una moral de este tipo nos invita a recomponer todo para hacerlo mejor, a crear un hombre nuevo y mejorado, no por medio de la fructificación, sino mediante la fabricación, no como fruto de las entrañas, sino como producto de síntesis, porque, en cuanto en nuestra visión prevalecen los elementos sobre la forma natural, nos incapacitamos para generar algo distinto de lo sintético desde un nuevo ensamblaje de los mismos elementos (p. 22).

A la luz de estas consideraciones sobre la aproximación al error en tiempos de IA, consideramos que no se trata tanto de adoptar una aproximación ludita a la misma; sino de entender que su empleo en el proceso educativo puede servir para aportar luces a una relación educativa más amplia, la que establecen el maestro y el alumno; y que es, en el marco de esta relación, desde donde los reduccionismos en los que puede incurrir la IA pueden ser salvados. Sin embargo, esto implica, en primer lugar, tomar conciencia de que estos reduccionismos no han comenzado con la irrupción de los modelos de inteligencia generativa; sino que hunden sus raíces en fenómenos modernos y posmodernos más amplios. Por eso, al acentuar estos reduccionismos a los que tal vez ya nos hubiéramos acostumbrado, la IA genera la oportunidad para repensar cuál es el papel del error en el proceso educativo y si tal vez en nuestra sociedad —donde el dolor es interpretado como un síntoma de debilidad que resulta incompatible con una sociedad activa donde nuestras capacidades dominan—, nos hayamos dejado arrastrar hacia una educación paliativa donde el error sea algo que haya también que ocultar, eliminar u optimizar, pero sin entrar a afrontarlo verdaderamente.

REFERENCIAS

Barrio Maestre, J. M. (2008). Educación y verdad. *Teoría de La Educación. Revista Interuniversitaria, 20*, 83–99. https://doi.org/10.14201/985.

Biesta, G. (2024). Desinstrumentalizando la educación. *Teoría De La Educación. Revista Interuniversitaria, 36*(1), 1–12. https://doi.org/10.14201/teri.31487.

Bryan, D., y Rafferty, M. (2006). *Capitalism with Derivatives: A Political Economy of Financial Derivatives, Capital and Class*. Palgrave.

Cabanas, E., & Illouz, E. (2019). *Happycracia: Cómo la ciencia y la industria de la felicidad controlan nuestras vidas*. Paidós.

Gardner, H. (2022). *Una mente sintética. Memorias del creador de la teoría de las inteligencias múltiples*. Planeta.

Gil Cantero, F. (2023). La Pedagogía ante el desfase prometeico del transhumanismo. *Revista De Educación, 396*, 11–33. https://doi.org/10.4438/1988-592X-RE-2022-396-528.

Han, B.-C. (2023). *La crisis de la narración*. Herder Editorial.

Han, B.-C. (2021). *No-cosas. Quiebras del mundo de hoy*. Taurus.

López Gabrielidis, A. (2020). Datificación e Individuación: estudio sobre la corporalidad digital en prácticas artísticas contemporáneas (Tesis Doctoral, Universitat de Barcelona).

Lourenço, A. A., Valente, S., Dominguez-Lara, S., y Fulano, C. (2025). Enfoques y concepciones de enseñanza y aprendizaje: hacia la escuela de excelencia. *Teoría De La Educación. Revista Interuniversitaria, 37*(1), 65–89. https://doi.org/10.14201/teri.31936.

Luri, G. (2022). Lo que permanece en educación. *Teoría De La Educación. Revista Interuniversitaria, 34*(2), 177–188. https://doi.org/10.14201/teri.27573.

Luri, G. (2020). *La escuela no es un parque de atracciones: Una defensa del conocimiento poderoso*. Ariel.

Miró, S., & De la Calle Maldonado, C. (2021). Dos formas de entender la vulnerabilidad: Transhumanismo de Bostrom y Antropología centrada en la persona. *Cuadernos de Bioética, 32*(105), 149–158. https://doi.org/10.30444/CB.94.

Moulier-Boutang, Y. (2008). *Le capitalisme cognitive. La nouvelle grande transformation.* Éditions Amsterdam.

Nembrini, F. (2014). *El arte de educar.* Encuentro.

Postigo Solana, E. (2019). Bioética y transhumanismo desde la perspectiva de la naturaleza humana. *Arbor, 195* (792): a507. https://doi.org/10.3989/arbor.2019.792n2008.

Ratzinger, J., & Seewald, P. (2016). *Últimas conversaciones.* Mensajero.

Recalcati, M. (2016). *La hora de clase: Por una erótica de la enseñanza.* Anagrama.

Ricoeur, P. (1992). La identidad narrativa. *Diálogo filosófico, 24,* 315-324.

Sánchez-Rojo, A., Alonso-Sainz, T., & Martín-Lucas, J. (2024). La pedagogía ante el desafío digital: nuevas materialidades. *Teoría de La Educación. Revista Interuniversitaria, 36*(2), 25–42. https://doi.org/10.14201/teri.31752.

Taylor, Ch. (1989). *Sources of the Self: The Making of the Modern Identity.* Harvard University Press.

SEGUNDA PARTE
DIVERSIDAD E INCLUSIÓN

BIENESTAR Y SALUD MENTAL EN LA ERA DIGITAL

Marina Jodra Chuan (Universidad Complutense de Madrid)
María Álvarez Couto (Universidad Pontificia Comillas)
Araceli del Pozo Armentia (Universidad Complutense de Madrid)

INTRODUCCIÓN

La era digital es considerada como un período histórico en el que la tecnología domina la sociedad y afecta significativamente la forma de vida de las personas, el modo en el que interactúan entre sí, su forma de trabajar y, sobre todo, la manera en la que se comunican. Esta etapa se caracteriza por la proliferación de datos digitales, la conexión global instantánea y el cambio en la economía hacia industrias basadas en la tecnología.

Este cambio vertiginoso ha traído consigo beneficios y desafíos, especialmente en lo que respecta al bienestar y a la salud mental de las personas. El término «bienestar» abarca diversos aspectos de la vida, desde la salud física y mental hasta el sentido de satisfacción y plenitud personal. En este contexto digital, el bienestar se ve influenciado por nuestra relación con la tecnología, que ha permeado casi todos los aspectos de nuestra existencia. La omnipresencia de los dispositivos digitales, las redes sociales, los videojuegos y otras formas de entretenimiento en línea, plantea interrogantes sobre cómo estos elementos afectan el equilibrio de nuestra salud mental y emocional. De hecho, la conectividad constante y la sobreexposición a la información están afectando ya de manera evidente a nuestro estado de salud generando estrés, ansiedad y dificultades para la desconexión y el descanso. El uso excesivo de las redes sociales puede conducir a comparaciones constantes, baja autoestima e incluso adicción. Y, por otro lado, no hay que olvidar que la tecnología también ofrece beneficios y muchas ventajas como, por ejemplo, herramientas innovadoras para el autocuidado, el seguimiento de la salud y el acceso a recursos de apoyo psicológico.

Por estas y otras razones, en la era digital, el bienestar y la salud mental se han convertido en áreas de creciente interés y en ocasiones, también de preocupación, debido, precisamente, al impacto significativo que la tecnología tiene en nuestras vidas. En este contexto, es fundamental conocer los efectos de la tecnología en nuestra salud mental. Y una de las principales áreas de abordaje es precisamente la educación y la formación sobre el buen uso de los recursos digitales. Una formación que ayude a evitar los efectos nocivos en la salud mental. En esta formación es primordial concienciar sobre la importancia de establecer límites claros para el tiempo de pantalla, practicar el autocontrol y el pensamiento crítico y fomentar un equilibrio entre la vida *online* y la vida *offline*. Por otra parte, es importante la formación en habilidades digitales que nos permitan utilizar la tecnología de manera consciente y responsable, protegiendo nuestra privacidad y filtrando el contenido negativo que puede afectar al equilibrio en nuestra salud mental.

El autocuidado también desempeña un papel crucial en la prevención de problemas de salud mental en la era digital. Practicar actividades como la meditación, el ejercicio físico de manera regular, establecer rutinas saludables de sueño y limitar el consumo de información digital puede ayudar a reducir el estrés y promover un mayor bienestar emocional. Además, promover relaciones interpersonales significativas fuera de las plataformas digitales es fundamental para mantener las relaciones sociales, aspecto esencial para nuestra salud mental.

Por otro lado, es importante crear entornos en línea seguros y de apoyo, donde las personas se sientan cómodas para expresarse y buscar ayuda si es necesario. Esto implica abordar el acoso cibernético, la discriminación *online* y promover la empatía y la compasión en el espacio digital. Garantizar el acceso a recursos y servicios de salud mental en línea también es esencial, con recursos de ayuda, terapia *online* y aplicaciones de bienestar mental que pueden ser herramientas valiosas para aquellos que buscan apoyo y orientación. Sin duda, la promoción del bienestar y la salud mental en la era digital requieren un enfoque multifacético que combine la educación, el autocuidado, el desarrollo de habilidades digitales y el acceso a recursos de apoyo. Al tomar medidas proactivas para abordar estos desafíos, podemos trabajar juntos para cultivar un entorno digital más saludable y equilibrado para todos.

Este capítulo aborda algunas de las cuestiones fundamentales dirigidas a este fin y quiere contribuir a identificar los riesgos y desafíos asociados con la tecnología, para aprovechar su potencial y para promover el bienestar y la salud mental en nuestra sociedad. Exploraremos cómo la era digital nos está influyendo, analizaremos las tendencias actuales, las investigaciones recientes y propondremos prácticas recomendadas para navegar por este entorno digital de manera saludable y equilibrada.

CONCEPTO DE BIENESTAR

El bienestar se define como un estado óptimo de salud física, mental y social en el que la persona se siente satisfecha y experimenta un equilibrio en los distintos ámbitos de su vida. El bienestar implica sentirse bien consigo mismo, disfrutar de relaciones interpersonales saludables, mantener un nivel adecuado de funcionamiento físico y emocional, así como tener acceso a recursos y oportunidades que permitan una vida plena y satisfactoria.

El bienestar se puede abordar desde distintas perspectivas y se puede entender como:

1. Bienestar económico: Relativo a la satisfacción financiera y la seguridad económica, como, por ejemplo, el acceso a recursos suficientes para satisfacer las necesidades básicas y disfrutar de un cierto nivel de confort.

2. Bienestar social: Engloba las relaciones interpersonales, el sentido de pertenencia a una comunidad y la calidad de las conexiones sociales. En este caso, el Estado también juega un papel importante al proporcionar bienestar social a través de políticas que promueven la redistribución de la riqueza y el desarrollo de servicios públicos.

3. Bienestar físico: Relativo al estado general en términos de salud física y capacidad funcional. Incluye prácticas como mantener una dieta equilibrada, hacer ejercicio y evitar el consumo de sustancias nocivas.

4. Bienestar mental: Se trata del equilibrio entre las experiencias internas y externas. Implica la aceptación de las emociones, la gestión del estrés y la búsqueda de una vida plena en el entorno social.

En conclusión, el bienestar se define como una experiencia de salud, felicidad y prosperidad que comprende todos los aspectos de la vida. La percepción de este concepto puede variar de una persona a otra, pero es esencial cuidar tanto del cuerpo como de la mente para alcanzar el estado que se considera bienestar.

En las últimas décadas, desde la psicología positiva se ha verificado un creciente desarrollo de una psicología aplicada al bienestar de la persona. Este enfoque procura analizar cómo la psicología puede contribuir al desarrollo de la persona en su integridad, fundamentándose para ello en concepciones clásicas de la filosofía y de la psicología. Nos referimos a la autorrealización personal y a la felicidad.

Cualquier tipo de actividad práctica persigue el bien, tal como afirma Aristóteles (2014) al comienzo de la *Ética a Nicómaco*.

Cuando una persona necesita o desea una cosa, lucha por conseguirla pues persigue un fin más amplio, objeto de su verdadero deseo. Con la finalidad de que ese deseo no tienda al infinito, se procura buscar un bien como fin supremo que abarque todo deseo particular. Según Aristóteles (2014), todos los seres humanos saben que ese bien de orden superior es la *eudaimonia*, es decir, la felicidad o la vida buena. Si bien hay pleno acuerdo en cuanto a la nominación de este bien, sin embargo, no es fácil coincidir a la hora de precisar su contenido.

Habitualmente el término *eudaimonia* se traduce del griego por felicidad, aunque tal traducción refleja una cierta simplicidad cuyo alcance rebasa el propósito de estas páginas. La idea central de la *eudaimonia* es el bienestar, encontrarse bien, estar bien. Sin embargo, esta conceptualización es en sí misma restringida pues entraña un cierto carácter pasivo. La *eudaimonia* abarca, a nuestro juicio, la vida entera y, por consiguiente, cualquier tipo de acción del ser humano.

Al menos hay dos enfoques posibles en la concepción del término bienestar. De una parte, el enfoque hedonista que define el bienestar como la búsqueda de la felicidad o placer (Ryan y Deci, 2001). El afecto positivo se considera como un componente central de esta forma de sentir la felicidad. Refleja la conexión placentera entre el ser humano y su ambiente en el que se siente entusiasta, activo, en estado de alerta (Kahneman *et al.*, 1999). En gran medida, el ocio, la diversión hedonista, la búsqueda del placer, etc., configuran este enfoque de la felicidad.

Por el contrario, el enfoque *eudaimónico* propone que la meta final de la actividad humana es vivir de una forma consistente con el propio yo, con el propio *daimon*, que representa las potencialidades de uno mismo. Vivir en consonancia con el *daimon* supone seleccionar las metas vitales de acuerdo con lo que más convenga a la propia naturaleza, luchar por alcanzar tales metas y dar sentido a la propia vida. Actuar de esta manera, persiguiendo el logro de las propias metas que configuran lo mejor de la propia vida constituye, en última instancia, el ingrediente necesario para el logro de la realización personal. La *eudaimonia*, en cuanto estado subjetivo de naturaleza emocional, se refiere a los sentimientos que una persona experimenta cuando se encamina hacia su autorrealización en términos del desarrollo de sus propias capacidades y teniendo siempre en cuenta los fines y propósitos de su vida (Ryan y Deci, 2001).

EL PAPEL DE LA SALUD MENTAL

En los últimos años la salud mental ha tomado especial protagonismo, debido sobre todo al incremento de su incidencia en la población mundial después de la pandemia. En un informe realizado por la OMS (2022), se evidencia cómo han aumentado vertiginosamente los problemas en la salud mental viéndose afectados los servicios de atención primaria. Por esta razón, los Estados Miembros de la OMS han visto la necesidad de ampliar los servicios de salud mental y los apoyos psicosociales, como componente integral de la cobertura sanitaria universal y en cuanto a la preparación, respuesta y recuperación ante emergencias de salud pública (WHA74.14, 2021).

Desde la psiquiatría y la psicología cada vez se da más importancia a la prevención de los trastornos psíquicos, intentando determinar cuáles son los factores de riesgo para evitar su aparición. En cambio, no se han destinado tantos recursos a la promoción de la buena salud mental, debido en gran medida al enfoque médico, centrado más en la enfermedad que en la prevención, enfoque que ha dominado la psiquiatría clínica en las últimas décadas (Arango *et al.*, 2018).

La falta de una adecuada política de prevención y asistencia de la salud en general conduce a una falta de estrategias eficaces para la mejora de la salud mental. Este hecho resulta especialmente grave en el ámbito juvenil, ya que son los jóvenes las personas más vulnerables al impacto de los problemas de salud mental emergentes (Fusar-Poli, 2019).

Fusar-Poli *et al.* (2020) realizaron una exhaustiva revisión para tratar de definir los aspectos que tienen que ver con la buena salud mental. Según este estudio, la salud mental puede definirse como un estado de bienestar que permite a las personas afrontar las tensiones normales de la vida y funcionar de forma productiva. Estos son los dominios básicos que definen una buena salud mental: alfabetización en salud mental, actitud hacia los trastornos mentales, autopercepciones y valores, habilidades cognitivas, rendimiento académico/ocupacional, emociones, comportamientos, estrategias de autogestión, habilidades sociales, relaciones familiares significativas, salud física, salud sexual, sentido de la vida y calidad de vida. Estos dominios sirven para seguir avanzando en la investigación y mejorar las políticas sociales en torno a la buena salud mental y al alcance del estado de bienestar.

CONTEXTUALIZANDO LA SALUD MENTAL EN LA ERA DIGITAL

A pesar de que en los últimos años hemos puesto el foco en su importancia y en los diversos factores que la rodean, la salud mental no permanece impermeable a los rápidos cambios que envuelven y condicionan el día a día de las personas. Los factores sociales predominantes en las diferentes culturas y sociedades siguen influyendo en el aumento de problemas relacionados con la salud mental, sobre todo evidenciado en las tasas cada vez mayores de diagnósticos de trastornos como la ansiedad o la depresión (Baxter *et al.*, 2014). Aspectos como el difícil acceso a una vivienda propia, salarios bajos, inmediatez del día a día, dificultades para alcanzar objetivos vitales o elevada competitividad en los diferentes ambientes se traducen en una incapacidad para manejar las situaciones emocionales derivadas de todas estas realidades, dando como resultado personas cada vez más desmotivadas e infelices.

En esta misma línea, el constante y vertiginoso avance de la revolución digital se puede considerar como otra de las variables que influye de manera directa, e indirecta, en la salud mental. La era digital abarca cada vez más aspectos de la vida diaria de las personas, y no en todas las situaciones las consecuencias son positivas. A pesar de los beneficios que han traído consigo los diferentes avances tecnológicos (a nivel macro y a nivel micro), no es posible obviar los riesgos que implica el gran desarrollo en el que actualmente está inmersa esta innovación digital.

A lo largo de este apartado intentaremos abordar los efectos de la digitalización en la salud mental, traducido en nuevos condicionantes, riesgos y amenazas, beneficios y retos. Con todo, se pretende ofrecer una visión general de la situación en la que nos encontramos, de las consecuencias que podremos enfrentar en un futuro, así como de las posibilidades que también nos ofrece la era digital en materia de salud mental.

Nuevos condicionantes de la salud mental

La era digital en la que vivimos actualmente, marcada por el rápido desarrollo de las herramientas tecnológicas a la par que, por situaciones contextuales, como la derivada por la enfermedad de COVID-19 hace unos años, ha aumentado el interés en la salud mental en general y en su relación con las tecnologías en particular. Actualmente, el acceso a todo tipo de información está al alcance de nuestras manos. Con un solo clic podemos recibir respuesta a las preguntas que hagamos a los diferentes navegadores de Internet. Son numerosas las ventajas que este hecho ha traído consigo, como el haber ampliado el acceso a recursos de salud mental, animando a las personas a localizar información confiable y a utilizar recursos en línea para encontrar apoyo, comunidades de personas afines, herramientas de autocuidado, etc.

Sin embargo, el acceso a la información de manera no controlada e impulsiva puede tener repercusiones negativas en las personas. El rápido acceso a datos de todo tipo conlleva una sobrecarga de información, en ocasiones poco fiable, convirtiendo a la desinformación en una amenaza y en un factor de riesgo para la aparición y el empeoramiento de diferentes condiciones relacionadas con la salud mental (Laato *et al.*, 2020a; 2020b).

Los últimos años han traído consigo un aumento del consumo de las redes sociales y de internet como entretenimiento y como medio para reducir la ansiedad, y aunque hay estudios que indican que la información fiable contribuye a la reducción de la ansiedad (Hashemi *et al.*, 2020; Jungmann y Witthöft, 2020), son numerosas las investigaciones que han destacado el papel negativo de la sobrecarga informativa en la aparición de síntomas, sobre todo en la ansiedad relacionada con la salud (Farook *et al.*, 2020; Laato *et al.*, 2020a; Starcevic *et al.*, 2020).

En este contexto, se ha introducido el concepto de *cibercondría*, que da lugar a un nuevo trastorno psicopatológico. La cibercondría hace referencia a la búsqueda repetida de información en Internet relacionada con la salud (física o mental) que se asocia con niveles elevados de ansiedad (Starcevic *et al.*, 2019), con unas características similares a lo que se conoce como trastorno de ansiedad por salud o hipocondría. Esta conducta conlleva la dedicación de mucho tiempo a estas búsquedas, preocupación excesiva por la salud y la información que se encuentra en relación con ella, y dificultad para descomprometerse con esta búsqueda, llegando incluso a perder el control sobre la conducta.

La realidad es que este trastorno emergente debe preocupar a los profesionales de diferentes sectores. En la actualidad, en torno al 7% de las búsquedas que se realizan a diario en el buscador de Google (Dr. Google) están relacionadas directamente con la salud, lo que equivale a 1 billón cada día (Bajcar & Babiak, 2020). La mayor parte de las personas utilizan Internet para saber cómo mantenerse saludables, indagar sobre amenazas para la salud, autodiagnosticarse y tranquilizarse respecto a su estado de salud. De hecho, si atendemos a los últimos datos sobre búsquedas realizadas en Internet en España, encontramos que de entre las diez curiosidades más *googleadas* en el año 2023, cinco estaban relacionadas directa o indirectamente con la salud. Por orden de aparición: botulismo, sinestesia, tiña, SIBO (sobrecrecimiento bacteriano del intestino delgado) y gestación subrogada (NextEducation, 2024). Además, la encuesta realizada por Eurostat en el año 2021 indicó que la mitad de los europeos entre 16 y 74 años realizaba búsquedas de salud *online* relacionadas con lesiones, enfermedades, nutrición o mejora de la salud, posicionando a España como uno de los países a la cabeza de estas acciones.

Situando el contexto en nuestro país, Zaragoza *et al.* (2023) destacan que hasta un 70% de los jóvenes españoles de entre 15 y 29 años busca sus síntomas en Internet cuando no se encuentra bien, señalando a su vez que el 35% de estas búsquedas se relaciona con la salud mental (con búsquedas relacionadas con la ansiedad, los trastornos de la conducta alimentaria —TCA—, o adicciones) y el 34.3% con la alimentación y las dietas.

Estos datos resultan alarmantes, sobre todo considerando la tendencia creciente que existe en el diagnóstico de trastornos como los relacionados con el consumo de sustancias y con la conducta alimentaria. Parece, por tanto, inevitable relacionar, en cierta medida, el aumento de estos condicionantes de la salud mental con el uso inadecuado de las fuentes tecnológicas de información.

Además de la *cibercondría* y del aumento de diagnósticos de trastornos tradicionales, el desarrollo de las tecnologías y la digitalización ha traído consigo la aparición de otros trastornos como la *nomofobia*, caracterizada por la sintomatología de ansiedad que aparece ante el miedo a quedarse sin batería en el móvil o a no tener el teléfono móvil con uno mismo. En esta misma línea, existen fenómenos tan particulares como el *newism* o el *nowism*, es decir, la idea obsesiva de que es necesario saber lo nuevo (*new*) y lo actual (*now*). Igualmente, se podría indagar en cómo los filtros de las redes sociales como Instagram o Tiktok están desembocando en operaciones estéticas a una edad cada vez más temprana, en el desarrollo de psicopatologías como el *trastorno dismórfico corporal* o en la aparición de conductas de riesgo que afectan sobre todo a población adolescente, de las que se ha hecho eco la prensa denominándolas como *cosmeticorexia* (creciente obsesión por utilizar cosméticos y productos de belleza en edades tempranas).

Los datos son abrumadores, casi el 75% de la población mundial de más de 10 años de edad tiene un teléfono móvil y un 66% utiliza Internet (ONU, 2022). En este contexto en el que la información llega de manera constante y es muy fácil acceder a ella, y donde las tecnologías ocupan cada vez más espacios de nuestras vidas, se hace necesaria la reacción de los profesionales del sector educativo. Por un lado, por la necesidad de trabajar el uso consciente y responsable de la tecnología y de los avances que trae consigo. Por otro, porque la institución educativa no puede ser entendida sino como el espacio en el que se busca el desarrollo de ciudadanos con capacidad crítica y con opinión propia, desde la escuela primaria hasta las instituciones superiores como la universidad.

Riesgos y amenazas

Además de la aparición de nuevos trastornos con posible diagnóstico clínico, es inevitable considerar otros riesgos y amenazas a los que estamos expuestos por el simple hecho de convivir en una sociedad inmersa en la tecnología. El mayor riesgo probablemente consiste en *mediatizar los fines y finalizar los medios*, de hecho, en la vida de cualquier persona, el que un instrumento o herramienta se convierta en un fin puede ser fuente de patología.

Lo que hoy parece una emergencia ya se identificó a principios de los años noventa, con la aparición de una nueva psicopatología relacionada con las Nuevas Tecnologías que disminuye o limita la libertad personal. Psicólogos y psiquiatras definen el IAD (*Internet Addiction Disorder*), *Síndrome de adicción a Internet*, como una pérdida de control en el uso del ordenador y la red, que se manifiesta con un conjunto de síntomas cognitivos, conductuales y fisiológicos (Polaino-Lorente, 1991). Los factores de riesgo que pueden llevar a la adicción configuran el perfil del potencial adicto: introversión, timidez, fobia social, baja autoestima, angustia y ansia descontrolada, atención dispersa, sentimientos de incapacidad, miedo a la desaprobación de los demás, sentimiento de depresión y otras adicciones químicas o psicológicas. Este fenómeno supone ya para un buen número de pacientes —algunos de ellos muy jóvenes— el ingreso hospitalario. De hecho, son numerosos los profesionales que alertan de la relación directa del uso excesivo (y el mal uso) de las pantallas con situaciones tan preocupantes como el aumento de las tasas de suicidio, principalmente entre las poblaciones más jóvenes.

En una intervención reciente, el director gerente del Hospital Provincial de Castellón, el psiquiatra Matías Real-López, pone el foco en el aumento de los problemas de salud mental en los jóvenes de entre 15 a 18 años, incidiendo en el descenso de la edad de aparición de problemas emocionales a los 11 años. De acuerdo con su tesis, se ha producido un aumento de las tasas de suicidio entre los menores de edad, donde las cifras entre los 15 y 19 años han tocado techo en épocas previas a la pandemia. Para el intervalo de 10 a 14 años, fue en la época de la pandemia donde se alcanzaron mayores tasas de suicidios, con un aumento del 120% en aquellos menores de 10 años. Estas cifras tan alarmantes coinciden con un período en el que las personas no tenían interacciones sociales más allá de la interacción digital.

Cabe apelar, como en cualquier situación de adicción, a la responsabilidad de la persona que hace uso de una sustancia o de un objeto al no utilizarlo de manera adecuada. Las nuevas tecnologías no provocan adicción por el mero hecho de usarlas. Es necesario tomar conciencia de que su uso nos cambia: cambia la configuración y el uso del tiempo, del espacio, cambia nuestras relaciones y contactos y cambia, en definitiva, la cultura. En muchas ocasiones, son los propios adultos los que, con sus conductas, incentivan el uso y educan en el abuso de las pantallas y la tecnología, con acciones tan sencillas como cambiar de capítulo de inmediato en una tablet cuando el menor visualiza un episodio que no le gusta. En este sentido, no podemos obviar la responsabilidad de los adultos, familiares y educadores, en el fomento de una educación digital eficaz y segura, que, en definitiva, contribuya al bienestar digital de los menores.

Beneficios y retos

Aunque, como hemos visto, la digitalización y la creciente presencia de los medios digitales en la sociedad supone riesgos y consecuencias negativas, sería injusto no destacar y evidenciar las posibilidades que esta revolución trae consigo. En primer lugar, a la hora de abordar los posibles retos y beneficios de la era digital en la salud mental, hay que hablar principalmente de su aplicación en las intervenciones relacionadas con la atención a la salud mental. Así, entre los retos específicos que plantea la aplicación de la tecnología e Inteligencia Artificial (IA) en las intervenciones psicológicas, figuran la evaluación de riesgos, las derivaciones y la supervisión; la necesidad de respetar y proteger la autonomía del paciente; el papel de las terapias no humanas; la transparencia en el uso de algoritmos; igualar los beneficios del vínculo terapéutico con una persona; y las preocupaciones específicas sobre los efectos a largo plazo de estas aplicaciones en la comprensión de la enfermedad y la condición humana (Suso-Ribera & García-Palacios, 2022). Estos retos derivan en el nacimiento de nuevas necesidades, como la creación de un marco legal específico, el desarrollo de vínculos entre paciente y nuevas tecnologías (Heim *et al.*, 2018) y la formación de profesionales para manejar estas herramientas de una manera óptima.

En relación con la salud mental, la explosión de las tecnologías digitales ha permitido que surjan numerosos avances en el manejo de los trastornos psicológicos, que van desde el uso de evaluaciones e intervenciones apoyadas en aplicaciones web y móviles que permiten la monitorización y el tratamiento en tiempo real de forma remota, hasta el uso de avatares que permiten mejorar la alianza terapéutica con los tratamientos autoaplicados mediante tecnología (Heim *et al.*, 2018). Este tipo de alternativas ha hecho que algunas personas, que de otra manera lo tendrían muy complicado, puedan acceder a la intervención y el tratamiento que precisan.

El auge de los tratamientos transdiagnósticos, que permiten abordar varios trastornos desde una metodología común, y de la terapia centrada en procesos, así como el surgimiento de diferentes aplicaciones de IA, también ofrecen soluciones prometedoras para que los tratamientos psicológicos sean más accesibles para toda la población (Daponte *et al.*, 2018). En una sociedad cada vez más preocupada por la incidencia de trastornos psiquiátricos, las nuevas tecnologías pueden suponer un avance en la atención y tratamiento de las personas en las fases iniciales del diagnóstico. No obstante, aún queda mucho por hacer, ya que las aplicaciones desarrolladas en muchas ocasiones no cuentan con suficiente validez científica sobre su eficacia, por lo que hay que seguir avanzando en el diseño y validación de estas herramientas (Rodríguez-Riesco y Senín-Calderón, 2022).

Además, desde el espacio educativo como ámbito ideal de prevención de trastornos relacionados con la salud mental, encontramos también diferentes retos. Es necesario el trabajo de la conciencia sobre el uso de la tecnología, para ser capaces de discernir los usos saludables y beneficiosos de la tecnología del uso abusivo y adictivo que conduce a consecuencias negativas en el bienestar físico y mental. En esta línea, surge el reto de entrenar la desconexión digital para facilitar el descanso y la conexión con el mundo real.

Igualmente, aunque el trabajo del uso adecuado de las redes sociales se incluye ya en diferentes proyectos educativos, no podemos dejar de mencionarlo como un reto, puesto que cada vez son más y más diferentes las aplicaciones disponibles, así como las implicaciones negativas que tiene el mal uso de las mismas en el bienestar mental y social de las personas que las utilizan. Asimismo, el *ciberbullying* y los peligros a los que se enfrentan las personas, sobre todo aquellas más vulnerables como los menores de edad, siguen presentes cuando nos referimos al uso de la tecnología en general y de las redes sociales en particular.

En este sentido, y aunque ya se está abordando, es fundamental educar a las personas, especialmente a los jóvenes, sobre los riesgos del *ciberbullying*, el acoso en línea, la seguridad en Internet, el filtrado del contenido y sobre la opinión crítica ante lo que se nos presenta a través de estos medios. Estos aspectos siguen presentándose como retos de la relación de la tecnología y el desarrollo psicosocial y personal, sobre todo considerando que los avances son cada día más significativos, con innovaciones diarias, que sitúan a las personas, y a los profesionales de la salud y de la educación, ante desafíos que deben ser localizados y atendidos cada vez con mayor celeridad.

Desde otra visión más global y en el realzar los beneficios de la tecnología en nuestra vida, constatamos no pocas ventajas que hacen inconcebible la vida hoy sin ellas, por primera vez en la historia; la red hace posible que la humanidad puede ser considerada como una *única familia:* la aldea global (sin olvidar que todavía no todos tienen acceso a la red…); posibilitan vivir en *tiempo real* lo que sucede en el otro extremo del mundo y todo lo que esto supone de positivo; incrementan y mejoran relaciones y comunicaciones y de consecuencia: el recíproco conocimiento, el intercambio entre culturas, el enriquecimiento global; facilitan el trabajo a todos los niveles (teniendo en cuenta que pueden llegar a dificultarlo, si se pierde de vista el fin…); etc.

PREVENCIÓN

La salud mental en la era digital es un desafío contemporáneo que requiere una reflexión profunda y una cuidadosa atención. A medida que utilizamos la tecnología, es fundamental buscar un equilibrio entre el tiempo en el que vivimos conectados y el mundo real para garantizar el bienestar emocional. Por este motivo, la prevención es crucial debido al impacto significativo que la tecnología puede tener en dicho bienestar. A continuación, presentamos algunas estrategias que pueden ayudar a cuidar y salvaguardar la salud mental:

1. Educación y concienciación. Promover la educación sobre el uso saludable de la tecnología y sus posibles efectos en la salud mental. Esto incluye la concienciación sobre el tiempo de pantalla, el *cyberbullying*, la comparación social en las redes sociales y la adicción a Internet.

2. Promover el equilibrio digital. Fomentar un equilibrio saludable entre el tiempo en conexión y el tiempo *offline*. Establecer límites claros para el uso de dispositivos digitales y alentar actividades fuera de la pantalla, como el ejercicio, la socialización en persona y la conexión con la naturaleza.

3. Desarrollar habilidades digitales. Capacitar a las personas para que desarrollen habilidades digitales que les permitan utilizar la tecnología de manera consciente y responsable. Esto incluye aprender a gestionar la información, proteger la privacidad *online* y filtrar el contenido negativo.

4. Promover el autocuidado. Enseñar y fomentar prácticas de autocuidado, como la meditación, la respiración consciente, el ejercicio regular y el establecimiento de rutinas saludables de sueño. Estas actividades pueden ayudar a reducir el estrés y promover la salud mental en un mundo digitalmente conectado.

5. Fomentar relaciones significativas. Incentivar la conexión interpersonal significativa fuera de las plataformas digitales. Las relaciones cara a cara y el apoyo social son fundamentales para el bienestar emocional y pueden contrarrestar los efectos negativos de la vida digital.

6. Crear entornos seguros en línea. Promover entornos en línea seguros y de apoyo, donde las personas se sientan cómodas para expresarse y buscar ayuda si es necesario. Esto implica abordar el acoso cibernético, la discriminación en línea y proporcionar recursos para la salud mental *online*.

7. Acceso a recursos de salud mental. Garantizar que las personas tengan acceso a recursos y servicios de salud mental en línea, como herramientas de ayuda, terapia en línea y aplicaciones de bienestar mental. Esto puede ayudar a reducir las barreras de acceso y brindar apoyo a quienes lo necesitan en un entorno digital.

8. Crear espacios sin tecnología. Designar áreas en casa donde no haya dispositivos electrónicos. Estos espacios libres de tecnología pueden ser refugios para descansar y desconectar.

9. Cultivar otras aficiones. Dedicar tiempo a pasatiempos y actividades creativas. Pintar, tocar un instrumento, escribir o cualquier otra afición puede ser terapéutico.

Como conclusión de este apartado, podemos afirmar que la era digital ofrece oportunidades, pero también presenta riesgos para nuestra salud mental. Al ser conscientes de cómo utilizamos la tecnología y aplicar estrategias para cuidar nuestra mente, podemos aprovechar los beneficios digitales sin comprometer nuestro bienestar, que es lo importante.

CONCLUSIONES

Como se ha dejado claro, la era digital ha transformado radicalmente nuestra forma de vivir, trabajar y relacionarnos, lo que ha dado lugar a una serie de cambios significativos en nuestra salud mental y bienestar. A lo largo de este capítulo hemos explorado diversos aspectos relacionados con el bienestar y la salud mental en la era digital.

Hemos examinado detalladamente el papel que desempeña la salud mental en el mantenimiento de un estado óptimo de bienestar, reconociendo su influencia en todos los aspectos de nuestra vida, desde nuestras relaciones interpersonales hasta nuestro desempeño laboral y nuestra satisfacción personal. Además, hemos analizado cómo la era digital ha introducido nuevos condicionantes en la salud mental, desde la constante conectividad a través de dispositivos digitales hasta la presión por mantener una imagen perfecta en las redes sociales. Al mismo tiempo, hemos identificado una serie de riesgos y amenazas asociadas con el uso excesivo de la tecnología y la exposición a información digital, como la adicción a las redes sociales, el acoso cibernético y la ansiedad por la comparación social.

Por otra parte, también hemos destacado los beneficios y retos que la era digital presenta en términos de promover el bienestar y la salud mental, incluyendo el acceso a recursos de salud mental en línea y la capacidad de utilizar la tecnología para fomentar la educación y la concienciación sobre estos temas. En última instancia, hemos subrayado la importancia de la prevención como clave para abordar los desafíos relacionados con el bienestar y la salud mental en la era digital. Esto implica promover un uso saludable de la tecnología, fomentar estrategias de autocuidado y proporcionar acceso a recursos de salud mental en línea. Al hacerlo, podemos trabajar hacia la creación de un entorno digital más saludable y equilibrado para todos. Al comprender mejor estos aspectos y tomar medidas proactivas para abordarlos, podemos trabajar juntos para promover un mayor bienestar y una mejor salud mental en la era digital.

REFERENCIAS

Arango, C., Díaz-Caneja, C. M., McGorry, P. D., Rapoport, J., Sommer, I. E., Vorstman, J. A., McDaid, D., Marín, O., Serrano-Drozdowskyj, E., Freedman, R., y Carpenter, W. (2018). Preventive strategies for mental health. *Lancet Psychiatry 5*, 591-604.

Aristóteles (2014). *Ética a Nicómaco*. Centro de Estudios Políticos y Constitucionales.

Baxter, A. J., Scott, K. M., Ferrari, A. J., Norman, R. E., Vos, T., y Whiteford, H. A. (2014) Challenging the myth of an «epidemic» of common mental disorders: Trends in the global prevalence of anxiety and depression between 1990 and 2010: Research Article: Challenging Myths of a Mental Disorder Epidemic. *Depression and anxiety*, 31(6), 506–516.

Daponte, D., Talbot, F., Titov, N., Dear, B. F., Hadjistavropoulos, H. D., Hadjistavropoulos, T., y Jbilou, J. (2018). Facilitating the Dissemination of iCBT for the Treatment of Anxiety and Depression: A Feasibility Study. *Behaviour Change, 35*(3), 139–151. https://doi.org/10.1017/bec.2018.14.

Echeburúa, E., Amor, P., y Cenea, R. (1998). Adicción a Internet: ¿una nueva adicción psicológica? *Monografías de psiquiatría*, 2, 38-44.

Farook, A., Laato, S., y Islam, A.K.M. (2020). Impact of Online Information on Self-Isolation Intention During the COVID-19 Pandemic: Cross-Sectional Study. *Journal of Medical Internet Research*, 22(5), e19128. https://doi:10.2196/19128.

Fusar-Poli, P., Salazar de Pablo, G., De Micheli, A., Nieman, D. H., Correll, C. U., Kessing, L. V., Pfennig, A., Bechdolf, A., Borgwardt, S., Arango, C., y van Amelsvoort, T. (2020). What is good mental health? A scoping review. *European Neuropsychopharmacology, 31,* 33–46. https://doi.org/10.1016/j.euroneuro.2019.12.105.

Fusar-Poli, P., Solmi, M., Brondino, N., Davies, C., Chae, C., Politi, P., Borgwardt, S., Lawrie, S.M., Parnas, J., y McGuire, P. (2019). Transdiagnostic psychiatry: a systematic review. World Psychiatry 18, 192–207.

García -Villamisar, D., y Álvarez Romero, M. (2007). El síndrome del perfeccionista: el anancástico. Almuzara ediciones.Greenfield, D.N. (1999), The nature of Internet Addiction: Psychological factors in compulsive internet use. APA de Boston, Massachussets. Disponible en: http://www.virtual-addiction. com/internetaddiction.htm.

Hashemi, S.G.S., Hosseinnezhad, S., Dini, S., Griffiths, M.D., Lin, C.Y., y Pakpour, A.H. (2020). The mediating effect of the cyberchondria and anxiety sensitivity in the association between problematic internet use, metacognition beliefs, and fear of COVID-19 among Iranian online population. Heliyon, 6. https://doi.org/10.1016/j.heliyon.2020.e05135.

Heim, E., Rötger, A., Lorenz, N., y Maercker, A. (2018). Working alliance with an avatar: How far can we go with internet interventions? *Internet Interventions*, 11, 41–46. https://doi.org/10.1016/j.invent.2018.01.005.

Jungmann, S.M., y Witthöft, M. (2020). Health anxiety, cyberchondria, and coping in the current COVID-19 pandemic: Which factors are related to coronavirus anxiety? *Journal of Anxiety Disorders*, 73. https://doi.org/10.1016/j. janxdis.2020.102239.

Laato, S., Islam, A.K.M., Farook, A., y Dhir, A. (2020a). Unusual purchasing behavior during the early stages of the COVID-19 pandemic: The stimulus-organism-response approach. *Journal of Retailing and Consumer Services*, 57, 102224. https://doi.org/10.1016/j.jretconser.2020.102224.

Laato, S., Islam, A.K.M., Islam, M.N., y Whelan, E. (2020b). What drives unverified information sharing and cyberchondria during the COVID-19 pandemic? *European Journal of Information Systems*, 29(3), 288-305. https:// doi.org/10.1080/0960085X.2020.1770632.

OMS (2022). Mental Health and COVID-19: Early evidence of the pandemic's impact: Scientific brief, 2 March 2022.

Polaino- Lorente, A. (1999). *Dignidad y progreso*. Istmo.

Polaino-Lorente, A. (2005). Adicción a las computadoras: nueva psicopatología emergente. *ITSMO*, Año 47 -Número 276 - Enero/febrero.

Real López, M. (10-12 de abril de 2024). Pantallas y salud mental [Ponencia plenaria]. Congreso Internacional de Educación y Diversidad, Teruel, España.

Rodríguez-Riesco, L., y Senín-Calderón, C. (2022). Aplicaciones móviles para evaluación e intervención en trastornos emocionales: una revisión sistemática. *Terapia Psicológica*, 40.

Ryan, R. M., y Deci, E. L. (2001). On happiness and human potentials: A review of research on hedonic and eudaimonic well-being. *Annual Review of Psychology*, 52, 141–166.

Ryff, C. D. (1989). Happiness is everything, or is it? Explorations on the meaning of psychological well-being. *Journal of Personality and Social Psychology*, 57, 1069–1081.

Ryff, C. D., y Keyes, C. L. M. (1995). The structure of psychological well-being revisited. *Journal of Personality and Social Psychology*, 69, 719–727.

Seligman, M., y Csikszentmihalyi, M. (2000). Positive psychology: An introduction. *American Psychologist*, 55, 5–14.

Starcevic, V., Berle, D., y Arnáez, S. (2020). Recent Insights Into Cyberchondria. *Current Psychiatry Reports*, 22(56). https://doi.org/10.1007/s11920-020-01179-8.

Suso-Rivera, C., y García-Palacios, A. (2022). Hacia un nuevo modelo en el tratamiento de los trastornos emocionales mediante las nuevas tecnologías: una revisión crítica. *Psicosomática y Psiquiatría*, 20. https://doi.org/10.34810/. PsicosomPsiquiatrnum200401WHA74.14 (2021). Mental health preparedness for and response to the COVID-19 pandemic. In: Seventy-Foruth World Health Assembly, Geneva, 24-31 May 2021. Resolutions and decisions, annexes. Geneva: World Health Organization (https://apps.who.int/gb/e/e_wha74.html, accessed 6 January 2024).

PEDAGOGÍAS COMUNITARIAS DE RESISTENCIA Y LIBERACIÓN: DIÁLOGOS DESDE LAS EXPERIENCIAS INDÍGENAS Y FEMINISTAS

Laura Calle Alzate (Universidad Complutense de Madrid)
Rocío Nicolás López (Universidad Complutense de Madrid)
Carlos Peláez-Paz (Universidad Complutense de Madrid)[1]

ACCIÓN EDUCATIVA COMUNITARIA Y PEDAGOGÍA SOCIAL. UN ENFOQUE CRÍTICO

Este texto articula una reflexión sobre el desarrollo, la modernización, la acción comunitaria y lo educativo. Partimos de las experiencias iniciales del desarrollo comunitario en el primer tercio del siglo XX hasta los retos y perspectivas actuales marcadas por la vigencia de la lucha contra el neoliberalismo. Incorpora la perspectiva de las pedagogías críticas, cuyo inicio se remonta a la década de 1960, que buscan transformar las dinámicas educativas y comunitarias en pos de sociedades inclusivas con justicia social y equidad.

Comprender los procesos comunitarios obliga a contextuali-zarlos en las dinámicas y lógicas del momento histórico en el que se insertan y el sentido que se les otorga: la acción comunitaria se concibe por alguien, por algo y para algo. Su origen radica en la

---

[1] El orden de autoría es meramente alfabético, los tres autores han participado de todas las partes del trabajo en conjunto y en igual medida.

visión de progreso ilimitado de la modernización y su correlato del desarrollismo, un proceso de industrialización y tecnificación cuyo objetivo es la integración del mundo en el capitalismo industrial moderno. El desarrollismo eurocéntrico creó las categorías de desarrollo/subdesarrollo, sociedades modernas/tradicionales, atraso/progreso, junto a nuevos modos de vida, patrones de relaciones y consumo, valores, símbolos… También articuló la categoría del subdesarrollo con las antiguas jerarquías de etnia, raza, clase y género mediante parámetros económicos reconfigurando la clasificación social de la población mundial. Así, transformó las estructuras sociales y culturales, los sistemas políticos y las poblaciones bajo una promesa de calidad de vida, igualdad cívica, democratización y progreso. Sin embargo, en los años 60 muchos proyectos desarrollistas acabaron en regímenes dictatoriales, y se profundizó en las desigualdades, la pobreza y la exclusión social. El momento actual, la globalización neoliberal, o más bien las globalizaciones, sería la expresión de una nueva etapa histórica de este proceso de desarrollo capitalista, también inscrita en la modernidad.

La modernización constituye un proyecto económico, político y cultural que involucra al ámbito pedagógico para implantarla, elaborando teorías, métodos y técnicas de acción socioeducativa. La pedagogía crítica y la acción comunitaria se presentan como herramientas fundamentales para resistir y contrarrestar las lógicas modernizadoras y neoliberales, promoviendo el desarrollo educativo de las comunidades. Este enfoque permite una reflexión crítica sobre la educación no solo como transmisión de conocimientos sino como prácticas emancipadoras que recuperen un sujeto rehumanizado, plural, comunitario, que se incorpora y vincula activamente al mundo y a su sociedad. También toma conciencia de una dominación y exclusión en que coexisten las desigualdades económicas de clase social con procesos de racialización, desigualdades de género, minorías étnicas, sexogenéricas y otras expresiones.

En este camino siempre ha existido un intenso y fructífero diálogo pedagógico entre América Latina, Europa y España. Por esto, tomamos como referencia experiencias actuales en Colombia, México y España, para reflexionar sobre el papel actual de la Educación Social vinculándola tanto a la interseccionalidad y el género como a la pluriversidad. Esta última noción va más allá de la diversidad y la universalidad e intenta reconocer la heterogeneidad de saberes, conocimientos y posiciones y la necesidad de diálogo entre sí. Con estas referencias, reflexionamos sobre la evolución de las teorías críticas y actualizamos los marcos de comprensión de las pedagogías críticas en el contexto actual en el que se contraponen al neoliberalismo y a la educación del nuevo sujeto neoliberal.

DE HERRAMIENTA COLONIAL A ESTRATEGIA DE MODERNIZACIÓN: EVOLUCIÓN Y DESAFÍOS DEL DESARROLLO COMUNITARIO

El desarrollo comunitario surgió en las posesiones coloniales inglesas de Asia y África impulsado por la Oficina Colonial Británica en la década de 1920, como herramienta para el desarrollo social y económico con objetivos educacionales básicos: alfabetización, capacitación laboral y desarrollo rural (Bonfiglio, 2016). Se orientaba a mejorar las condiciones de vida de poblaciones empobrecidas, pero simultáneamente consolidaba la dominación imperial imponiendo un modelo educativo, moldeando mentalidades y estructuras sociales en favor de los intereses coloniales. Este proceso de occidentalización a menudo desestimaba y erosionaba las culturas y tradiciones locales, reforzando la idea de superioridad cultural de las potencias coloniales.

Paralelamente, en Estados Unidos, el Servicio Social estableció los consejos comunales para el bienestar de la comunidad que empleaban el método de organización comunitaria para la planificación y prestación de múltiples servicios (salud, ocio, atención a la juventud). Siendo otro contexto, reflejaba una estrategia común de los Estados y poderes modernizadores coloniales: utilizar las políticas educativas y el desarrollo como instrumentos para expandir su dominio cultural y consolidar determinados saberes, subjetividades, formas de vida y modos de conocimiento.

Durante la descolonización, después de la Segunda Guerra Mundial, el desarrollo se convirtió en un asunto universal auspiciado por organismos internacionales, intentando reproducir en Asia, África y América Latina las características de las naciones de mayor fortaleza económica. Simultáneamente, las metrópolis coloniales emplearon el desarrollo comunitario en zonas rurales y barrios populares urbanos (etiquetados subdesarrollados y/o pobres) integrando a la población rural, migrante y trabajadora en un nuevo orden económico y social. Entonces se sistematizaron las técnicas y métodos de intervención que conocemos hoy en día. Así, el desarrollo comunitario gestionó las transiciones postcoloniales y las transformaciones sociales de los países occidentales para adaptar los contextos locales a las dinámicas de explotación global del capitalismo moderno orientadas al mercado mundial. También, sirvieron para disciplinar a la ciudadanía como fuente de mano de obra barata con los conocimientos específicos necesarios para el contexto económico global, ocultando y transformando saberes y modos de vida tradicionales y comunitarios.

Por otro lado, la década de 1960 fue un periodo convulso, creativo y vibrante, marcado por el conflicto y profundos cambios en corrientes y escuelas de pensamiento; se crearon nuevos movimientos sociales, políticos y de derechos humanos, y existía una creciente demanda de mayor y mejor participación en la vida política. De este modo, el cuestionamiento de los modelos sociales hegemónicos y la imaginación de mundos alternativos irrumpieron en el terreno pedagógico a través de los movimientos sociales y populares. Comienza un periodo en el que la educación y la cultura asumieron un papel central en la acción crítica y transformadora.

Fue en Brasil donde la pedagogía crítica se cristalizó en medio de la efervescencia de experiencias socioeducativas. El gobierno de José Goulart, ferviente defensor de las políticas de desarrollo impulsó el Plan Trienal de Desarrollo de 1963. Incorporó a técnicos y dirigentes progresistas, como Paulo Freire, que en 1962-63 inició su primera experiencia educativa dentro de la Campaña Nacional de Alfabetización, interrumpida bruscamente con el golpe de Estado de 1964 y la dictadura militar. El exilio en Chile provocó la inflexión de su pensamiento por dos motivos. Primero, su encuentro directo y personal con las y los pobres, que llevó su pensamiento de una pedagogía orientada a la totalidad del ser humano a otra centrada en las personas explotadas, excluidas y pobres, fundamentada en un horizonte de dignidad, justicia y libertad. Segundo, la experiencia de la dictadura y la persecución quebró la retórica desarrollista de su vinculación con la democracia y la justicia social. En el caso de Enrique Dussel, su filosofía, influida por Emmanuel Levinas, evolucionó hacia una filosofía de la liberación que integraba su visión humanista con una lectura subjetivista del marxismo, por el compromiso creciente con la desigualdad latinoamericana. La brutal realidad de la pobreza y el totalitarismo llevó a los pensadores latinoamericanos a la crítica al capitalismo como sistema responsable de la pobreza, la marginalidad y la exclusión y a tomar partido por las y los pobres. La posición crítica nace de la acción reflexión, la vivencia de la pobreza y la exclusión, el encuentro con el otro u otra, la indignación ante la injusticia y la necesidad de comprender las razones estructurales donde se inscribe la opresión. Posteriormente describiremos las propuestas de la praxis pedagógica crítica consecuencia de todo ello.

Mientras, en España, el Plan de Estabilización de 1959 había implementado el desarrollismo. En 1965, Marco Marchioni recaló en España para dirigir el primer proyecto de desarrollo comunitario conocido como tal, en la comarca rural de

Vélez-Málaga por iniciativa del Secretariado Social del Obispado de Málaga (Marchioni, 1999). A finales de los 60, proliferaban experiencias comunitarias en barrios periféricos de las ciudades (Barcelona, Madrid, San Sebastián...). Se orientaban a la promoción social y la superación de la marginación en contextos en los que primaba una concepción asistencial de la acción socioeducativa. Coincidían con planteamientos del trabajo social comunitario en América Latina: perspectiva global, estrategia de conflicto, la idea de un sistema democrático y socializado, cambio radical, y el valor del compromiso. Son dinamizados por las entonces llamadas asistentes sociales, todas mujeres, ejerciendo como animadoras socioculturales, educadoras sociales, psicólogas... con una visión unitaria de la comunidad y con una visión global de la intervención.

En ese tiempo, los debates sobre el desarrollo de la comunidad ponen de manifiesto dos maneras de entenderlo (Lillo y Rosello, 2004). Una, un planteamiento reformista/evolutivo acorde con el desarrollismo capitalista y el sistema social establecido enmarcados en la dictadura franquista. Por otro lado, un planteamiento radical/revolucionario opuesto al orden establecido que superó la concepción del desarrollo comunitario como mera técnica específica y lo consideró un instrumento de cambio estructural socioeconómico y político. El modelo de Marchioni en Vélez-Málaga aplicó un enfoque radical con dimensiones políticas en la atención de los problemas sociales que fue recibido con entusiasmo. Resulta impactante leer a Marchioni en una revista del Ministerio de Agricultura, en plena dictadura franquista, explicando el fracaso de los procesos de desarrollo en España por la mentalidad autoritaria que no otorgaba espacios de participación a la población. Para Marchioni (1967), la manera de enfocar el desarrollo comunitario, «tiene que ser, en nuestra opinión, democrática y participada, para que produzca un verdadero desarrollo» (p. 34), y basarse fundamentalmente en «dos ideas: La necesidad de un cambio estructural. La participación de las poblaciones interesadas» (ídem).

La concepción del desarrollo comunitario es problematizada, como describimos anteriormente, y ubica a las pedagogías críticas, especialmente las latinoamericanas, en una posición contrahegemónica que impugna los consensos ideológicos en los que se asienta la visión imperante del mundo. La pedagogía crítica contrahegemónica se va conformando en una multiplicidad de formas alternativas de resistencia, experiencia y lucha contra el orden ideológico y social hegemónico que implican un discurso crítico, la politización de las experiencias y la creación de relaciones sociales y espacios públicos capaces de resignificar los sentidos culturales y ponerlos al servicio de los grupos subalternos en la construcción de una democracia radical.

Comprendemos desde estas experiencias el sentido que la pedagogía crítica confiere a la educación social en su relación con la desigualdad, la exclusión, la diversidad y la pobreza. Tal y como señala Escobar (1999), la modernidad occidental representa la pobreza como un «Otro» dependiente, subordinado a los intereses de los grupos dominantes. La otredad y la pobreza se perciben como una amenaza a la estabilidad del orden social, y se precisan mecanismos de control social para conjurarla, excluirla, controlarla, disciplinarla, moralizarla o integrarla. Estos mecanismos toman forma en una educación acrítica, no problematizadora, cuyo papel fundamental es el control social y la difusión hegemónica de identidades, categorías interpretativas de la realidad, formas de vida, relaciones sociales y políticas… como muchos de los proyectos de desarrollo comunitario que emplean las lógicas de una educación social despolitizada y pensada como tecnología social. La pedagogía crítica problematiza esta representación del otro y la otredad y, en palabras de Franz Fanon, hace un llamamiento a una pedagogía para construir una nueva humanidad cuestionadora, una nueva sociedad pensante.

FUNDAMENTOS DE LA PEDAGOGÍA CRÍTICA: VIDA DIGNA, CONCIENTIZACIÓN Y PRAXIS LIBERADORA

Como ya hemos indicado en el epígrafe anterior, la pedagogía de la liberación nació en Brasil a partir de las experiencias de grupos sociales victimizados por las estructuras de poder capitalista y sometidos a las dictaduras en diálogo con intelectuales y académicos. El clima cultural del Brasil de los años 50 y 60 había contagiado a la educación el sentido de «lo popular» y se implementaron las radio-escuelas del Movimiento de Educación de Bases (MEB), los Centros Populares de Cultura (CPC) y los Movimientos de Cultura Popular vinculados a la izquierda cristiana. También contribuyó significativamente la formación crítica de latinoamericanos que estudiaron en la Universidad de Lovaina (por ejemplo, la relación de Camilo Torres y Fals Borda con Houtart), un centro igualmente referente para movimientos obreros españoles enfrentados al régimen franquista, algunos conectados con América Latina como la Juventud Obrera Cristiana. En España el desarrollo de la pedagogía crítica en el ámbito académico fue limitado, no así en el ámbito escolar con los Movimientos de Renovación Pedagógica, ni en los barrios populares donde movimientos vecinales y organizaciones comprometidas organizaron experiencias de educación popular. Ejemplos similares a los latinoamericanos son la editorial ZYX (1963), primera que publicó a Freire en España, Editorial Popular (1973), el Instituto de Estudios Políticos para América Latina y África (IEPALA) y una miríada de iniciativas barriales como el proyecto pedagógico-social Escuela Popular de Personas Adultas de Prosperidad, iniciada en 1973.

La educación crítica no puede entenderse sin la figura del ya mencionado Freire, su referente simbólico y principal representante de la pedagogía de la liberación. Reconoce que las personas adultas analfabetas o con bajo nivel académico poseen saberes y una cultura propia que debe ser considerada como punto de partida en la organización de los aprendizajes: «nadie lo ignora todo, nadie lo conoce todo, por eso aprendemos siempre» (Freire, 1970, p. 77).

En la obra de Freire influyó una variedad de pensadores y educadores que moldearon su enfoque pedagógico y filosófico que evolucionó en constante proceso de acción-reflexión. Uno de los valores de la pedagogía crítica es la síntesis entre corrientes y formas de pensamiento tan diversas y, a veces, enfrentadas. Como describe Gajardo (2016), Freire fue articulando coherentemente diferentes escuelas de pensamiento. Poseía una concepción antropológica de la cultura, la adhesión a formas democráticas y la promoción de sujetos, atraído por el personalismo de Mounier y otros autores cristianos (Maritain, Bernanos…) y a corrientes humanistas, personalistas y existencialistas, también a Mannheim y Lukács, de influencia marxista, y a Saussure.

En su experiencia de exilio incorporó las teorías estructuralistas, de la dependencia, la Escuela de Frankfurt y el humanismo marxista, entre otros Fromm, con cuyo análisis explicó la violencia en «Pedagogía del Oprimido». Entre sus lecturas podríamos mencionar a Merlau-Ponty, Foucault, Gramsci (especialmente relevante), Habermas o Alves. Con todo ello, anticipó la relevancia del sujeto y los límites del estructuralismo, superó la falta de politicidad de algunos planteamientos humanistas y existencialistas, y permitió una transversalidad que atrajo a su proyecto liberador a grupos diversos. La influencia de Barbu fue especialmente relevante dotando a la pedagogía de Freire su sentido dialógico. Le aportó una mentalidad democrática, la aceptación del cambio, la autogestión, la participación responsable en la construcción de la vida colectiva y el debate sobre los problemas de la vida cotidiana como recurso de reflexión. La relación pedagógica crítica tendrá como pilar fundamental el diálogo en un proceso de interacción horizontal entre educador y educando por su igual dignidad (no por simetría), que promueve la escucha activa, el respeto mutuo y la construcción colectiva de significados.

La pedagogía crítica nace con una profunda dimensión ética y política. La demanda radical de la dignidad de la vida humana es una exigencia de la ética de la liberación que, para Dusell (1988) se centra en la vida de cada sujeto humano concreto, en una comunidad de vida desde una «vida buena», cultural e histórica cuya referencia última es toda la humanidad. Para Dussel, la obligación ética debe producir, reproducir y desarrollar la vida humana en comunidad y la vida-digna de los sujetos, oponiéndose al no-poder-vivir. Este autor insiste en el principio ético-material de rechazar la negación de las víctimas; el empobrecimiento; el sufrimiento; la opresión del Otro; las relaciones sociales que atentan contra las comunidades y que aniquilan la corporalidad y materialidad de sus vidas. Ello implica enjuiciar aquellas acciones, discursos, instituciones, normas y eticidades, que dificulten, impidan o atenten contra la vida humana.

Freire concibe la educación como un acto político y supera las visiones que reducen el campo pedagógico a aspectos técnicos, instrumentales y simplistas presentados como neutros. La politicidad de la educación es independiente de la subjetividad del educador o educadora, no se incorpora por voluntad propia. Toda práctica educativa implica consciente o inconscientemente una concepción implícita o explícita del ser humano y del mundo, de las jerarquías de clase, raza y sexogenéricas, y, por tanto, forma parte de un proyecto que no es exclusivamente curricular sino social, educativo, político y cultural. Así, la educación es concientizadora y entraña un acto permanente de desvelamiento de la realidad orientado a «saber leer e interpretar el mundo en el que vivimos», enfrentada al poder anestésico y opresor de la educación bancaria y la mera transmisión acrítica de contenidos descontextualizados. La dimensión política de la educación emerge cuando nos preguntamos quién elige los contenidos, los fines y los métodos, quién determina el pasado y la visión del futuro, para qué y a favor de quién o en contra de qué y quién. Un educador o educadora democrático debe interrogarse por sus opciones y «para quién y en nombre de quién trabaja».

La conciencia y el compromiso exigen a la educadora y al educador identificarse con los oprimidos, con sus sueños, proyectos y movimientos de liberación social y cultural. Ya es un aforismo que la transformación y la liberación sólo es posible con una educación hecha desde abajo y desde dentro, normalmente en los márgenes. Esta exigencia implica necesariamente que las educadoras y educadores se caractericen por la congruencia con su pensar, el compromiso con la práctica liberadora, la búsqueda de la justicia, la fe en el ser humano, la humildad y amorosidad, la esperanza, el amor por su trabajo, la valentía para luchar, la capacidad de decisión (asumir su deber como autoridad sin traspasar los límites), así como la tolerancia y respeto por sí misma y los demás (Freire, 1994).

La educación crítica subraya la relación directa entre educación, situaciones y contextos sociales de vida. Por otro lado, enfatiza la praxis, es decir, la unión entre la teoría y la acción, una acción consciente. El método introduce la investigación temática como una etapa previa a la elaboración de contenidos y utiliza enfoques y técnicas participativas de investigación social. En este mismo contexto surgió la Investigación Acción Participativa (IAP) como forma colectiva de producción de conocimiento y, a la vez, su colectivización: análisis, conceptualización de problemas, planificación y ejecución de acciones (Fals Borda, 1987). Las ciencias sociales se integran entonces en el proceso educativo no como contenidos de aprendizaje (solo), sino como instrumento para desarrollar el pensamiento crítico y reflexivo sobre el mundo en diversos niveles. Primero, la importancia de la mediación de las ciencias humanas y sociales en el análisis de las causas de los problemas sociales y en la reflexión ética si no se quiere caer en el idealismo (Dussell, 1973). Segundo, la experiencia vivida como punto de partida del propio proceso educativo y de construcción del conocimiento: conocer la realidad y analizarla, para llegar, a través de la reflexión, a verdaderos compromisos de cambio (Proaño, 2001).

Así, el conocimiento no solo es comunicado, sino que se produce con educandas y educandos, dando un vuelco a las relaciones pedagógicas. Una última referencia es Fanon, que aborda temas como la deshumanización, la alienación y la violencia inherentes al sistema de opresión colonial, así como la necesidad de una lucha radical para alcanzar la liberación y la dignidad destacando la importancia de la conciencia crítica, la resistencia activa y la reconstrucción de la identidad. Fanon también contribuye poderosamente a las teorías críticas al explorar los procesos de racialización, definida como la construcción social de categorías raciales y la asignación de significados y jerarquías a diferentes grupos étnicos.

Sin embargo, una de las grandes lagunas de la pedagogía crítica en estos inicios es la incorporación de la perspectiva de género. Las teorías críticas feministas han contribuido a la evolución de dichas pedagogías críticas incorporando la categoría género al análisis de las jerarquías de opresión. Posteriormente, la teoría crítica de la raza, a consecuencia de la reflexión de los movimientos sociales en las luchas feministas de mujeres negras propuso el concepto de interseccionalidad (Crenshaw, 1989), que pone el énfasis en que cada individuo sufre opresión u ostenta privilegio de acuerdo con su pertenencia a múltiples categorías sociales que interseccionan.

PEDAGOGÍAS DE RESISTENCIA: EDUCACIÓN POPULAR E INDÍGENA EN LA CONSTRUCCIÓN DEL CONOCIMIENTO COLECTIVO

En la historia de la educación en América Latina, la educación popular, la educación propia (EP) y la Educación Intercultural

Bilingüe (EIB) han sido subestimadas, sin reconocer su capacidad educativa y su potencial para la construcción social del conocimiento. Los espacios académicos han visto estas metodologías como meras herramientas para la participación educativa, en lugar de reconocerlas como enfoques completos (Trujillo y Gómez, 2015-2016). Sin embargo, al ser construcciones colectivas, se reevalúan y enriquecen constantemente con las acciones comunitarias. Estas pedagogías participativas, dialógicas, contextualizadas y constructivas han evolucionado gracias a la retroalimentación de los sectores populares, que las valoran para crear proyectos educativos que atiendan las necesidades comunitarias. Así, representan un pilar pedagógico en los procesos sociales, políticos y culturales destinados a transformar y proteger sus entornos.

Históricamente, estos enfoques fueron vistos sólo como medios para fortalecer aspectos específicos de las relaciones humanas: la educación popular en el ámbito político, y la EP y la EIB en el ámbito cultural. Esta visión reduccionista ha dificultado reconocerlos como objetivos integrales en las construcciones comunitarias cotidianas (Trujillo y Gómez, 2015-2016). No obstante, las prácticas y reflexiones recientes han aportado significativamente a la comprensión y potenciación pedagógica de las subjetividades críticas. Estos desarrollos demuestran que estos enfoques pueden ofrecer una educación integral y transformadora, respondiendo a las necesidades y aspiraciones comunitarias, y fortaleciendo las organizaciones y movimientos populares, así como los programas de educación comunitaria.

Como señalamos anteriormente, durante los años 60, América Latina vivió el surgimiento de una perspectiva educativa contrahegemónica que transformó los paradigmas del proceso de enseñanza y aprendizaje. La Educación Popular emergió como un movimiento liberador en respuesta a las necesidades educativas de comunidades marginadas, urbanas y rurales. Esta corriente pedagógica no sólo redefinió la dinámica educativa tradicional, sino que también se convirtió en un vehículo crucial para movimientos populares emergentes, representando a diversos sectores: campesinos, indígenas, afrodescendientes, trabajadores urbanos informales, mujeres, jóvenes y migrantes internos.

La obra de Freire, influenciada por Cesaire, Fanon, Memmi, la Teología de la Liberación y las luchas revolucionarias y anticolonialistas de las décadas de 1960 y 1970, surge como resistencia frente a la hegemonía colonial del pensamiento europeo. Estos antecedentes emancipatorios y libertarios, que lideraron intensas luchas contra la opresión y el colonialismo, representan un punto de inflexión epistemológico en todas las áreas del conocimiento, incluida la pedagogía. Esto da lugar a lo que Korol (2010) denomina pedagogías de la descolonización, que buscan identificar las huellas eurocéntricas en la cultura dominante.

En los años 70, los pueblos indígenas comenzaron a organizarse para reivindicar sus derechos territoriales, culturales y políticos. Este movimiento coincidió con el surgimiento de métodos educativos que fortalecieron políticamente a las comunidades para entender y cuestionar las estructuras de poder. Estos programas fomentaron la participación activa en la transformación social, vigorizando la identidad cultural y política de los pueblos indígenas y facilitando su movilización ante la opresión. Como resultado, emergieron líderes comunitarios que articularon demandas políticas y culturales, promoviendo la justicia social. Este enfoque educativo permitió a las comunidades analizar críticamente su situación, identificar las causas de su opresión y avanzar hacia la liberación personal y colectiva. Además, capacitó a los individuos para enfrentar la injusticia y promovió la autonomía comunitaria.

La introducción del concepto de «etnodesarrollo», que implica la capacidad de un grupo étnico para construir su futuro utilizando sus propias tradiciones históricas y recursos culturales, alineados con sus valores y metas internas (Bonfil Batalla, 1982), influyó en las demandas de autonomía y autodeterminación de los pueblos indígenas en América Latina. Estas demandas tuvieron un impacto significativo en las decisiones sobre su derecho a la educación, las cuales contrastaron con el modelo estatal de «educación oficial» (Caviedes, 2015). En México, las luchas de los pueblos indígenas contribuyeron al desarrollo y establecimiento de la EIB. Mientras tanto, en Colombia, el pensamiento de Manuel Quintín Lame y las iniciativas del Consejo Regional Indígena del Cauca (CRIC) promovieron un enfoque educativo que respondiera a las necesidades particulares de las comunidades locales (Caviedes, 2015).

Estas propuestas critican la «escuela oficial», que no se relaciona con la realidad local ni refuerza la identidad territorial. Para algunos pueblos indígenas, la «escuela oficial» es ajena, pues no valora la tierra, cultura ni identidad indígena (Tattay, 2010). Históricamente, la educación impuesta en comunidades indígenas se percibía como una institución destructiva para sus culturas, actuando como un dispositivo etnocida. Los movimientos indígenas señalaron problemas en el sistema oficial: desconexión con la política comunitaria, falta de valoración indígena, desprecio por las autoridades tradicionales, prohibición del uso de la lengua nativa, autoritarismo docente y una enseñanza desvinculada del entorno local.

El reclamo indígena por reconocimiento, dignidad y una ciudadanía inclusiva se manifestó especialmente a través del ámbito educativo como estrategia para desafiar el colonialismo arraigado en sectores dominantes (López, 2022). En este contexto, numerosas comunidades indígenas abogaron por la implementación de una educación intercultural, bilingüe y propia. Algunos educadores adoptaron la noción freiriana de la educación como «acción cultural», considerando que la conciencia crítica puede transformar el entramado cultural (Torres, 2018). Este enfoque implica el reconocimiento del universo simbólico desde el cual las comunidades interpretan la realidad, así como la implementación de prácticas pedagógicas adaptadas a los contextos culturales de los y las estudiantes.

En 1971, el CRIC, una de las principales organizaciones indígenas de Colombia, propuso un programa educativo para defender la historia, lengua y costumbres indígenas, y formar profesores indígenas para enseñar en su lengua y contexto. Reconceptualizó la educación, enfocándose en fortalecer la cultura, desarrollando un programa bilingüe para buscar autonomía y delineando políticas educativas desde las comunidades indígenas. La lucha por la recuperación territorial se vinculó a nuevas formas de educación. En 1978, se creó el Programa de Educación, hoy conocido como Programa de Educación Bilingüe Intercultural (PEBI) del CRIC, el cual establece «escuelas propias» con maestros bilingües seleccionados por las comunidades, evolucionando a Centros piloto y luego integrándose al sistema educativo nacional (Rojas, 2019). La educación propia se concibe como la capacidad de las comunidades para dirigir, organizar y construir procesos educativos desde una perspectiva crítica frente al sistema educativo a transformar. Esta educación es pertinente, permite autonomía y tiene un carácter intercultural que fortalece la cultura indígena mediante herramientas internas y externas a los contextos comunitarios (Bolaños y Tattay, 2013).

Estas iniciativas dieron lugar a dos proyectos significativos: los Proyectos de Educación Bilingüe Intercultural (PEBI) y el Sistema Educativo Indígena Propio (SEIP). Los PEBI promueven la formación de maestros bilingües, la defensa de la historia y cultura indígenas, el conocimiento del derecho propio y el fortalecimiento de las autoridades locales (Guido Guevara y Bonilla García, 2013). El SEIP, diseñado para concretar la educación propia y avanzar hacia la autonomía, surge de los planes de vida de cada pueblo indígena, la ley de origen y las problemáticas específicas, con componentes político-organizativos, pedagógicos y administrativos. Este último representa la materialización de la lucha por una «otra escuela», rechazando la escolarización tradicional, la influencia clerical y respondiendo al auge neoliberal y la privatización del

Estado, mediante la pervivencia de las identidades y prácticas culturales indígenas. Esta educación se construye comunitariamente en oposición a la educación oficial y católica, que buscaba castellanizar y desindianizar a los pueblos indígenas.

Por otra parte, en México, el levantamiento zapatista de 1994 representó un punto de inflexión significativo en la lucha por una educación autónoma y emancipadora. A partir de este evento, la escuela ha desempeñado un papel esencial en la concientización comunitaria, promoviendo la libertad, la crítica social y ofreciendo una alternativa a la educación hegemónica tradicional. Como señala Baronnet (2015), tras el levantamiento zapatista, se observó un ejercicio del derecho a la autodeterminación educativa sin necesidad de autorización oficial. Esta autonomía educativa emergió como una estrategia vital para la defensa del territorio, la preservación cultural y el fortalecimiento de las capacidades de gestión local de las comunidades.

En particular, los servicios educativos en las comunidades indígenas de la Selva Lacandona en Chiapas fueron redefinidos con un énfasis en la autonomía política en sus demandas (Baronnet, 2009). El proyecto educativo autónomo, por lo tanto, proporciona un marco democrático intercomunitario que facilita nuevas formas de organización escolar (Baronnet, 2015). Este enfoque se distingue por la participación activa de las familias en las actividades educativas, la colaboración estrecha con municipios, comunidades y habitantes para diseñar programas pedagógicos adaptados a necesidades específicas, así como la valorización de elementos culturales propios y la interculturalidad de los pueblos.

En este contexto, diversos actores dentro de las comunidades zapatistas movilizan recursos humanos, técnicos y materiales para administrar y sostener las escuelas. Esta movilización no solo fortalece la infraestructura educativa, sino que también reafirma el compromiso de las comunidades con un modelo educativo que respeta y promueve su identidad cultural y autonomía política.

Así, el proyecto educativo autónomo zapatista se erige como un ejemplo paradigmático de resistencia y autoorganización comunitaria, ofreciendo lecciones valiosas para otros movimientos sociales y educativos en contextos similares.

En ambos contextos, la idea freiriana de «diálogo» se amplía a «diálogo de saberes» (Fals Borda, 1995), que busca construir relaciones respetuosas y colaborativas entre actores con distintos conocimientos. Mediante el diálogo y la concertación, se persiguen fines comunes con una orientación social y colectiva. Así también surge el concepto de «diálogo cultural» o «negociación cultural» (Cendales y Mariño, 2004), aplicado en investigaciones participativas y experiencias pedagógicas concretas. Este enfoque dialógico valora los conocimientos y epistemologías de los pueblos, destacando el protagonismo de los movimientos sociales y sus saberes colectivos obtenidos a través de la resistencia. La EP y la EIB se basan en integrar y respetar las diversas formas de conocimiento de las comunidades indígenas, reconociendo su valor y su capacidad para contribuir a una educación contextualizada y con sentido.

Por lo tanto, la EP y la EIB responden integralmente a las necesidades y aspiraciones de las comunidades indígenas, promoviendo tanto la alfabetización y el aprendizaje académico como la recuperación y valorización de sus saberes ancestrales. Esto fomenta una educación que actúa como resistencia cultural y proyecto de futuro autónomo y digno para estos pueblos, en línea con su derecho a la autodeterminación. Este diálogo de saberes integra y respeta diversas formas de conocimiento indígena, reconociendo su valor intrínseco y su capacidad para ofrecer perspectivas únicas en la construcción de propuestas educativas arraigadas en sus propios horizontes culturales y políticos. Así, la EP y la EIB no solo transmiten conocimientos, sino que también preservan y revitalizan las culturas, lenguas y tradiciones indígenas, fortaleciendo su identidad y autonomía en un contexto de diversidad cultural y resistencia a las imposiciones hegemónicas.

Los modelos educativos en Colombia y México no sólo han contribuido al fortalecimiento de la identidad y autonomía de los pueblos indígenas, sino que también han sido ejemplos de resistencia y autoorganización en el ámbito educativo. La experiencia educativa autónoma zapatista demuestra la viabilidad de construir sistemas educativos que respeten y promuevan las culturas locales, administrados directamente por las comunidades, contrastando con los sistemas educativos impuestos externamente.

Estos enfoques, más allá de ser meramente metodológicos, se están reconfigurando como un nuevo proyecto educativo que integra componentes pedagógicos, político-organizativos y administrativos con los planes de vida de los pueblos indígenas. De manera similar, en contextos campesinos y urbanos, las construcciones alternativas de saberes están apostando por la educación popular como una forma de desarrollar proyectos educativos que potencien las formas de aprendizaje y conocimiento desde los contextos específicos de los participantes, con el objetivo de generar conciencia en las clases populares (Trujillo y Gómez, 2015).

En la actualidad, a pesar de los avances y las manifestaciones populares en América Latina, la educación popular y comunitaria sigue siendo crucial para enfrentar las fuerzas políticas que promueven la educación privatizada y la lógica capitalista de acumulación de riqueza. La crisis educativa actual requiere una reevaluación de los fundamentos del sistema educativo y la implementación de una propuesta emergente que conciba la educación como un ámbito de transformación social. Este enfoque propicia la emergencia de un nuevo ser humano capaz de establecer relaciones sociales justas y de vivir en armonía con la naturaleza.

Los pueblos indígenas han reconocido la importancia de rearticular sus sistemas de saberes dentro de marcos institucionales propios, en un contexto de luchas que validan tanto el reconocimiento de sus identidades diversas como la creación de universidades propias y la promoción de la EP y la EIB. Este reconocimiento implica valorar otros conocimientos, prácticas y formas de relación que se distinguen epistemológicamente, así como nuevas prácticas históricas que redefinen las relaciones entre las personas y su entorno presente (Dávalos, 2005). Esta tarea representa un desafío hacia el futuro y una responsabilidad en el presente.

La educación sigue atravesando profundas crisis, exacerbadas por la globalización, el sistema capitalista y la privatización de la educación, dejando de lado los intereses sociales. Como resultado, la educación se ha convertido en un instrumento hegemónico que sirve a los intereses del mercado. Ante esta situación, Walsh (2014) señala la necesidad de identificar las fisuras en el sistema mundo/moderno y promover insurgencias decoloniales que puedan penetrar la lógica de la modernidad. La descolonización se presenta como un proceso y práctica de re-humanización frente a las estructuras materiales y simbólicas que amenazan la humanidad de las personas. Implica desaprender lo impuesto y asumido, y reconstruir la identidad humana (Walsh, 2014).

En este contexto, la pedagogía decolonial es fundamental en el discurso sobre la colonialidad y la de(s)colonialidad del ser, integrándose con prácticas de desaprendizaje y reaprendizaje en los ámbitos teórico, artístico y político. Esto implica adoptar una racionalidad distinta a la academicista, promoviendo imaginarios alternativos y construyendo el proceso educativo desde la acción social, el diálogo comunitario y las voces silenciadas por la modernidad.

En consonancia con estas ideas, la educación popular, EP y EIB, debe seguir siendo entendida como una acción cultural orientada hacia la libertad. Es una pedagogía del diálogo de saberes, no del pensamiento único; de la pregunta, no de las respuestas repetidas; de lo grupal y colectivo frente a las prácticas pedagógicas que promueven el individualismo y la competencia; de la democracia y no del autoritarismo (Korol, 2006). Es una pedagogía de la libertad, que se rebela contra los conocimientos que sostienen y reproducen la dominación. Hace del acto de enseñar y aprender una manera de comprender y transformar el mundo. Es una pedagogía del placer, frente a aquellas que separan el deseo de la razón; de la sensibilidad y la ternura, frente a las que enseñan la agresividad y la ley del más fuerte como vía para integrarse al capitalismo. Incorpora los sentimientos, las intuiciones y las vivencias, involucrando todo el cuerpo en el proceso de conocimiento. En esta perspectiva, es una pedagogía anticapitalista, antiimperialista, libertaria y socialista (Korol, 2006).

La educación ha sido central en las luchas del movimiento indígena, integrando conocimientos ancestrales y la lengua materna en el ámbito pedagógico. La EP en Colombia y la EIB en México promueven la autonomía educativa y la identidad cultural, contrastando con la educación oficial impuesta. La educación popular y los movimientos indígenas consolidan una pedagogía liberadora que potencia la organización, resistencia y transformación social, destacándose en la lucha por la justicia y dignidad en la región. Frente al neoliberalismo, estas formas de educación resisten la privatización y mercantilización del conocimiento, fortaleciendo organizaciones indígenas y promoviendo la solidaridad, comunidad y justicia social. Estas iniciativas son fundamentales para la autonomía y reafirmación cultural, posicionando la educación como eje central en la construcción de un futuro justo y equitativo en América Latina. Modelos educativos alternativos preservan la identidad cultural y fomentan la crítica y resistencia, haciendo de la educación una herramienta esencial en la defensa de derechos y la construcción de una sociedad inclusiva y democrática.

FEMINISMOS, PEDAGOGÍA SOCIAL Y CRÍTICA EN EL CONTEXTO COMUNITARIO

Como hemos visto en apartados anteriores, el pensamiento crítico invita a analizar la realidad atendiendo a la reconstrucción desde lo subalterno, ubicado en lo popular y lo local, integrando la realidad sociocultural que ha quedado relegada en los márgenes por su falta de reconocimiento histórico. En esta misma línea, los feminismos han tratado de visibilizar la realidad invisibilizada y silenciada de las mujeres en distintos contextos sociales, culturales, políticos e históricos. Así, en cada una de las etapas históricas y en cada uno de los lugares del mundo se ha trabajado por el ideal de lograr la mejora de las condiciones de las mujeres, a fin de alcanzar la igualdad de género. Es por ello que compartimos con Jabardo (2012) en Martínez (2016) que no existe un feminismo mejor a otro, sino un feminismo contextualizado, que desde el saber teórico y la experiencia social busca los caminos necesarios para lograr la justicia social. Es en este primer enclave donde el feminismo se encuentra con la pedagogía social, concretamente con la pedagogía crítica, en su propósito de mejorar la realidad social, cuestionando los mecanismos de reproducción de la desigualdad. Es por ello que no se trata únicamente una cuestión centrada en la realidad de las mujeres, sino que analiza y cuestiona los roles de género que han sustentado la desigualdad entre hombres y mujeres, que han mantenido unas formas estereotipadas de masculinidad y feminidad, sobre las que se asienta el modelo heteronormativo y patriarcal que sustenta el neoliberalismo. En este apartado nos ocuparemos de analizar la relación que existe entre la pedagogía crítica y social y las pedagogías feministas, así como sus distintas manifestaciones en los espacios comunitarios. De esta forma, queremos integrar el análisis teórico con la realidad comunitaria, concretamente con las prácticas de participación comunitaria en el contexto de Usera (Madrid).

En primer lugar, es importante analizar qué entendemos por pedagogía crítica y pedagogía social en el contexto comunitario. Si bien en la primera parte del capítulo hemos analizado el recorrido histórico y conceptual de estos términos, en este apartado nos centramos en ponerlo en diálogo con el feminismo y las pedagogías feministas. Si entendemos la pedagogía crítica como el enfoque educativo centrado en la concientización y emancipación de los educandos para afrontar las desigualdades sociales-estructurales en pro de la justicia y equidad social, resulta fundamental analizar cuál es el contexto de desigualdad en el que se encuentran las mujeres. En este sentido, como marco general, podemos tomar de referencia los últimos informes de la ONU que a nivel global denuncian la falta de acceso a recursos sociales y educativos para niñas y mujeres, la fuerte presencia de trabajo no remunerado, especialmente en el contexto de cuidados domésticos y familiares, la presencia de violencias específicas contra las mujeres como la violencia sexual y la violencia de género, el impacto del cambio climático sobre las comunidades rurales y empobrecidas (justicia climática feminista) o las barreras específicas en el acceso al mercado laboral como el fenómeno de suelo pegajoso o el techo de cristal (ONU, 2023). Estos datos nos ubican en un contexto donde las mujeres y niñas no son reconocidas como sujetos comunitarios con las mismas condiciones y derechos, ya sea por una estructura legal o por prácticas sociales que no reconozcan su dignidad o las violenten. Este es uno de los enclaves que en 1791 denunció Olympe de Gouges en su obra *Declaración de los Derechos de la Mujer y de la Ciudadana*. Esta autora no solo se centró en los derechos de las mujeres como ciudadanas, sino que también trabajó en la defensa general de los derechos humanos, como la abolición de la esclavitud (Gouges, 1784). Si bien Gouges es una antecesora del feminismo, nos muestra las mismas inquietudes que posteriormente se configuraron en su origen durante el Renacimiento con la obra de Mary Wollstonecraft (2005), que buscaban lograr una sociedad donde las mujeres y los hombres tengan los mismos derechos tanto en el plano legal como en el relacional. Así pues, con distintos contextos y necesidades, nos encontramos con que en la actualidad sigue siendo necesario trabajar hacia el logro de esta realidad. De este modo, coincidimos con Martínez (2016, p.134) en que la agenda política internacional ha marcado un camino fundamental para el logro de dicho objetivo, véase el ejemplo de la autora:

El avance de la mujer y el logro de la igualdad entre las mujeres y los hombres es una cuestión de derechos humanos y una condición para la justicia social y no deben considerarse de forma aislada como un asunto de las mujeres. Es la única manera para instaurar una sociedad viable, justa y desarrollada. El empoderamiento de la mujer y la igualdad entre mujeres y hombres son condiciones indispensables para lograr la seguridad política, social, económica, cultural y ecológica entre los pueblos (Instituto de la Mujer y Plataforma para la Acción de Beijing, 1999, p. 16).

En este sentido, la pedagogía social juega un papel fundamental para el logro de dicha realidad, ya que tiene el objetivo de construir escenarios que favorezcan aprendizajes orientados a la mejora de la situación en el mundo de los sujetos, tanto individuales como colectivos, con los que trabajan (Úcar, 2016, p. 76-77). Para dicho fin, la pedagogía crítica le aporta tanto la mirada política y estructural, de la realidad social, como metodologías prácticas para transformarla, como hemos abordado en el primer apartado. Si bien el avance de la pedagogía crítica ha estado sustentado sobre la situación social en la que se contextualizaban los autores, no fue así con la teoría feminista o con la situación específica de las mujeres. De este modo, como señala Hooks (2021) haciendo referencia a la obra de Freire:

en Paulo (…) había un reconocimiento de la posición de sujeto de las personas más despojadas de todos los derechos, de aquellas que sufren el mayor peso de las fuerzas opresivas (con la salvedad de que no siempre admitía las realidades específicas de opresión y de explotación que tienen que ver con el género) (p.75)

La misma autora señala que si bien Freire puede ser criticado por un enfoque inicial sexista, su aporte sigue siendo valioso para inspirar teorías pedagógicas feministas y críticas con la realidad social. Este hecho nos conecta con otro enclave fundamental entre el feminismo, la realidad comunitaria y la pedagogía social y crítica, y es el contexto social en el que se integra la acción socioeducativa y las situaciones de opresión y privilegio que en dicha situación se dan. Así, como señaló Ellsworth (1999) es imprescindible que en la realidad educativa se dé un espacio de reflexión constante por parte del docente y los estudiantes, donde se cuestionen alianzas identitarias que puedan generar situaciones de opresión y desigualdad. Como indica la autora «no hay posiciones sociales exentas de volverse opresivas para otros» (Ellsworth, 1999, p.87). Por ello, se hace necesario otro de los aspectos que no estuvo presente en la pedagogía crítica original y que ha introducido el feminismo, esto es, el concepto de interseccionalidad (Hill Collins, 2019). Si bien se introdujo la perspectiva de opresión por motivos de clase y de etnia, no se tuvo en cuenta otros enfoques teóricos que se han creado para conceptualizar la realidad social. Así pues, la interseccionalidad propone que las formas de opresión y privilegio se sustentan sobre diferentes factores que confluyen en la realidad individual y colectiva de las personas, entre ellos Patricia Hill Collins destaca la orientación sexual, la apariencia física, el color de la piel, la clase socioeconómica, las capacidades físicas e intelectuales, la formación académica o la edad. Si bien podemos creer que estas variables pudieran estimular una praxis pedagógica donde se refuerzan las identidades individuales a modo de espacios estancos y se genere la confrontación, lo que aporta la experiencia pedagógica es que el resultado es lo opuesto. En palabras de un estudiante cuya docente integra una pedagogía crítica, feminista e interseccional:

> La gente cree que con profesores como Gloria todo gira en torno a las diferencias; pero lo que aprendí de ella tenía que ver en su mayor parte con las semejanzas, con lo que yo tenía en común como hombre negro con las personas de color, con las mujeres, los gais, las lesbianas, los pobres y cualquier otra persona que quisiera sumarse. (Hooks, 2021, p.41).

De este modo, problematizar la realidad social y reflexionar sobre ella en los espacios socioeducativos supone una herramienta que permite la creación de conocimiento a partir de la concientización. Es decir, como señalaba McClaren sobre el cuestionamiento a la diversidad cultural, es importante tener en cuenta que «todo saber está forjado en historias que se desarrollan en el campo de los antagonismos sociales» (Steinberg *et al.*, 2006, p.142). Por tanto, en la medida en que nos acerquemos al contexto social y podamos analizar, conceptualizar y comprenderlo en las mismas lógicas de ejes de opresión y privilegio, que analiza la pedagogía crítica, nos permitirá tanto visibilizar realidades silenciadas como generar conocimiento con las personas que en dichos ejes se sitúan.

Es desde este punto donde queremos abordar la experiencia comunitaria como un espacio tanto de creación de conocimiento como de transformación social. Así pues, teniendo en cuenta que el espacio público ha quedado históricamente relegado a lo masculino, donde la presencia de mujeres ha sido simbólica, es aún más importante tener una perspectiva de género. Para estudiarlo, planteamos los apuntes metodológicos señalados por Martínez (2016, p.139) con base en los principios básicos de conocimientos del sur (Sousa, 2010) y socio-pedagógicos y contra-hegemónicos (Freire, 2001) que indican:

- El empleo de las narrativas de cada sujeto que permite visibilizar tanto sus vivencias como el significado e interpretación que construye en torno a estas, para la mejora de su realidad individual y social, desde el reconocimiento de su agencia (Moriñas, 2017).

- El reconocimiento del saber, así como la construcción de conocimiento en espacios de colectivos diversos y vulnerados. Así como el rechazo a la creación e imposición de conocimiento universalizado (Ellsworth, 1999).

- La relación objeto-sujeto desde el respeto y reconocimiento de las subjetividades propias. Además, resulta necesario la interrelación de diversas fuentes de conocimiento y saber que valoren las voces subalternas de mujeres y hombres, así como de colectivos vulnerados por diferentes condicionantes sociales, políticos e históricos.

Estas formas de análisis e interpretación de la realidad nos han permitido aproximarnos a una realidad social concreta que se enmarca dentro de un Proyecto de Investigación e Innovación ubicado en diferentes territorios españoles caracterizados por la presencia de población migrante y con circunstancias socioeconómicas vulnerables. Concretamente, el análisis se llevó a cabo en el distrito de Usera en el movimiento social de vivienda Plataforma de Afectadas por la Hipoteca (PAH). En este espacio, caracterizado por su visión de apoyo y reivindicación del derecho a la vivienda, hallamos prácticas concretas que respondían a un modelo de pedagogía crítica feminista. En base a Martínez (2016, p.143) señalamos:

a) Partir de una educación política y feminista que fomente la ciudadanía activa en pro de la justicia social: la plataforma se constituye a partir de asambleas que se realizan semanalmente y se complementa con las iniciativas reivindicativas en espacios simbólicos o por efemérides. Previamente a estas acciones, los y las participantes son informados de los motivos que hay tras estas prácticas, deciden voluntariamente su participación, además se organizan de forma democrática repartiendo el trabajo y los recursos necesarios para llevar a cabo las acciones. Si bien en la mayoría de los casos están vinculadas con los asuntos de vivienda, en otros casos se participa desde la lucha por la justicia social en cuestiones de género, derechos laborales o derechos humanos en general.

b) Educar en la capacidad crítica desde prácticas que fomenten la comprensión del mundo como espacio diverso y transformable: la asamblea contaba, además de con la organización y respuesta a urgencias que surgían (desahucios o juicios), con un espacio formativo que ayudase a comprender tanto los procesos judiciales como las políticas públicas en torno a la vivida, de forma que aportaba un conocimiento amplio y contextualizado a la realidad individual de los participantes. Por otro lado, la experiencia de las y los participantes se basaba en prácticas de apoyo, solidaridad y aprendizaje compartido desde la propia experiencia. Así, era constante el lema *tú defiendes tu casa y nosotras te acompañamos* o *igual que yo he aprendido lo que no sabía, ahora quiero enseñar a los demás*. Además, las personas tenían diferentes necesidades particulares, por ejemplo, en algunos casos eran analfabetas, por lo que para facilitar la comunicación por canales *online* se empleaban mensajes de audio de aquellas cuestiones que involucraban a esas personas o que eran relevantes para el funcionamiento de la asamblea. Estás prácticas de cuidado estaban presentes en la mayoría de las y los participantes de la asamblea, siendo este un espacio feminizado.

c) Promover la dimensión dialógica a través de la diversidad de narrativas e historias de vida para la construcción colectiva de conocimiento desde las reflexiones compartidas: en las asambleas pudimos observar cómo cada vez que se planteaba una situación particular de un caso sobre vivienda, donde en la mayoría de las veces las personas venían angustiadas por dicha situación, cada uno de las y los participantes asesoraban con su experiencia, planteando diferentes alternativas y motivado a la persona perjudicada con las diferentes posibilidades que existían para afrontar la situación legal. En otras palabras, esta experiencia supone:

> Releer la realidad, nuestras prácticas, a partir del saber popular (...) y conocer las estrategias y prácticas colectivas que buscan la transformación y la liberación de las diversas opresiones y que reivindican la importancia de la alteridad para la construcción de un proyecto emancipador (VV.AA., 2007, p. 5)

De este modo, hemos podido observar cómo la vivienda, como espacio histórico de opresión e invisibilización de las mujeres, así como derecho fundamental de las personas que en muchas ocasiones se ve vulnerado, ha propiciado la creación de un espacio que integra la pedagogía feminista crítica desarrollando prácticas que permiten la concientización y el empoderamiento de personas vulneradas, en su mayoría mujeres. De esta forma, observamos que las prácticas pueden ser tanto opresoras como emancipadoras en función de los procesos, las relaciones y el sentido que se construya en estas.

DESAFIANDO EL NEOLIBERALISMO: HERRAMIENTAS CONTRAHEGEMÓNICAS DESDE LAS PEDAGOGÍAS CRÍTICAS

Desde la mirada de la pedagogía crítica, el proceso neoliberal impacta profundamente en la educación. En primer lugar, advertimos que los servicios públicos y la educación en el contexto actual de globalización neoliberal se han transformado en productos comerciales y mercantilizados, con una creciente privatización, reducción del presupuesto público y la incorporación de modelos de gestión del sector privado al sector público. La educación escolar y los servicios sociales —donde se inscribe mayoritariamente la educación social— están sometidos a la razón económica y tecnológica y no a principios de protección y mejora de la vida humana.

Algunas consecuencias son la segregación escolar por razones socioeconómicas y étnicas; la mutación de los objetivos socioeducativos al servicio del sistema productivo; la desatención de la lucha por la equidad y la redistribución de los bienes sociales, económicos y culturales; y el deterioro de la ciudadanía y la participación democrática en beneficio de los intereses y enriquecimiento de los agentes económicos.

El ocaso de la vida comunitaria debilita los vínculos de solidaridad, disloca las estructuras tradicionales de vida (familia, redes barriales, apoyo muto…) y produce malestar social, soledad, aislamiento y problemas de salud mental. La pérdida de derechos, atravesada por las jerarquías de clase, raza, etnia y sexogenéricas, conlleva la precariedad de las condiciones de vida, el empobrecimiento y el crecimiento de la desigualdad y la exclusión social con el deterioro de los dinamismos personales.

En segundo lugar, la educación social y la escolar se presentan como una práctica neutra y meramente técnica invisibilizando su politicidad. Sin embargo, el neoliberalismo es un proyecto cultural, político y social. La ideología neoliberal, que niega que lo sea, permea todo el sistema educando en un nuevo sujeto neoliberal individualista, para el que los vínculos sociales solidarios carecen de sentido, donde el sujeto solo tiene sentido por su rendimiento y su productividad. La despolitización de los problemas sociales los reduce a problemas psicológicos individuales. Las consignas de «No hay futuro» y «No hay alternativa» que han construido el neoliberalismo despojan a la ciudadanía de su capacidad de apropiarse de su propia vida y decidir su existencia. La educación crítica debe rescatar la idea de que la vida y la historia son una posibilidad, y de que tenemos capacidad de incidir en nuestro entorno. Debemos promover, de nuevo, la educación social de un sujeto crítico y reflexivo vinculado activamente al mundo que ponga en marcha acciones transformadoras que permitan la producción y desarrollo de una vida digna con un sentido comunitario y la rehumanización de nuestra vida y relaciones.

En tercer lugar, observamos en la confluencia entre las pedagogías críticas feministas y la educación popular en América Latina un reconocimiento y valoración de los saberes locales que históricamente habían sido silenciados e invisibilizados. Estos conocimientos se convierten en el eje vertebrador de los procesos pedagógicos en el ámbito comunitario, promoviendo la autonomía, la emancipación y la identidad cultural propia. Para lograrlo, se reconoce el potencial transformador de la educación como un enclave para cuestionar las estructuras de poder dominantes. Es, por tanto, tanto causa como consecuencia de la pedagogía crítica feminista y la educación propia indígena, ya que, a través del cuestionamiento de las relaciones de poder y la promoción de reflexiones y prácticas, se generan procesos pedagógicos que no obstaculizan la agencia de las comunidades marginadas y favorecen la justicia social como objetivo primordial.

En cuarto lugar, queremos destacar el enfoque interseccional como un componente fundamental para entender la realidad social a la que nos enfrentamos como educadoras y educadores. Este aspecto es esencial, ya que revela las múltiples formas de opresión que atraviesan tanto a individuos como a colectividades. La inclusión de esta perspectiva favorece la creación de procesos educativos contextualizados que integran las complejidades culturales, sociales y políticas en las que se desarrollan. De esta manera, se facilita una comprensión más profunda y holística de los desafíos que enfrentan las comunidades, promoviendo estrategias pedagógicas que son inclusivas y reflexivas.

En quinto lugar, tanto la educación popular como la pedagogía crítica feminista fomentan la acción colectiva y la resistencia como herramientas esenciales para enfrentar las injusticias sociales y educativas. Ambos enfoques subrayan la importancia de la organización comunitaria y la movilización política como medios fundamentales para generar cambios estructurales y promover una participación ciudadana activa y consciente. Estas metodologías fortalecen a las comunidades para identificar y desafiar las opresiones sistémicas, facilitando así procesos de transformación social profunda y sostenible.

Además, ambos movimientos educativos cuestionan los sistemas educativos tradicionales por su incapacidad para responder adecuadamente a las necesidades de las comunidades marginadas y vulnerabilizadas. Proponen alternativas educativas que son inclusivas, participativas y contextualizadas, con el objetivo de promover la igualdad, la diversidad y la justicia social como principios fundamentales. A través de la crítica constructiva, se aboga por la creación de entornos educativos que reconozcan y valoren la diversidad cultural, social y de género, fomentando así una educación más equitativa y justa.

Finalmente, la convergencia entre la educación popular en América Latina y la pedagogía crítica feminista en Usera, Madrid, evidencia un compromiso compartido con la valorización de los saberes locales, la transformación social, la inclusión de la interseccionalidad, la promoción de la acción colectiva y la crítica constructiva a los sistemas educativos vigentes.

Estos puntos en común destacan cómo ambos enfoques no solo pueden colaborar y fortalecerse mutuamente, sino también ofrecer un marco teórico y práctico robusto para avanzar hacia sociedades más equitativas, justas y culturalmente diversas. La sinergia entre estos movimientos educativos pone de relieve la necesidad de una educación que sea verdaderamente transformadora, capaz de desafiar y reconstruir las estructuras de poder existentes y de promover una ciudadanía activa y comprometida con la justicia social.

REFERENCIAS

Baronnet, B. (2009). *Autonomía y educación indígena: las escuelas zapatistas de las cañadas de la selva lacandona de Chiapas México*. COLMEX.

Baronnet, B. (2015). Derecho a la educación y autonomía zapatista en Chiapas, México. *Convergencia Revista de Ciencias Sociales*, 67, 85-110. https://convergencia.uaemex.mx/article/view/2183.

Bolaños, G., & Tatay, L. (2013). La educación propia, una realidad oculta de resistencia educativa y cultural de los pueblos. En L. Cendales, M. R. Mejía, & J. Muñoz (Eds.), *Entretejidos de la educación popular en Colombia* (pp. 65-80). Ediciones Desde Abajo.

Bonfiglio, G. (2016). Los Orígenes del Desarrollo de la Comunidad. *Revista Pacífico Trabajo Social*, Universidad del Pacífico ISSN, 25-35.

Bonfil-Batalla, Guillermo. 1982. «Etnodesarrollo: sus premisas jurídicas, políticas y de organización». En F.Rojas Aravena (Ed) *América Latina: Etnodesarrollo y etnocidio*, (pp.131,145). Ediciones Flacso.

Caviedes, M. (2015). El debate sobre la educación escolar indígena: posibilidades desde el análisis antropológico. En M. Caviedes y M. Díaz (Eds.), *Infancia y educación. Análisis desde la antropología* (pp. 219-235). Editorial Universidad Javeriana.

Cendales, L., & Mariño, G. (2004). Educación no formal y educación popular. Fe y Alegría.

Crenshaw, Kimberle (1989), Demarginalizing the Intersection of Race and Sex: A Black Feminist Critique of Antidiscrimination Doctrine, *Feminist Theory and Antiracist Politics, University of Chicago Legal Forum*, 1989, pp. 139-167.

Davalos, P. (2005). Movimientos Indígenas en América Latina: el derecho a la palabra. En CLACSO (Ed.), *Pueblos indígenas, estado y democracia* (Colección Identidad Cultural; Mujeres Indígenas; Agua; Democracia; Estado; Pueblos Indígenas; Movimientos Indígenas; Gobernabilidad; Globalización; América Latina). CLACSO. Disponible en: http://bibliotecavirtual.clacso. org.ar/clacso/gt/20101026124338/2Davalos.pdf.

De Gouges, O. (2020). *Déclaration des droits de la femme et de la citoyenne.* Fayard/Mille et une nuits.

Dussel, E. (1973). *América Latina: dependencia y liberación.* Buenos Aires: Fernando García Cambeiro.

Dussel, E. (1998). Arquitectónica de una ética de la liberación en la Edad de la Globalización y la Exclusión. *Laval théologique et philosophique, 54*(3), 455-471.

Ellsworth, E. (1999). ¿Por qué esto no parece empoderante? En M. Belausteguigoitia, y A. Mingo (Eds.), *Géneros prófugos: Feminismo y educación* (pp. 55-88). Universidad Nacional Autónoma de México (UNAM).

Escobar, A. (1999). Antropología y desarrollo. *Maguaré*, (14), 42-73.

Borda, O. F. (1987). Democracia y participación: algunas reflexiones. *Revista Colombiana de Sociología*, 5(1).

Fals Borda, O. (1995). Investigación Acción, ciencia y educación popular en los 90'. La Habana: Consejo de Educación de Adultos de América Latina - CEAAL, Taller Internacional.

Freire, P. (1970). *Pedagogía del oprimido.* Tierra Nueva.

Freire, P. (1994). *Cartas a quien pretende enseñar.* Siglo XXI.

Freire, P. (2001). *Pedagogía de la indignación.* Morata.

Gajardo, M. (2016). *Paulo Freire sin barba. Crónicas de sus años en Chile.* (s. ed.).

Gouges, O. (1784). *Zamore et mirza, ou l'heureux naufrage.* (s. ed.).

Guido Guevara, S. P., & Bonilla García, H. A. (2013). Capítulo 1. Pueblos indígenas y políticas educativas en Colombia: encantos y desencantos. En Universidad Pedagógica Nacional (Ed.), *Experiencias de educación indígena en Colombia: entre prácticas pedagógicas y políticas para la educación de grupos étnicos* (pp. 19-57). Universidad Pedagógica Nacional.

Hill Collins, P. (2019). *Interseccionalidad.* Morata.

Hooks, b. (2021). *Enseñar a transgredir. La educación como práctica de la libertad.* Capitán Swing.

Instituto de la mujer. (1999). *Declaración de Beijing y plataforma para la acción. IV Conferencia Mundial sobre las mujeres.* (Número 19). Ministerio de Trabajo y Asuntos Sociales- Instituto de la Mujer.

Jabardo, M. (2012). *Feminismos negros. Una antología.* Traficantes de Sueños.

Korol, C. (2006). *Pedagogía de la resistencia y de las emancipaciones.* CLACSO, Consejo Latinoamericano de Ciencias Sociales.

Lillo, N., & Roselló, E. (2004). *Trabajo social comunitario. Murcia: Diego Marin,[sd].*

López, L. E. (2022). Prólogo. En A. L. Gallardo & C. Rosa (Eds.), *Epistemologías e interculturalidad en educación* (Primera edición). México: Universidad Nacional Autónoma de México.

Marchioni, M. (1999). *Comunidad, participación y desarrollo.* Editorial Popular, 27.

Marchioni, M. (1967). Iniciativas para el desarrollo comunitario en comarcas rurales. *Revista De Estudios Agrosociales,* 61, 29-65.

Martínez Martín, I. (2016). Construcción de una pedagogía feminista para una ciudadanía transformadora y contra-hegemónica. *Foro de Educación,* 14(20), 129-151. doi: http://dx.doi.org/10.14516/fde.2016.014.020.008.

Moriñas, A. (2017). *Investigar con historias de vida. metodología biográfico-narrativa.* Narcea.

Rojas Curieux, T. (2019). Una mirada a los procesos en torno a la educación con los pueblos indígenas en Colombia. *Voces Y Silencios. Revista Latinoamericana De Educación,* 10(1), 9-34. https://doi.org/10.18175/vys10.1.2019.03.

Sousa, B. (2010). *Descolonizar el saber, reinventar el poder.* Trilce.

Steinberg, S. R., McLaren, P., & Kincheloe, J. (2006). Interview 5: Critical multiculturalism and democratic schooling: A conversation with Peter McLaren and Joe Kincheloe. *Counterpoints,* (295), 139-162. http://www.jstor.org/stable/42978942.

Tattay Bolaños, L. (2010). Niños y niñas del Cauca indígena. En F. Correa Rubio (Ed.), *Infancia y trabajo infantil indígena en Colombia* (pp. 151-198). Editorial Universidad Nacional de Colombia.

Torres Carrillo, A., *et al.* (2018). ¿Dónde está lo crítico de la educación popular? En A. Guelman *et al.* (Eds.), *Educación Popular y Pedagogías Críticas*

En América Latina y El Caribe: Corrientes Emancipatorias Para La Educación Pública Del Siglo XXI (pp. 173-190). CLACSO. https://doi.org/10.2307/j. ctvt6rk9v.12.

Trujillo Campo, A. N., & Gómez Ruiz, L. C. (2015/2016). Educación popular y educación propia: ¿alternativas pedagógicas para la construcción de paz en Colombia? *Forum. Revista Internacional de Educación*, 8/9, 53-74.

Úcar, X. (2016). *Relaciones socioeducativas: La acción de los profesionales.* Editorial UOC.

VV.AA. (2007). *Hacia una pedagogía feminista. Géneros y educación popular.* Pañuelos en Rebeldía.

Walsh, C. (2014). Pedagogías decoloniales caminando y preguntando: notas a Paulo Freire desde Abya Yala. *Entramados: educación y sociedad, 1*(1), 17-30. Recuperado de https://fh.mdp.edu.ar/revistas/index.php/entramados/ article/view/1075.

Wollstonecraft, M. (2005). *Vindicación de los derechos de la mujer.* ISTMO.

LA FAMILIA ES UNA REALIDAD DE ACOGIDA INSUSTITUIBLE

Para F., A., W. y D.

Bianca Thoilliez (Universidad Autónoma de Madrid)
Fernando Gil Cantero (Universidad Complutense de Madrid)

«Fundar una familia. Creo que me hubiera
sido más fácil fundar un imperio»
Emil Ciorán

LOS NIÑOS RECLAMAN PERTENECER, SER HIJOS DE ALGUIEN

Nuestro objetivo en este capítulo es defender que la familia es una forma de vida, con unas funciones reconocibles y trasmisora de unos bienes insustituibles que solo pueden surgir de la relación tríadica entre padre, madre e hijo y, mejor, hijos. No pretendemos abogar por una definición esencialista de la familia, pero sí partimos de una decidida afirmación funcionalista de la misma. Buscamos, además, testimoniar desde nuestra experiencia personal como familia de acogida reflexionando sobre lo que esta puede decir, de manera más general, acerca de la educación en el ámbito familiar.

Dos cuestiones previas, *disclaimers* o avisos a quienes navegarán estas páginas: (i) La experiencia de la que partimos es, ante todo, personal. Quienes escribimos estas líneas llevamos casados catorce años y hemos acogido, por ahora, a tres vidas en el seno de nuestra familia. No aspiramos a universalizar nuestras vivencias, sino a compartirlas, teorizándolas, de manera que puedan abrir un espacio de reflexión más amplio sobre la familia y sus funciones educativas. (ii) Esta es la primera vez que escribimos juntos (las listas de la compra no cuentan, ni tampoco las notas cariñosas de la nevera). Un momento que hemos demorado intencionadamente, por diferentes razones, que no sabemos si repetiremos, pero que decidimos hace mucho tiempo que, de darse, tendría que ser necesariamente sobre la obra familiar a la que nos aventuramos y que hemos ido tejiendo en la privacidad de nuestras vidas: un proyecto familiar que nos trasciende, que a menudo nos supera, y al que esperamos poder hacerle alguna justicia en este primer intento de articulación escrita tras años de *pillow talks*.

En este capítulo, trenzaremos pues las que son nuestras experiencias con nuestras respectivas formaciones como teóricos de la educación (Hitz, 2025). En primer lugar, propondremos una aproximación a la obra de Massimo Recalcati que nos ayude a consolidar la triada padre-madre-hijo para lograr salvaguardar hoy, ante tantos experimentos familiares, las funciones diferenciadoras de los dos primeros que contribuyen decisivamente, más aún en las familias acogedoras, a cultivar la subjetividad de los hijos. La referencia a Recalcati será importante y sobre la que organizaremos parte del texto, pero, como se verá, trataremos de reforzar y subrayar, según el caso, varios de sus argumentos recurriendo a otros autores. En segundo lugar, y afirmadas las funciones esenciales de la triada padre-madre-hijo(s), señalaremos algunas cuestiones concretas para comprender hoy cómo los problemas a los que nos hemos enfrentado como familia de acogida pueden ayudar a cualquiera que pretenda ser-familia (gestando, adoptando, acogiendo) y, también, a cualquiera interesado por el ser y sentido de la familia.

En la historia de la Pedagogía existen importantes precedentes que muestran cómo pensar y practicar la educación en contextos extremos o difíciles puede llevarnos a formular principios y métodos que resultan ser particularmente efectivos y favorecedores para todos. Este enfoque es análogo al que proponemos aquí: al considerar nuestra experiencia familiar como algo fuera de lo común, en los márgenes de lo que se considera «normal», hemos llegado a conclusiones que, creemos, pueden ofrecer un buen servicio cuando se aplican a experiencias familiares más ordinarias. Vivimos en un momento de opulencia cultural, donde cualquier forma vanguardista de convivencia familiar puede imaginarse, crearse y experimentarse. Sin embargo, en este contexto de abundancia, a menudo olvidamos las situaciones de carencia. En la opulencia luminosa, donde todo parece posible, corremos el riesgo de perder de vista lo esencial. La contaminación lumínica, acústica y espacial que nos rodea en esta era de exceso puede cegarnos ante las necesidades fundamentales de un niño, esas que solo se revelan con nitidez en la oscuridad de la carencia. En la penumbra de un espacio sin lujos, donde una criatura no tiene a nadie que la cobije, es donde percibimos con mayor claridad lo que realmente necesita un niño: seguridad, amor, y una estructura familiar que le permita crecer y desarrollarse plenamente.

Es cierto que hay y que ha habido soluciones organizativas distintas, pero las experiencias de vida familiar alternativa que han incluido la crianza de niños no han salido bien (desde las comunas contraculturales que surgieron durante la década de 1960 y 1970 (Toledo Machado, 2022) en Estados Unidos y Europa occidental, a los experimentos de institucionalización durante las primeras décadas de la Unión Soviética (Kaminski, 2011). Existen también atractivas teorías contemporáneas como las propuestas de «making kin» o creación de parentesco de Dora Haraway (2016), pero limitadas en su validación experiencial (en su propia biografía la organización familiar solo ha implicado, hasta la fecha, a personas adultas y a perros).

Hacer experimentos con vidas humanas en proceso implica riesgos que no parece que estemos dispuestos a correr. Hay caminos existenciales que sólo es legítimo explorar desde la libertad y responsabilidad adultas. Implicar, por el contrario, a niños en experimentos familiares puede considerarse una forma de abuso. De hecho, contamos con leyes que protegen a los niños tanto de experimentos familiares planificados —por ejemplo, la vida en comunidades sectarias— como de otros espontáneos o no intencionados —nos referimos a situaciones familiares que toman formas variables de desatención, abuso y deprivación—. En ambos escenarios, nos encontraríamos con diferentes grados de intervención de los servicios sociales para «proteger» a esos niños.

LA FAMILIA COMO IMPERATIVO: ARGUMENTOS FILOSÓFICO-EDUCATIVOS

Nuestra experiencia como familia de acogida es que allí donde ha habido carencia o disfunción, los niños reclaman, en imperativo, sedientos y casi a gritos la personificación de las funciones del padre, de la madre y aún del hermano, así como un lugar en el mundo como hijos de alguien. Reclaman pertenecer y echar raíces, como una especie de huella antropológica atávica, una llamada existencial que reclama ser ocupada, colmada, cumplida. La carencia hace, a nuestro juicio, que se manifieste con más nitidez una serie de necesidades que sólo puede responderse desde una formulación en imperativo de la familia.

Y es que la familia, en su diversidad de formas y configuraciones contemporáneas, sigue siendo el espacio primordial donde se gesta y se desarrolla la identidad de los individuos. A lo largo de la historia, la función educativa de la familia ha sido un pilar esencial en la transmisión de valores, creencias y conocimientos. En el mundo actual en el que las instituciones educativas, los medios de comunicación y las redes sociales juegan un rol cada vez más predominante en la formación de los jóvenes, surge la pregunta de si la familia mantiene su relevancia insustituible en el ámbito educativo.

Massimo Recalcati, que es un destacado psicoanalista italiano, aborda esta cuestión en sus obras: *El complejo de Telémaco* (2014), *¿Qué queda del padre?* (2015), *Las manos de la madre* (2018) y *El secreto del hijo* (2020). En estos textos, Recalcati no solo explora las transformaciones de las figuras parentales en la sociedad contemporánea, sino que también subraya la importancia actual de la familia como un espacio único e insustituible en el proceso de educación y formación de la subjetividad del individuo. En la exploración de la triada padre-madre-hijo que iniciamos a continuación, constatamos que es importante que sea preservada, que es más sencillo, por socialmente eficiente y psicológicamente menos demandante, practicarla cuando se da una unión amorosa estable y comprometida entre un padre-varón y una madre-mujer, pero que no es, en principio, imposible que en otras configuraciones de convivencia familiar puedan darse las funciones de padre y madre, siendo ejercidas y asumidas por diferentes personas, de manera que el hijo pueda existir y desenvolverse como tal.

El padre

Con respecto al padre, Recalcati parte de la premisa de que la figura del padre ha atravesado una profunda crisis en la modernidad pero que sigue siendo imprescindible como representación ejemplarizante de la asunción de la ley, de las normas, de los límites. La caída del «Nombre del Padre», concepto lacaniano que hace referencia a la función simbólica del padre como portador de la Ley y el orden, ha dado lugar a una sociedad donde las figuras de autoridad están en declive. Sin embargo, Recalcati argumenta que esta crisis no implica la desaparición de la función paterna, sino su transformación. La figura del padre, según Recalcati, debe ser entendida ahora más allá de la autoridad tradicional y patriarcal, pero sigue siendo el guardián de la norma, quien introduce al hijo en el orden simbólico, enseñándole los límites y ayudándolo a construir una relación saludable entre el deseo y la Ley. Como señala Recalcati, «el padre ya no es aquel que impone su poder, sino aquel que, como testigo de la Ley, ofrece al hijo una orientación ética que da sentido a su existencia» (2014, p. 45). La autoridad paterna es defendida como una guía ética, esencial para la formación de una subjetividad capaz de controlar el deseo y enfrentar las inevitables frustraciones de la vida.

En este sentido, la función del padre en la educación familiar sigue siendo imprescindible ya que introduce al hijo en la dimensión normativa de la existencia, proporcionándole las herramientas necesarias para lidiar con la realidad y con sus propios impulsos. Hadjadj (2021) subraya que es el padre quien coge en brazos al hijo, pero que lo «carga sobre sus hombros: hace de caballo, no de cuna». El padre es quien «enseña al niño a cabalgar hacia el mundo en el que las cosas y las palabras conversan sin llegar a confundirse nunca» (pp. 90-91). Y lo hace porque «el padre, con una tutelar patada en el trasero, te saca a empujones a la vida para que salgas a la aventura» (p. 114). Frente a la crisis del padre no se trata, por tanto, de asistir impasibles a su ocaso, sino de reinventar su rol de autoridad (distinta de toda forma de autoritarismo, alejada también de derivas amicales, ejerciente en nuevos y más variados frentes) pues su función sigue siendo esencial para el desarrollo del individuo (Gil Cantero, 2023). El padre, en la medida que es también, como bien indica Reeves (2023, pp. 91-92), una «institución social» puede actualizarse por la vía de poner en el centro la «relación directa con los hijos», favoreciendo así «ampliar las funciones de los hombres». Puesto que, ciertamente, «la paternidad es una institución social primordial, que moldea la masculinidad madura más que ninguna otra»[1].

---

[1] Este mismo autor señala, siguiendo numerosas investigaciones sociológicas, que en la medida que los hombres han perdido su condición de sostén de la familia, esto es, de padres proveedores, han perdido también cierto sentido del cuidado de la prole y de vinculación con el mercado laboral pues «los

Bien, pero ¿cómo puede traducirse, introducirse, preservarse este imperativo a la experiencia familiar cotidiana? ¿Qué función(es) queda(n) del padre? Pensemos, por ejemplo, en la transmisión del valor de la honestidad que cotidianamente consiste en invocar el mandato de autoridad de «No se miente». La función del padre aquí no debe consistir en indicar el mandato despóticamente, sino, al contrario, encarnarlo, ser manifestación y expresión viva de su cumplimiento debido a su importancia. Ser el primero en no transgredirlo. Disculparse, explicarse, cuando lo haya hecho. Ejemplarizar su relevancia frente al hijo mostrando cómo, como padre, limita su propia libertad para el cumplimiento del mandato y, debido a dicha ejemplarización, de dicha encarnación del valor, pedir y esperar que el hijo se dirija por la vida del mismo modo (Gomá, 2025).

Pero ¿qué hacer ante un hijo que se acoge y para quien la mentira, durante años, le ha evitado golpes, permitido conseguir cenar esa noche, ha sido practicada sin reparos por otros adultos de su entorno? Nos encontramos con niños que mienten igual que respiran (asistir a inverosímiles, ilógicos, tragicómicos «yo no he sido»), que manipulan el entorno en lugar de enfrentarlo (escuchar un «¿tú has probado alguna vez esas galletas?» en un supermercado, en lugar de un más llano «¿podemos comprar esas galletas?»), sin ningún tipo de conciencia de que está mal, de que hace imposible la convivencia en confianza, que impide fiarse del otro… Pero es que esta ha sido su vida y gracias a la mentira han sobrellevado sus penosas circunstancias. Restaurar su existencia pasa por construir desde cero el aprecio de la verdad, experimentar qué es eso de poder confiar en otra persona, valorar el respeto a la palabra dada

hombres que no son proveedores, o que al menos no se ven a sí mismos como tales, trabajan menos» (Reeves, 2023, p. 86). Por otra parte, según numerosos estudios que Reeves recoge, «los hombres sin cónyuge suelen ser un desastre. En comparación con los hombres casados, su salud es peor, sus índices de empleo son más bajos y sus redes sociales más endebles» (Ibid., p. 87).

y a la verdad por encima de la mentira. El respeto y el aprecio a la honestidad pueden restaurarse, pero pasa por la combinación de la explicación directa de su valor —no instrumental— y, sobre todo, su encarnación por parte de la figura de la autoridad principal. Si esto es cierto para un esfuerzo de restauración como el que se realiza cuando se acoge a un hijo con cinco, siete o nueve años, exactamente lo mismo cuando el niño se cría desde su nacimiento (sólo que, en principio, la huella educativa se inscribirá más sencillamente, *al no tratarse de una corrección sino de una primera inscripción*).

La madre

Con respecto a la madre, Recalcati centra su análisis otorgándole una importancia central en la constitución del deseo y la subjetividad del hijo. La madre, en la visión de Recalcati, no es simplemente la figura del cuidado y la protección, sino también la que sostiene el deseo del hijo, ofreciéndole un espacio seguro desde el cual explorar el mundo y desarrollar su identidad. La maternidad, según Recalcati, se manifiesta no solo en el cuidado físico, sino en la capacidad de la madre para sostener y acompañar el deseo del hijo sin sofocarlo ni imponerle sus propias expectativas. La madre ideal, en este sentido, es aquella que «sabe retirarse en el momento justo, permitiendo que el hijo encuentre su propio camino, pero siempre estando allí, en la retaguardia, ofreciendo su presencia como un lugar seguro al que regresar» (Recalcati, 2018, p. 67). La función de la madre es, por tanto, doble: por un lado, es la figura que nutre, cuida y protege; pero por otro, es también la que sabe retirarse para no ahogar el deseo del hijo, permitiéndole así convertirse en un sujeto autónomo. Este equilibrio es fundamental para la educación en el ámbito familiar, ya que ofrece al hijo la seguridad necesaria para explorar su propia identidad, mientras le proporciona un soporte emocional indispensable. La figura de la madre, en la visión de Recalcati, es insustituible porque combina el amor incondicional con la capacidad de sostener el deseo del hijo sin imponerle una dirección determinada.

También, con respecto a las funciones de la madre, ¿cómo se traduce en la experiencia familiar? El niño que ha sido abandonado y/o ha experimentado la desatención de sus necesidades físicas y emocionales, vive instalado en la ansiedad de la pérdida. La falta de certeza de que, si cae, la madre estará allí para sostenerlo. Experimentarse solo en el mundo, sin un soporte seguro, con un apoyo intermitente o cambiante o inestable. Tanto es así que «si el hado adverso le ha deparado un nido helado, nunca podrá echar de sus huesos el frío» (Palacio Valdés, 1929). Uno podría pensar que esta experiencia daría como fruto niños «duros», «autónomos», «independientes». Pero es todo lo contrario, el agujero de inseguridad que esto causa es enorme. Nos hemos encontrado con niños reactivos a la experiencia de cuidado, soberanos de sí mismos solo en apariencia, que se te muestran o bien llenos de inseguridad o, por el contrario, enmascarados tras lo opuesto. Pero es que uno sólo puede emanciparse (decididamente paso fundamental en el hacerse adulto, ganar el dominio de sí) si antes experimentó la dependencia. Uno explorará más, mejor y con mayor profundidad la existencia en la medida que haya experimentado el crecimiento en el respaldo de la seguridad de unas manos que te sujetarán, consolarán, alimentarán. Recuperar esta experiencia en quienes han vivido atenciones de la madre de manera inconsistente y fallida en sus primeros años de vida es posible y difícil. Insistiendo, multiplicando y acentuando las experiencias de cuidado, atención, disponibilidad. No es un camino distinto al que deberían haber vivido ni del que viven otras familias. Se trata, más bien, justamente de aplicar el mismo arado, sólo que bajo el imperativo de surcar la vida de un modo tal que pueda recuperarse algo del tiempo y del amor materno perdidos.

Unas manos prudentes que sepan, también, llegado el momento (con cada hijo es distinto) saber cuándo retirase, cuándo dejarlo solo para que se desenvuelva sin la presencia cálida de la madre, para que se asome al mundo donde siempre hace más frío. El seno materno es a la vez una realidad corporal y un mundo simbólico. Para Hadjadj (2021) «(e)s difícil descubrir a la madre: es ella quien nos envuelve; *no es alguien en un lugar*, sino el lugar donde nadamos inmersos en una levedad voluptuosa» (p. 91; cursiva añadida). Los hijos que hemos acogido han reclamado ambos aspectos, han pedido entrar y han requerido descansar física y simbólicamente en el regazo materno en un marco temporal distinto al de sus coetáneos de infancias más pacíficas. Son hijos que han tenido que desenvolverse prematuramente en el frío del mundo, y que, al encontrarse más tarde con un seno materno distinto en el que poder refugiarse y fortalecerse, han pedido permanecer allí, también, en un marco temporal distinto al de otros niños de su edad. Al final, pensamos, han buscado y buscan hacer el mismo camino que cualquier otro niño, aunque el orden haya tenido que ser distinto. La disponibilidad materna es también por ello más exigente y animada de más sorpresas. Las decisiones maternas sobre cuándo retirarse y cómo, llegado el caso, dar algún empujón hacia el exterior o al interior del nido, son también más difíciles de tomar, más complicadas, más sufridas.

El hijo

Por último, la obra de Recalcati invita también a adentrarse en la dimensión menos explorada de la dinámica familiar: la del hijo como sujeto autónomo y misterioso. Recalcati subraya que el hijo no es un simple receptor de la educación y los valores parentales, sino un sujeto con su propio deseo, su propia autonomía y, crucialmente, con su propio secreto. El «secreto» del hijo, según Recalcati, es esa parte irreducible de su subjetividad que permanece inaccesible incluso para los padres. Este misterio es esencial para la constitución de la identidad del hijo, ya que le permite mantener una esfera íntima propia, desde la cual puede desarrollarse de manera auténtica. Recalcati afirma que «los padres deben aprender a respetar el secreto del hijo, esa parte de su ser que escapa a todo control, porque es precisamente en ese secreto donde se juega la verdad de su subjetividad» (Recalcati, 2020, p. 83). La educación del hijo, desde esta perspectiva, no consiste en moldear al hijo a imagen y semejanza de los padres, sino en acompañarlo en el descubrimiento de su propio ser, con la disciplina necesaria que vaya respetando poco a poco su autonomía, su singularidad, su misterio. Este respeto por la singularidad del hijo es un componente crucial en la función educativa de la familia, ya que le permite al niño o al joven desarrollar una identidad propia reguladora y exigente con sus propios deseos.

Recalcati ilustra las versiones patológicas de la relación con el hijo con las historias de *Edipo* y *Hamlet*. En la tragedia de Edipo, el hijo es visto como un rival para el padre, lo que lleva a una relación destructiva donde la identidad del hijo se define en oposición al padre. Edipo, al matar a su padre y casarse con su madre, simboliza el deseo inconsciente de ocupar el lugar del padre, una transgresión que conlleva la tragedia familiar y personal. Una tragedia anunciada y de la que, siguiendo la tradición griega, no hay escapatoria ni redención posibles.

En *Hamlet*, Recalcati encuentra otra versión patológica de la relación padre-hijo, donde el hijo queda atrapado en la imposibilidad de actuar, paralizado por la sombra del padre muerto. Hamlet no puede emanciparse de la figura del padre, lo que lo condena a la inacción y a la melancolía. Aquí, la figura del padre, que se caracteriza por su ausencia, se convertiría en un obstáculo insuperable para el desarrollo del hijo.

Recalcati contrasta estas historias con la narración bíblica del sacrificio de Isaac, que es llevada a su máxima expresión en la parábola del hijo pródigo en el Evangelio de Lucas. En el sacrificio de Isaac, la relación entre padre e hijo no se basa en la rivalidad o la imposibilidad de la emancipación, sino en la renuncia del padre a poseer al hijo. Abraham está dispuesto a sacrificar a Isaac, pero al final, el sacrificio no se consuma, simbolizando la aceptación de la alteridad y la autonomía del hijo. Esta aceptación es aún más clara en la parábola del hijo pródigo, donde el padre permite que el hijo se aleje y falle, pero lo recibe de vuelta sin reproches. Aquí, el hijo no es visto como un rival ni como un perpetuo dependiente, sino como un ser autónomo cuya libertad es respetada, lo que permite una relación marcada por la incondicionalidad del amor paternal.

Así, con respecto al hijo, ¿cómo traducir ese espacio en la experiencia familiar? Un buen lugar por el que empezar es que uno, da igual cuántos genes se compartan, nunca conocerá ni por supuesto poseerá del todo al hijo, y que este es un deseo del que los padres debemos huir. Que, lo propio, es que el hijo sea un misterio que se va amplificando[2] y que el amor puede prevalecer en esas condiciones. Que es, de hecho, a lo que está llamado. En la familia que acoge, frente a la que además engendra, el riesgo de desarrollar amor de posesión hacia el hijo, o de buscar en ellos su propio reflejo, es menor. Aquí la ausencia de consanguineidad facilita la práctica de hábitos parentales más desprendidos, en lo que se da gratuitamente y en lo que no se espera. Pero, volviendo a la parábola del hijo pródigo, lo importante no es que el hijo regresase y fuese recibido sin rencor por el padre, sino que ese mismo padre, sin saber si ese

---

[2] Este pasaje de la novela Lecciones del escritor inglés Ian McEwan (2023, pp. 18-19) expresa muy bien esta inexorable realidad: «No tenía nada que hacer salvo ser una cama para su hijo. Contra el pecho sentía el latir del corazón de su hijo, justo casi el doble de rápido que el suyo. Sus pulsos se acompasaban y se iban desacompasando, aunque algún día siempre irían desacompasados. Nunca estarían tan unidos. Lo conocería menos bien, luego menos aún. Otros conocerían a Lawrence mejor que él, dónde estaba, qué estaba haciendo y diciendo, cada vez más unido a este amigo, luego a esta amante. Llorando a veces, solo. De su padre, alguna que otra visita, un abrazo sincero, una puesta al día sobre el trabajo, la familia, algo de política, luego la despedida. Hasta entonces lo sabía todo sobre él, dónde estaba en todo momento, en todo lugar. Él era la cama del bebé y su dios. El largo alejamiento, le gustara o no, podía ser la esencia de la paternidad y desde aquí era imposible concebirlo».

hijo algún día volvería arrepentido o no, fue despedido con esa misma falta de rencor. Entre las capacidades del padre de la parábola nunca estuvo controlar si el hijo iba o volvía, de hecho, no controló ninguno de los dos momentos. Lo grandioso y determinante, porque es lo que sí dependió de él, fue su capacidad de decir adiós y, llegado el caso, recibirlo de vuelta.

Experimentar la decisión de un niño de querer ser hijo tuyo, construir una relación de filiación con él, pasa por que quiera compartir parte de su secreto contigo. Y pasa también por aceptar, de una forma quizá más intensa que si el hijo hubiese nacido en la familia, su potencial alejamiento (desde una posible ruptura en el paso a la vida adulta, a la medida administrativa de retorno a familia de origen). Dejarte ser su padre y su madre (que es lo que te piden realmente, no quieren ser huéspedes, desean habitar como hijos de pleno derecho el hogar) aceptando la fragilidad de tu estatus, hace que aceptar el alejamiento pueda ser más doloroso, a veces más difícil, porque no hay un linaje que asegura la inmutabilidad de la filiación biológica.

La finitud del amor paterno-filial es una posibilidad siempre cierta en todas las familias, pero que la materialidad de las herencias genéticas (puedes llevar el estilo de vida más saludable que quieras, pero eso no te salvará de enfermar de ciertas patologías que traes de serie), onomásticas (puedes alterar el orden de sus apellidos, pero no puedes cambiar de apellidos —puedes cambiar de nombre y hasta de sexo administrativamente, pero tus apellidos son los que son—) y patrimoniales (en nuestro ordenamiento jurídico no es posible «desheredar» a los hijos salvo en ciertos supuestos muy limitados), hace que muchas familias olviden y caigan en darse por descontados los unos a los otros. La filiación en el acogimiento es elegida, abrazada, construida entre todos, cada día, de una manera mucho más consciente. Mucho más intensa y vulnerable.

Además, la adolescencia es un momento que requiere de un ejercicio de confianza mayor y está más abierto a todo tipo de desenlaces. Superarla y mantener el amor requiere, por momentos, una paternidad heroica. Las amenazas que se pueden gritar en el calor de una discusión púber, con «irme de casa» o con «echarte», son mucho más vertiginosas. Porque son más reales. Un hijo que te grita: «no eres mi padre» y al que tienes que responder «tú sí eres mi hijo», porque todo son pruebas de amor: ¿si te doy una patada seguirás ahí? ¿Eres de fiar? ¿Tu amor es verdaderamente incondicional? ¿Me aguantarás hasta el final? Además, está el que no sabemos si estaremos todos siempre juntos, si podrá o no ser la muerte la que nos separe. No podemos prometer el futuro. Esta es también una de las fuentes de mayor preocupación, por el tiempo que esta preocupación ha existido y existe, que ha recorrido y recorre como un fantasma nuestra casa. Tenemos hijos que sólo dejaron de tener continuas heridas en los labios y angustiosas pesadillas, cuando se les aseguró que «de aquí no te vamos a mover». Que construían guaridas con mantas bajo la mesa del salón en las que refugiarse tras las visitas con la familia de origen. Que necesitaban inundarnos de mensajes y dibujos por toda la casa de «familia, juntos, para siempre». Que preguntan bajo fallidos intentos de camuflar su angustia qué vamos a hacer mañana porque temen que «les toque» visita. Que te dicen enfadados no querer tener dos familias, querer ser «sólo de aquí».

LA FAMILIA COMO IMPERATIVO: ARGUMENTOS PEDAGÓGICOS Y POLÍTICOS

Clarificada hasta aquí en un tono filosófico-educativo la triada padre-madre-hijo, ilustrada con lo que hemos podido pensar (pensar, siempre, en cierto modo, es generalizar) sobre nuestras experiencias familiares, nos proponemos a continuación avanzar hacia algunos planteamientos de tipo más político y pedagógico, y que también iremos trenzando con nuestras experiencias como familia de acogida.

Ya que la institucionalización de la infancia es un drama, evitemos la tragedia

En las sociedades modernas, hemos alcanzado un logro civilizatorio significativo al asumir colectivamente la responsabilidad por aquellos niños que, por diversas razones, no pueden contar con una familia que les proporcione una vida segura y estable. Sin embargo, este avance también plantea desafíos éticos y prácticos relativos a cómo responder a la situación de carencia de estos niños. Muchos viven, en España y en otras partes del mundo, en situaciones familiares profundamente problemáticas, y solo se interviene en los casos más graves, o cuando los progenitores ceden voluntariamente la guarda de sus hijos. En tales circunstancias, el sistema de protección de menores se convierte en el último recurso, acogiendo a niños que provienen de entornos extremadamente adversos.

La vida en residencias infantiles, si bien ofrece una solución temporal, no es de ninguna manera la ideal para el desarrollo integral de un niño. Estas instituciones, aunque necesarias en muchos casos, se asemejan a asilos de ancianos: lugares donde se asegura la supervivencia física, pero donde las necesidades emocionales y afectivas a menudo quedan insatisfechas. Este tipo de institucionalización puede ser particularmente dañina en el caso de los niños, quienes, a diferencia de los ancianos, están en la fase inicial de su vida y necesitan un entorno familiar que les permita desarrollar su identidad y, sobre todo, su sentido de pertenencia. La institucionalización de la infancia, aunque a veces necesaria, debe ser vista como una solución de último recurso.

Como señalan las investigaciones más recientes que, a su vez, recopilan los resultados de una larga trayectoria exploratoria sobre este tema, la infancia que termina siendo acogida en una residencia tiene estadísticamente el siguiente perfil: resultados educativos más bajos o fracaso escolar; mayor probabilidad de abandono escolar temprano y de repetición de curso; problemas de disciplina; de salud mental, presentan un perfil con bajas expectativas que se mantiene siendo adultos, además, acompañado de frecuentes problemas económicos. Con respecto a los factores de éxito en el cuidado de este tipo de infancia se sabe que puede romperse la trayectoria de fracaso cuando tienen un apoyo continuado con adultos de confianza, especialmente con familias que les proporcionen estabilidad emocional, recursos económicos y oportunidades educativas (Baker, Ellis y Harrison, 2024; Marion y Tchuindibi, 2024; *vid*: Fontana Abad, 2023; El Shafi Rodríguez, 2021).

Por eso, es fundamental *refamiliarizar* a estos niños, es decir, reintegrarlos en un entorno familiar, ya sea a través de la adopción, la acogida familiar u otras formas de cuidado que les permitan experimentar los vínculos afectivos y la seguridad que solo una familia puede ofrecer. La estructura familiar, en su forma ideal que, al decir de Gregorio Luri (2017), es la que mantienen las familias «sensatamente imperfectas», ofrece un entorno insustituible para la educación de los niños. Es en la familia donde se aprenden las primeras lecciones de amor, respeto, y responsabilidad. Es también en la familia donde se construyen los primeros vínculos afectivos que sostendrán al individuo a lo largo de su vida[3].

Para la mayoría de los niños es una tragedia quedarse en la residencia al no ser acogidos por ninguna familia ni tampoco ser posible su retorno en mínimas condiciones de seguridad a la familia de origen. Todavía recordamos con estremecimiento las súplicas

---

[3]   Como bien explica Luigi Giussani (1986), «(e)l primer lugar donde esto sucede es, de hecho, la familia: la hipótesis inicial es la visión del mundo que tienen los padres, o aquellos a quienes los padres dan la responsabilidad de educar al hijo. No puede existir un cuidado del hijo y una preocupación por su formación, sino en la vaga y confusa –casi instintiva– visión de un sentido del mundo. La educación consiste en introducir al muchacho en el conocimiento de lo real, precisando y desarrollando esta visión original. Tiene el inestimable mérito de conducir al adolescente a la certeza de la existencia de un significado de las cosas. La realidad, repitámoslo, no se afirma nunca verdaderamente si no se afirma la existencia de su significado» (pp. 12-13).

de un grupo de niños rodeándonos y tirándonos de la ropa que, al ir de visita a la residencia para iniciar los primeros contactos del proceso de acogimiento, nos gritaban «llévame a mí también, que soy bueno», «sácame de aquí, que me voy a portar bien…». Nunca se nos han olvidado esas miradas.

Permanecer en la residencia es una tragedia pues supone ser doblemente rechazados: por la familia de origen y por la sociedad en su conjunto («nadie me lleva a su casa… nadie me quiere, soy incapaz de ser querido por alguien»). Por eso, son muy acertadas las medidas recientes, en nuestro país, de promover de forma acelerada los acogimientos y, en su caso, adopciones que reduzcan al máximo y aún eviten del todo la permanencia en las residencias.

Consideramos que, a pesar de los cambios legislativos, hay ciertas tendencias que siguen favoreciendo la tragedia de la institucionalización. En efecto, no hemos llegado a un compromiso social colectivo que permita cumplir los buenos deseos recogidos en las nuevas leyes de reagrupamiento familiar. Es más habitual encontrarnos con campañas de adopción o acogimiento de mascotas, sobre todo, de perros, que de niños. Por cierto, en nuestra familia detestamos esa imagen penetrante de la mirada llorosa de un perro en las marquesinas de nuestra ciudad clamando ser cuidados por una familia. Nuestros hijos siempre nos dicen: «habrá que acoger primero a los niños ¿no?». ¿Qué preeminencia de valores domina en nuestra sociedad para que despierten más empatía los perros abandonados que los niños abandonados? ¿Qué confusión de bienes hay detrás de unos padres que prefieren para su único hijo un perro de compañía que otro niño? Cuando los políticos e intelectuales se refieren a cuidar a las nuevas generaciones, ¿están pensado realmente en *todos*? ¿Dónde dejan a los que están en residencias? ¿Qué les decimos a los niños pequeños que, tirándote del pantalón para que los mires y escuches, te suplican te los lleves a casa porque quieren ser hijos de alguien?

Junto a la tragedia que acabamos de apuntar de quedarse en la residencia, cabe considerar también, como experiencias horriblemente traumáticas, asignaciones de familias equivocadas que terminan solicitando el retorno del niño a la residencia (triple rechazo), retornos también errados a la familia de origen y, en la mayoría de las comunidades autónomas de nuestros país, retirada del acogimiento tras un año o dos para pasar a familias solicitantes de adopción, rompiendo otra vez el vínculo de apego ya creado (González de Vega, 2024). La misma legislación que trata acertadamente de acelerar al máximo e incluso, como hemos dicho, evitar cualquier tiempo en la residencia, puede provocar estas tragedias al no tomarse el tiempo necesario en los procesos de asignación. Realmente, es un difícil equilibrio.

En sociedades opulentas como la nuestra casi todos servimos para poner un plato de comida, pero una mesa con comida no es una familia. Que el padre o la madre tengan trabajo tampoco hace familia. Que vivan en una casa o en una habitación amplia no hace hogar. Cambiar un pañal a tiempo no te hace padre ni madre. Todo esto son condiciones inexcusables que las instituciones exigen acertadamente para, por ejemplo, plantearse el retorno de un niño a su familia de origen, pero en el fondo terminan reduciendo sus funciones a la mera supervivencia… y el niño sigue sin una vida familiar real. Para Robert Redeker, diversas razones antropológicas han terminado por reducir «la familia tradicional al rango de decoración, de albergue de comida segura», suprimiendo «las funciones simbólicas de la familia (las más importantes, puesto que ellas engendran la estructura de los seres humanos» (2014, p. 140).

Por nuestra experiencia hemos comprobado que la mirada de algunos técnicos de acogimiento termina por institucionalizar, en este caso deformar, hasta la propia vida familiar como si fuera una máquina que suministra respuestas a necesidades de mera supervivencia (a ver cómo le da de comer, a ver cómo le cambia el pañal, a ver cómo le viste…)[4]. Llegados a este punto ¿a qué queda reducida

---

[4]   A nuestros dos primeros hijos, hermanos, tras nueve años acogidos, formalmente ya adoptados, a la espera de recibir la sentencia firme del juez, con

la figura de ser padre, de ser madre? Y, peor aún, ¿qué es entonces un hijo? ¿Qué es una familia? No importa: las estadísticas de retornos y de acogidas no residenciales mejoran.

Junto con el prejuicio de identificar, sin la debida prudencia, el bienestar de un niño con su vuelta a su familia de origen, reduciendo así el juicio sobre el vínculo a la capacidad de responder a necesidades biológicas, nos podemos encontrar también con otro prejuicio, en esta ocasión, estrictamente ideológico.

En los encuentros entre familias acogedoras es habitual oír todo tipo de anécdotas. Una de ellas es el temor de que te toque un técnico con una orientación política —sí, no es una errata— que le lleve a considerar, en el fondo, que el acogimiento es una apropiación de la infancia como mercancía liberal en un sistema capitalista por parte de las clases sociales dominantes que se aprovechan de las dificultades de vida de la población vulnerable por las circunstancias de su vida.

El proceso de acogimiento abarca muchas entrevistas y encuentros que permiten, en algunos casos, comprobar claramente la ideologización prejuiciosa de algunos técnicos con sus palabras y gestos. Te pueden hacer sentir roba-niños cuando pasan a relatarte con todo detalle, teatralidad y empatía hacia la familia biológica, las dificultades en las trayectorias de sus vidas, la lamentable situación en la que han llegado, las circunstancias penosas, sobrevenidas, a las que han tenido y tienen que enfrentarse, la esclavitud de las adicciones, … y ahora —sobrevuela claramente en la entrevista— …*os lleváis a su hijo.*

Nos gustaría indicar varias cuestiones sobre esto. En primer lugar, llama la atención que, en ese relato, cuando está fuertemente ideologizado, jamás aparece una reflexión sobre el bien superior del niño. Aunque nadie niega la necesidad de apoyar a estas familias, la empatía emocional de un técnico de acogimiento familiar debería

---

la firma confirmatoria de todos los implicados, en una entrevista con una técnica les hizo esta primera pregunta: «¿cómo os sentís con vuestros acogedores?».

dirigirse prioritariamente hacia el niño abandonado, y no hacia la familia biológica. Al no hacerlo, se pasa rápidamente de la explicación a la justificación ideológica, y de ahí a trabajar por el retorno familiar, dejando de lado el verdadero interés del niño. En segundo lugar, no es necesario realizar un análisis sociológico exhaustivo para observar que, a nuestro alrededor, numerosas familias en situación de alta vulnerabilidad, por diversas razones, logran sacar adelante a sus hijos manteniendo un fuerte vínculo familiar y brindando todo tipo de cuidados, apoyadas en redes familiares, amigos e instituciones. Esto demuestra que, cuando una familia falla en la protección de sus hijos, muchas otras, con la misma o mayor precariedad y vulnerabilidad, no lo hacen. Por ello, es crucial evaluar con la debida seriedad los casos de abandono y negligencia hacia los niños, y no arriesgar sus vidas esperando repetidamente a que los padres biológicos, finalmente, tomen las decisiones correctas.

Además, algunos de los técnicos de acogimiento y de visitas, con su corazoncito de trabajadores sociales comprometidos, educadores salvavidas, psicólogos de los más necesitados, pedagogos de lo social, demasiado a menudo olvidan que las familias de acogida somos los agentes supremos de justicia y cambio social. No discutimos desde el sofá de casa sobre los males del mundo, no ponemos una pancarta en el balcón, ni nos colgamos chapas de la solapa. Somos mucho más radicales: ponemos nuestras vidas, nuestras economías y nuestros cuerpos en marcha para comprometernos, de manera indefinida, en sacar adelante a unos niños muy concretos y reales. Cambiar vidas como sólo es posible hacerlo: de una en una. Sería importante que alguien se lo recordara alguna vez. Ojalá alguno nos lea esto.

Ser familia trasciende lo biológico

Es un hecho biológico que todos los niños han sido procreados por alguien, pero no todos los niños son verdaderamente hijos en el sentido pleno de la palabra. De igual manera, aunque todos los progenitores lo son en virtud de su capacidad de dejar descendencia genética, no todos se convierten en padres o madres en un sentido que trasciende lo meramente biológico. El estado de ser hijo, padre o madre no es simplemente una cuestión de biología; es una realidad que se construye en el día a día, en la relación y en el cuidado mutuo. Esta construcción requiere de algo más que la mera transmisión de genes: se fundamenta en la creación de vínculos afectivos, en la transmisión de valores, en la capacidad de sostener y acompañar el crecimiento emocional y personal del otro. En este sentido, la triada padre-madre-hijo necesita ser entendida como una estructura que va más allá de la biología. Es un tejido relacional que se sostiene sobre el amor, la responsabilidad, y el compromiso mutuo. Estos roles no se determinan automáticamente por la biología, sino que se construyen a través de la dedicación y la presencia constante en la vida del otro. Es posible ser padre o madre sin haber procreado, así como es posible ser hijo sin compartir la misma genética con quienes nos crían. Este hecho subraya la importancia de lo relacional —biográfico y amoroso— sobre lo biológico en la constitución de una verdadera familia.

Desde nuestra experiencia hemos sido testigos de cómo técnicos de acogimiento siguen sobrevalorando los vínculos biológicos. De hecho, las instituciones ofrecen numerosas oportunidades, una y otra vez, para posibilitar o bien el retorno a la familia de origen, o bien la crianza de un nuevo hijo tras la retirada de los anteriores. Todos conocemos casos escandalosos, no excepcionales, en los que instituciones, primero, jueces, después, ofrecen una nueva oportunidad a padres que van a tener, por ejemplo, un tercer hijo después de haberles retirado la guarda y custodia por vía de urgencia de los dos anteriores por abandono o malos tratos. Parece que frente a los vínculos biológicos cabe justificar todo, incluso que se conciba a los nuevos hijos como muñecos de feria a la espera de que, por fin, en esta ocasión, sus padres biológicos acierten. Por cierto, todos conocemos casos, tampoco excepcionales, en que «cumplen» los primeros meses —generalmente por un apoyo tan masivo que es más suplantación que colaboración, o porque se saben en un periodo de prueba supervisada, decayendo el celo cuidador sobre el niño en cuanto se supera dicho periodo—, sin que las instituciones, por falta de recursos y voluntad, sostengan la vigilancia en el tiempo con las consecuencias terribles que a veces suceden. ¿Cómo se puede jugar así con una nueva vida? ¿Cómo se puede primar el derecho a ser padres tras haber demostrado, en ocasiones, varias veces con hijos diferentes, la incapacidad para cuidarlos?

Los vínculos biológicos por supuesto que son fundamentales para entender con profundidad la idea de familia y, en especial, el sentido antropológico del linaje y, en su caso, de la estirpe. Los hijos sí pertenecen a los padres. Ahora bien, esa misma valoración de la familia se desdibuja si invertimos la importancia de los genes frente a los abandonos o malos tratos. No se debe restar gravedad a la falta de cuidados por haber sido infligidos por los padres biológicos, como del mismo modo ya no se quita importancia a los malos tratos causados en una pareja. Ni creer mágicamente que estos son más propensos a cambiar o mejorar por compartir material genético. Por las mismas razones tampoco debe limitarse el bien superior del niño al hecho de volver a su familia de origen. Cuando una familia ha fallado gravemente en el cuidado de su hijo, la tarea profesional por parte de los técnicos no es que vuelva con su familia para volverle a poner en situación de riesgo sino generarle la posibilidad mediante el acogimiento de que nadie vuelva a fallarle. El centro de atención, insistimos, es el nuevo y seguro bienestar del niño, no el pasado e inseguro bienestar del niño. Parece que se les está diciendo: «lo importante no es que estés bien ahora, sino que estés bien con tu familia de origen». ¿Alguien se imagina este razonamiento con una mujer o un hombre maltratados por su pareja? Frente a nuevas vidas inocentes no caben ni experimentos ni aun segundas y mucho menos terceras oportunidades.

El recurso a los vientres de alquiler es, de nuevo, otra manifestación escandalosa de la sobrevaloración de los vínculos biológicos, al igual que la mayoría de las propuestas de fecundación *in vitro*[5] (no deja de ser llamativo y elocuente, que frente a la sede de las oficinas donde se encuentra la unidad de acogimientos familiares de la Comunidad de Madrid, próxima al Bernabéu, se abriera hace pocos años nada más y nada menos que una enorme clínica de fertilidad). Una modalidad curiosa, dentro de esa sobrevaloración, es la que da prioridad a la solicitud de una madre que se encuentra en prisión para que su hijo menor de tres años permanezca con ella, aunque el padre solicite cuidarlo fuera del centro penitenciario. El deseo de la mujer tiene preferencia, aunque la estancia en prisión del niño pueda perjudicarle, no tenga apenas vínculo con ella, o se haya documentado abandono o mal trato con otros hijos suyos.

Todas las familias de acogida hemos vivido intensamente la experiencia en nuestro entorno de amigos o familiares que con sus gestos o directamente con sus palabras y aun silencios, te recuerdan —como si hiciese falta— que lo que llamas «hijos», en realidad, no-lo-son. Especialmente, si al plantearlo como un

---

[5]   Sobre los costes morales y biológicos de la fecundación subrogada, la escritora Mary Harrington (2024) afina la siguiente apreciación: «Pero la 'cura' de nuestra naturaleza reproductiva normativa no es gratuita, y el coste lo pagan los niños más pequeños. Aunque los proveedores de servicios médicos enfatizan la importancia del vínculo prenatal para la salud mental de los bebés y de las madres, esas realidades son ignoradas por quienes buscan la «igualdad de fertilidad». Obligarían a cada bebé nacido por gestación subrogada a sacrificar la continuidad de su vínculo materno, desde la gestación hasta la infancia, para satisfacer las necesidades de los adultos comitentes». Fernando Savater, por su lado, denuncia con rotundidad los costes familiares de esta misma práctica sobre el niño así concebido: «Que una mujer sana procree un hijo artificialmente para abolir al varón (o que uno o dos hombres utilicen un vientre de alquiler para un fin semejante pero inverso) es realmente discriminatorio para el recién nacido, huérfano programado y privado de una de las dos líneas de filiación que pertenecen a la condición humana. Es lícito querer ser padre o madre, pero querer ser padre sin madre o madre sin padre puede ser aceptado por un juez pero no por la reflexión ética, ya que hurta a un tercero una parte esencial de su aventura personal. Cualquiera puede criar a un niño, sean cuales fueren sus gustos eróticos, pero nadie participa en la paternidad como pareja de una probeta» (Savater, 2015).

proyecto futuro, por tanto, no realizado, les das la oportunidad de cuestionarlo destacando todos los inconvenientes, principalmente, los biológicos. En la película *Familia al instante* (Anders, 2018), basada en la propia experiencia de acogimiento del guionista y director, hay una escena clave en la que los personajes principales, padres de acogida, Pete y Ellie, están considerando abandonar su proyecto familiar tras valorar los inconvenientes y desafíos que les supondría como matrimonio. En el momento que lo comentan en la cena de Acción de Gracias con toda la familia, esta se suma en conjunto, casi en coro, mostrando su alivio ante un proyecto lleno de riesgos, especialmente, por «vete tú a saber de dónde vienen»[6]. Para ellos faltan y fallan los genes, sin destacar la riqueza humana

---

[6]   El diálogo en casa de la familia de Ellie es este:

Abuela: doy gracias por mis preciosos nietos incluidos los muy afortunados niños que pronto serán acogidos por dos maravillosos padres.

Cuñado 1: Yo también doy gracias por eso. ¡Es toda una inspiración! Bien hecho.

Pete y Ellie: Pues hemos decidido juntos no seguir adelante como padres de acogida. Hemos comprendido que no nos lo habíamos pensado bien.

Cuñado 1: Es una gran noticia. Vamos, que a la cara todos os apoyábamos...

Hermana 1: ...pero por detrás pensábamos que habíais perdido la cabeza.

Madre: Yo nunca dije nada, pero me alegra oír eso.

Ellie: ¿Por qué? Agradecería saber por qué a todos os parece tan mal.

Madre: Yo sólo digo que damos gracias a que Pete y tú vayáis a disfrutar del amor de vuestros propios y maravillosos hijos en vez de...

Pete: ¿En vez de qué? Suéltalo ya.

Cuñado 2: Lo diré yo... en vez de jugárosla con la prole de algún criminal o drogadicto.

Hermana 2: Para serte sincera nos preocupaba la seguridad de nuestros hijos si se relacionaban con los tuyos, si eran...

Pete: ¿Defectuosos? Porque de pequeño en mi barrio mucha gente decía que yo también era defectuoso.

Cuñado 2: No hablamos de ti, hombre. Hablamos de bebés cocainómanos y niños que han sufrido abusos.

(...)

Cuñado 1: Siento no ser políticamente correcto pero nuestro bebé tiene que ser de nuestra sangre.

Ellie: Quiero que sepáis que miles de niños están pasando Acción de Gracias sin ninguna familia y ahora mismo me dan mucha envidia. Pero sé que me queréis. Sé que tengo un sitio donde ir a comer pavo y dar gracias, pero muchos niños no tienen eso ¡y no es culpa suya! ¡y no son defectuosos! Olvidar lo que he dicho antes, ¡sí que vamos a adoptarlos!

que supone, precisamente, acoger, querer, amar sin linaje de por medio como muestra de una incondicionalidad total. Siempre contamos a nuestros hijos... «os quisimos desde que nos llamaron». Porque así fue. Las llamadas fueron en sí el origen fecundado de una nueva vida que aceptamos incondicionalmente.

El amor familiar y las posibilidades que abre curan, pero no por ello debe confundirse con un recurso terapéutico

Hace unos años fuimos invitados por la Comunidad de Madrid para asistir a un curso sobre familias acogedoras organizado juntamente con la Universidad de Comillas. En la mesa redonda que nos tocó participar, tras nuestra exposición, tomó la palabra un técnico, no recordamos ahora de qué comunidad autónoma —tampoco importa—, que alabó nuestra experiencia familiar como padres acogedores atribuyéndola a «vuestra capacidad psicológica de curación» e insistiendo en su argumentación en la función terapéutica de este tipo de familias. Uno de nuestros máximos especialistas en España sobre acogimiento familiar, el profesor Jesús Palacios, lo llama «crianza terapéutica». Nuestra respuesta a su comentario se puede resumir en estos momentos en una sola frase: las familias acogedoras somos, antes que nada, familias, y si hay algo que cura es precisamente eso, ser familia, no un gabinete de psicología.

Recordamos aquí esta anécdota para mostrar cómo se está extendiendo cada vez más la idea de entender la familia en general y, sobre todo las acogedoras, como recursos psicologizados, terapeutizados, psiquiatrializados (Fontana, Gil Cantero y Reyero, 2013, p.118 y ss.). Algunos autores señalan con preocupación que en lo que respecta a la educación de los hijos «hay un sentimiento creciente tanto en la política como en la cultura popular de que el único relato relevante que se puede decir es el ofrecido por la psicología del desarrollo cognitivo» (Ramaekers y Suissa, 2012, p. 354), lo que lleva a estrechar y empobrecer lo que es «la crianza de los hijos y (...) la conceptualización de la relación entre padres e hijos» (Ídem.).

Si se entienden la vida y la educación familiar como una intervención psicológica en nuestros hijos es que no se está entendiendo absolutamente nada de lo que significa vivir en familia. Uno de los hechos donde se puede apreciar la preeminencia del ambiente familiar frente al terapéutico es que no se trata solo de que los padres acogedores tengan que aprender a querer a sus hijos acogidos sino de que estos tienen que aprender también a querer a sus padres acogedores y, a su vez, tantos unos como otros tienen que aprender a dejarse querer. Estas líneas nunca deberían pasarse en una relación estrictamente terapéutica, mientras que en la familia es lo propio y, a nuestro juicio, lo esencial.

Por otra parte, lo más preocupante es que, de nuevo, reconocemos en las palabras anteriores del técnico de acogimiento una perspectiva tecnológica de la naturaleza humana y sus fines que trata de restar, minusvalorar, lo que puede conseguir un ambiente familiar de aceptación y amor. Como ha explicado Robert Redeker (2020), «estamos ante una degradación antropológica más que ante una simple evolución. (…) disipar la jerarquía entre los niveles de existencia» (p. 141).

Y es que la tarea más importante de una familia de acogida es que ese ser-familia permita a los niños levantar y ensanchar su *yo aplastado*. Los hijos que hemos acogido han padecido diferentes grados y variantes de malos tratos y formas de abandonos en la infancia por parte de la familia biológica. Han sido niños que desarrollaron una desconfianza total hacia las personas adultas de su entorno (lo que los ha llevado a no pedir ayuda si tienen el más mínimo problema o dificultad; que empezasen a hacerlo, a pedirnos ayuda o buscar consuelo ante, por ejemplo, una pequeña caída eran manifestaciones de su recuperación) y, en particular, con los propios progenitores que les han maltratado (con manifestaciones del tipo de negarse a quitarse el abrigo frente a las insistentes invitaciones de la técnico de visitas, en una pequeña habitación sobreclimatizada, durante años). Esta desconfianza ha ido acompañada de diferentes expresiones de miedos, angustias («¡¿Dónde está mamá?!», tan pronto nos ha perdido de vista un minuto), inseguridades («¿Me acompañas?» escuchas de un cuerpo de dieciséis años incapaz de acercarse al mostrador), e inflexibilidades («¡¡Pero me lo habías prometido!!» o «¡¡No se hace así!!», en cuanto hay pequeños cambios de planes o ligeras modificaciones en las rutinas más mundanas). En muchas ocasiones, hemos asistido a manifestaciones de autoinculpación por no haber logrado ese amor incondicional, expresando culpabilidades («¿Por qué no se esforzó entonces?»), sentidos de incompetencia («Es que yo soy tonta, no sé»), o tachas morales («Soy malo»). En la cultura popular se presenta la idea de que para querer a los demás has de quererte primero tú. Lo que se omite es que para quererte tú, primero, han tenido que quererte incondicionalmente. Nuestros hijos han llegado careciendo prácticamente de autoestima, teniendo una imagen de sí mismos muy negativa. Unos yoes literalmente aplastados que nos empeñamos diaria y persistentemente en reconstruir, animar, y hasta jalear.

Uno de nuestros hijos cuando lo animamos a hacer su primera firma con ocho años se dirigió a la zona inferior derecha en la esquina de una hoja en blanco y con la letra más pequeña que pudo puso su nombre y como rúbrica se tachó completamente. Hoy su firma es algo más grande y situada al centro. En otra ocasión conversando con uno ellos, nada más llegar a casa, sobre lo que deseaba ser en el futuro, no fue posible arrancarle ni una sola palabra de proyectos, entró casi en bloqueo: sus pequeñas manos en la cabeza, circulando ansiosamente sobre el cogote agachado. Mostraba angustia e inseguridad, aun temor, ante el futuro. Más adelante empezó a hacer tímidas referencias a profesiones que no requieren ninguna cualificación (y que, por nuestra extracción social innegablemente burguesa, nunca habíamos oído manifestar de la boca de ningún niño con anterioridad). Y todavía un poco más adelante, ya imagina con ilusión y entusiasmo su futuro, con retahíla de profesiones y proyectos de estudios, descripciones de la casa y árboles para el jardín, número de hijos.

Jesús Palacios (2017), en una entrevista, señala con acierto que las personas «particularmente en la infancia, no estamos hechos para cuidados colectivos (en una residencia)» porque «todo niño necesita que al menos una persona esté loca por él y se lo demuestre». El acogimiento familiar vendría a ser un esfuerzo social para «(f)acilitar que alguien esté loco por ti». Experimentar el amor incondicional de la familia, que es un amor, en el que, a diferencia de cualquier forma de cuidado institucional, «no existe la distancia emocional», en el que «No hay horarios, la disponibilidad es total, no hay domingos o fiestas... El niño llora cuando llora, no hay turnos». Gregorio Luri (2022) insiste en la misma idea afirmando, de manera simpática, que la función del adulto en la infancia es hacer saber al niño que está ahí para salvarle de los monstruos que hay debajo de la cama.

El efecto educativo más importante que va generando poco a poco una familia de acogida es que los niños ganen confianza en el mundo, en los adultos y seguridad en ellos mismos, esto es, que pueden y deben ocupar un puesto en este mundo y que se lo merecen. La familia de acogida, en definitiva, reconstruye la relación con la realidad que la situación de abandono o maltrato ha roto centrándose especialmente en una perspectiva agradecida, amorosa, optimista y alegre sobre la vida. Pasados unos años uno de nuestros hijos nos sorprendió una mañana con unos inmensos hoyuelos que hasta entonces habían permanecido ocultos. La disposición genética a que asomasen en sus carrillos siempre estuvo allí, sólo faltaban horas de sonrisas y abiertas carcajadas.

Esta visión amorosa y felicitaria de la vida, una forma de providencia, la cultivamos en casa a través de sorpresas inesperadas, una especie de regalos que da la realidad sin que te lo esperes, que te los encuentras en cualquier momento, que no te los da una persona y por supuesto sin planificación alguna. No se trata de hacer regalos sino de encontrarse, literalmente con regalos, con sorpresas inesperadas: una chuchería en el suelo en su zona de juego, las galletas de chocolate especiales que tanto le gustan en el cajón de su mesa de trabajo, una moneda de dos euros debajo de los libros del colegio, etc.

Por su parte, la literatura académica sobre acogimiento insiste continuamente en que la finalidad principal es la reconstrucción del mundo emocional de los niños que han sido maltratados y ahora están acogidos. Por supuesto que esto es así. Pero nos gustaría, desde nuestra experiencia reflexiva, hacer algunas matizaciones.

Para empezar, consideramos que hay una sobrevaloración del mundo emocional que nos lleva al error de creer de que es la causa principal de todos los aspectos positivos o negativos del acogimiento. Esto no es así. Muy al contrario: la reconstrucción del mundo emocional pasa por la reconstrucción de otros mundos no emocionales. El mundo emocional no es una entidad que se sostiene sobre sí misma, encerrada en sí misma y para sí misma. Es la relación con el mundo, con el colegio, con los estudios, con los compañeros, con la familia extensa, con los vecinos, con el mundo cultural, lo que va favoreciendo (o perjudicando) la madurez en la vivencia de las emociones.

¿Cómo es posible que hayamos llegado a un totalitarismo absoluto del mundo emocional sosteniéndolo en sí mismo sin ver la vinculación que tiene con lo que los niños *hacen* durante el día, en este caso siete horas diarias cinco días a la semana? Lo mismo nos pasó cuando pedimos que repitiesen de curso. ¿Desde qué perspectiva pedagógica se puede creer que hay reconstrucción emocional sólo por estar con los mismos compañeros de clase un año más y ser, otro año más, los últimos de los últimos? Hablando con una educadora de residencia, a nuestra pregunta de cómo era posible que uno de los hijos que estábamos a punto de acoger, se le hubiese estado olvidando, según nos contaron en el colegio, el libro de Ciencias Sociales durante todo el curso nos contestó: «Bueno, es que aquí priorizamos lo emocional». Igual lo que priorizaban, también, era su comodidad[7].

Pensamos que lo que realmente favorece el desarrollo emocional es vivir experiencias de sentido y de orden que permitan a los niños sentirse partícipes, aun protagonistas, competentes, audaces y seguros en lo que les toque vivir. Favorece más la madurez emocional ser capaz, por ejemplo, de salir a la pizarra a resolver una ecuación de primer grado, delante de todos tus compañeros, que saber si lo que estás sintiendo es vergüenza o miedo. Favorece más la madurez emocional atender, por ejemplo, a las necesidades de tu hermano pequeño, de dos años, encargándote un día de su baño y cena que hacer un esfuerzo introspectivo para averiguar «dentro de ti qué sientes».

En definitiva, la reconstrucción emocional de los niños acogidos, como de cualquier otro niño, no es una tarea que se sostenga sobre sí misma, esto es, sentir para sentir mejor, emocionarte para emocionarte mejor, sino una tarea que se induce, poco a poco, con avances y retrocesos, a través de actividades, especialmente, aquellas que les exija esfuerzo para superarse y, sobre todo, mirar fuera de sí mismos, hacia los demás.

---

[7]   Sea como fuere, no hay que olvidarlo, acompañar en las tareas escolares de la decena de niños a su cargo por las tardes no es nada sencillo. Mantener cierto orden convivencial, asegurar duchas, cenas y horas de irse a dormir es ya una tarea ingente. Antes de entrar en contacto con las residencias y la vida en ellas, nos imaginábamos una especie de espacio en modalidad de colonias veraniegas, donde se ofrecerían actividades de tiempo libre, deportes y refuerzo escolar. Nada más lejos de la realidad: la oferta de actividades es de una pobreza sorprendente, que muchos educadores salvan generosísimamente llevando en sus propios coches, por ejemplo, a la piscina municipal o a rocódromos. Lo de los bebés es más bochornoso: se administran con cuentagotas los pañales «de marca» que sólo se emplean en los casos que llegan a estar indicados por prescripción médica. Las educadoras dan escasísimos paseos con los niños pequeños fuera de los patios internos de los complejos residenciales (en Madrid, la mayoría, históricamente vinculados al régimen de vida de órdenes religiosas y su arquitectura característica). Niños que cuando salen de la residencia, se asustan del ruido de la calle.

Una variante muy extendida de la invasión de la educación emocional en las experiencias de acogimiento es la propuesta permanente por parte de los técnicos y de la literatura correspondiente de que las familias acogedoras tienen que centrarse en «compensar» con la nueva vida familiar los sufrimientos previamente vividos por los niños y favorecer así, otra variante más, el «bienestar» que no tuvieron. Esto es pedagógicamente un error. Ni la compensación ni el bienestar son criterios educativos en sí mismos.

Cuando el bienestar es la categoría principal para juzgar el valor educativo de las experiencias es muy probable que estas terminen por evitar todo tipo de esfuerzos, sacrificios, superaciones, frustraciones, contrariedades. Pero, como bien señala David Reyero (2023), «la aspiración a algo grande resulta indispensable como motor educativo. (…). La pedagogía de la exigencia (…) resulta crucial» (p. 11). Y matiza, «esta aspiración a lo mejor no necesariamente implica empezar por lo más difícil, pero sí proponerse objetivos importantes» (ídem). Saber proponer y exponer a nuestros hijos ante situaciones en el punto ajustado de aspiración y grado de dificultad (cognitiva, social, emocional) ha sido y sigue siendo uno de los aspectos a los que seguimos dedicando más tiempo de conversación preocupada[8].

Del mismo modo, tratar de acentuar al máximo ahora lo que no se tuvo ayer, no es un criterio formativo. Es necesario, más bien, resaltar desde el principio, en las familias, en todas, la normalización educativa proporcionando las experiencias educativas que sean necesarias en sí mismas y en ese momento. Los hijos, nacidos y acogidos, saben perfectamente, desde bien pequeños, identificar que el cuidado amoroso proviene realmente de quien

---

[8]   Hay algo dañino y corrosivo en una paternidad que trata de aligerarse y edulcorarse, que se vive a sí misma y que se cree «guay». Pero afrontar la tarea imposible de ser buenos padres es también, y, sobre todo, «encontrar el equilibrio imposible entre la seria preocupación y la alegre confianza» (Thoilliez, 2024, p. 357).

está pendiente de ellos exigiéndoles con amor lo que necesitan, les guste o no, les apetezca o no. En definitiva, tomarse en serio por parte de la familia la educación de un hijo, no significa usar como única perspectiva educativa curar directamente las heridas de abandono o maltrato sino, muy al contrario, ocuparse, ahora sí, directamente, de las necesidades educativas, y en esa ocupación amorosa ya se están compensando radicalmente las experiencias negativas de abandono o maltrato. Si se educa desde la compensación se está tendiendo solo a cubrir las necesidades del pasado olvidando las posibilidades del futuro.

ALGUNAS CONCLUSIONES

Retomando el título de este capítulo: toda familia digna de ese nombre debe ser una familia que acoge. Sobre esta dimensión nuclear pero concreta de lo que es deseable en toda familia, las experiencias de familias que, como la nuestra, además acogen desde el punto de vista físico y jurídico, pueden ofrecer algunas luces singularmente relevantes para todas las demás. Por todo ello, hemos abordado el tema de la familia como espacio de acogida desde una posición decididamente conservadora. Frente a la evidente crisis de las figuras del padre, la madre y el hijo, abogamos por la necesidad de preservar, resguardar y acentuar la vida familiar en lo que son sus funciones nucleares e insustituibles.

Nuestra experiencia personal, trenzada con nuestras reflexiones teóricas, nos lleva a concluir que la familia, cuando cumple con su función de manera adecuada, proporciona bienes insustituibles que no pueden ser replicados por ninguna otra institución. Estos bienes incluyen la seguridad emocional indefinida, la orientación ética comprometida, y el apoyo incondicional, todos elementos fundamentales para el desarrollo pleno de la identidad y la autonomía del individuo.

En un mundo donde las formas de familia son cada vez más diversas y las estructuras tradicionales están en constante transformación, es importante recordar que no todas las configuraciones familiares ofrecen las mismas oportunidades para el desarrollo integral de los niños. Si bien es posible sobrevivir en muchas clases de estructuras familiares, no todas son igualmente beneficiosas. En este sentido, es necesario pensar la familia no solo como un espacio de supervivencia, sino como un espacio donde los niños puedan florecer plenamente.

Finalmente, en un momento de opulencia cultural y social, donde todo parece posible, debemos ser capaces de discernir lo que es realmente esencial para el desarrollo de una vida plena. Y es en la penumbra de la carencia, donde la luz de la opulencia no alcanza, donde podemos ver con mayor claridad lo que un niño realmente necesita: una familia que le ofrezca amor, seguridad y una estructura en la que pueda crecer y desarrollarse como individuo. Este es el verdadero bien insustituible que la familia puede ofrecer, y es por ello por lo que su función en la educación es, y seguirá siendo, insustituible.

REFERENCIAS

Anders, S. (2018). *Familia al instante*. Paramount.

Baker, Z., Ellis, K. and Harrison, N. (2024), Theorising educational engagement, transitions and outcomes for care-experienced people: Introduction to the special issue. *British Educational Research Journal*, 50, 455-460. https://doi-org.bucm.idm.oclc.org/10.1002/berj.3942.

Ciorán, E.. (2014). *Desgarradura*. Tusquets.

El Shafi Rodríguez, F. (2021). *Posibilidades y límites de la acción pedagógica en la red de recursos residenciales para atender a la infancia con necesidades de protección en la Comunidad de Madrid*. Tesis doctoral inédita. Escuela de Doctorado de la Universidad Autónoma de Madrid. http://hdl.handle.net/10486/695930.

Fontana Abad, M., Gil Cantero, F. y Reyero, D. (2013). La perspectiva pedagógica de la vida familiar. Un enfoque normativo. *Estudios sobre Educación*, 25, 115-132. https://doi.org/10.15581/004.25.1884.

Fontana Abad, M. (Ed.). (2023). *La alianza familia-escuela y su impacto educativo: elementos para la generación de políticas educativas basadas en la evidencia*. Narcea.

Gil Cantero, F. (2023). El papel de la autoridad en la familia y en el aula. En M. Fontana (Ed.), *La alianza familia-escuela y su impacto educativo: elementos para la generación de políticas educativas basadas en la evidencia* (pp. 117-144). Narcea.

Giussani, L. (1986). *Educar es un riesgo*. Encuentro.

Gomá, J. (2025). Educación y ejemplaridad: cultivando un corazón educado. *Teoría de la Educación. Revista Interuniversitaria, 37*(1). https://doi.org/10.14201/teri.32141.

González de Vega, B. (2024). Protocolos que arrancan del hogar en vez de proteger al menor. *ABC*, 25 de agosto. https://www.abc.es/sociedad/protocolos-oficiales-encima-bienestar-ninos-20240825201508-nt.html.

Hadjadj, F. (2021). *Ser padre con San José. Breve guía del aventurero de los tiempos posmodernos*. Rialp.

Haraway, D. J. (2016). *Staying with the Trouble. Making Kin in Chtuhulucene*. Duke University Press).

Harrington, M. (2024). Normophobia. *First Things*. April. https://www.firstthings.com/article/2024/04/normophobia.

Hitz, Z. (2025). Educación y vida intelectual. *Teoría de la Educación. Revista Interuniversitaria, 37*(1), 15–23. https://doi.org/10.14201/teri.31847.

Kaminsky, L. (2011). Utopian Visions of Family Life in the Stalin-Era Soviet Union. *Central European History, 44*(1), 63-91. https://doi.org/10.1017/S0008938910001184.

Luri, G. (2017). *Elogio de las familias sensatamente imperfectas*. Ariel.

Luri, G. (2022). https://x.com/GregorioLuri/status/1582571536380178432.

Marion, É., & Tchuindibi, L. (2024). The educational experience of young people in residential care through the lens of learning careers. *British Educational Research Journal, 50*, 545–562. https://doi-org.bucm.idm.oclc.org/10.1002/berj.3922.

McEwan, I. (2023). *Lecciones*. Anagrama.

Palacio Valdés, A. (1929). *Testamento literario*. Librería de Victoriano Suárez.

Palacios, J. (2017). Entrevista. *ABC*, 29 de noviembre. https://www.abc.es/familia/padres-hijos/abci-familia-acogida-nino-aprende-adultos-nunca-hacen-dano-201711292052_noticia.html.

Ramaekers, S. y Suissa, J. (2012). What All Parents Need to Know? Exploring the Hidden Normativity of the Language of Developmental Psychology in Pa- renting. *Journal of Philosophy of Education*, *3*(46), 352-369. https://doi.org/10.1111/j.1467-9752.2012.00866.x.

Recalcati, M. (2014). *El complejo de Telémaco. Padres e hijos tras el ocaso del progenitor.* Anagrama.

Recalcati, M. (2015). *¿Qué queda del padre? La paternidad en la época hipermoderna.* Xoroi edicions.

Recalcati, M. (2018). *Las manos de la madre. Deseo, fantasmas y herencia de lo materno.* Anagrama.

Recalcati, M. (2020). *El secreto del hijo. De Edipo al hijo recobrado.* Anagrama.

Reeves, R. V. (2023). *Hombres. Por qué el hombre moderno lo está pasando mal, por qué es un problema a tener en cuenta y qué hacer al respecto.* Planeta.

Redeker, R. (2014). *Egobody. La fábrica del hombre nuevo.* FCE.

Redeker, R. (2020). *Los centinelas de la humanidad. Filosofía del heroísmo y de la santidad.* Homo Legens.

Reyero, D. (2023). Ulises en el Instituto. Liderazgo y escuela a partir del mito de Aquiles. *Teoría de la Educación. Revista Interuniversitaria*, *35*(1), 1-18. https://doi.org/10.14201/teri.29361.

Savater, F. (2015). Discriminar. *El País*, 12 de diciembre. https://elpais.com/elpais/2015/12/11/opinion/1449834586_045192.html.

Thoilliez, B. (2024). Ironic Practices as Pedagogical Tools for Accomplishing Italo Calvino's Lightness. *Studies in Philosophy and Education*, *43*(4), 343-360. https://doi.org/10.1007/s11217-024-09926-7.

Toledo Machado, L. (2022). The communes as the counter-cultural alternative to the family within the Spanish democratic transition (1968-1986): an ontological approach. *Journal of Iberian and Latin American Studies*, *28*(1), 75-93. https://doi.org/10.1080/14701847.2022.2052692.

«TESTIGOS DE LA VIDA» EN LA ENSEÑANZA UNIVERSITARIA, LOS PROCESOS RESTAURATIVOS EN PRISIÓN Y LA MEDIACIÓN FAMILIAR

Ana Llano Torres (Universidad Complutense de Madrid)
Alicia Beneite Almeida (Universidad Complutense de Madrid)
Elena Palomo Blanco de Córdova (Universidad Complutense de Madrid)

INTRODUCCIÓN

A menudo los profesores vamos a las aulas con la clase bien preparada, sabiendo lo que queremos transmitir y deseando que lo que ocurra en ese espacio de tiempo nos haga crecer en inteligencia, en afecto, en ganas de vivir. Dejando a un lado los casos de improvisación, de falta de dominio de la disciplina, de automatismo y hastío, en estas páginas nos vamos a referir a profesores con una gran vocación y a estudiantes que quieren aprender, como los protagonistas de la experiencia docente que queremos narrar. A veces, los alumnos nos provocan de tal modo que nos sentimos desafiados a exponernos en primera persona y entrar en diálogo con ellos; lo que acontece en el aula, y no lo que uno sabe y lleva preparado, adquiere la primacía; y la atención, la escucha activa, el arte de preguntar y pensar juntos resultan decisivos. ¡Qué distinto es entrar en el aula con el piloto automático a salir al encuentro de esa «pregunta agazapada» que esconden tus alumnos y luchar para que no se produzca «la dimisión de ninguna de las partes» (Zambrano, 2007)!

El cambio es sutil, pero real: depender de lo inesperado e incontrolable y dejarte provocar por tus interlocutores te vuelve vulnerable, y comunicar no sólo lo que sabes, sino también tus dudas y perplejidades, y sobre todo lo que eres y lo que te está pasando en la conversación con ellos, te liga al presente y te hace protagonista de ese tiempo compartido. No otra cosa es la libertad como pasión (Innerarity, 1992), la vida como vocación (Llano, 2021). Cuando ellos responden al reclamo de tu nuda persona, al verse escuchados y tomados en serio, se produce el milagro del encuentro y el conocimiento se torna una aventura apasionante.

La experiencia docente relatada a continuación, que implica a una doctoranda y a una antigua alumna a las que invité a hablar a mis alumnos de 5º del doble grado de Filosofía y Derecho, a los que me tocó dar clase sólo cinco semanas de abril/mayo, es un ejemplo minúsculo. Pero la sorpresa fue grande: lo que se prestaba, por ambas partes, a cubrir el expediente y terminar cuanto antes, se convirtió en una ocasión de crecimiento para todo el que se abrió y dejó interpelar. La feliz coincidencia de que tuviéramos en junio un seminario con Josep María Esquirol sobre su último libro (2024) nos permitió a las tres juzgar lo vivido con mayor hondura.

REFLEXIONES DESDE UNA EXPERIENCIA DOCENTE A LA LUZ DE *LA ESCUELA DEL ALMA*

Ana Llano Torres

La estima que muestra Esquirol en *La escuela del alma* (2024) hacia «las experiencias valiosas» (p. 16) —«poco es mucho» (p. 17)—, nos alentó a narrar la que acabábamos de vivir y a hacerlo en diálogo con su libro, cuyas páginas citadas pondremos entre paréntesis.

La mística del sentido común y de los ojos abiertos frente a la propaganda

Primer día de clase. Pregunto. Mis alumnos de 5° confiesan su decepción y me piden que les haga pensar, que entre en diálogo con ellos y les dé espacio. *A posteriori*, Esquirol me hará darme cuenta de que estaban pidiéndome que fuera testigo vivo de la bondad y belleza del mundo, y les diera crédito y algo de luz en medio de tanta oscuridad (pp. 38 y 47). Decido arriesgar, no sin temblor: prefiero la inseguridad y el vértigo de la aventura al tedio estéril de lo ya sabido. Propongo un tema que me inquieta: ¿qué uso de la razón cabe en un Occidente que lleva décadas oscilando entre una racionalidad instrumental ciega a la cuestión de los fines y una irracionalidad nihilista que hace tiempo desertó de las preguntas últimas? ¿Cómo recuperar el nexo con lo real? ¿Existe en las humanidades y las ciencias sociales algún criterio que nos permita discernir entre lo que nos humaniza y, por tanto, une, y lo que nos envilece y, por tanto, divide, comunicarnos y construir juntos pensando de manera diferente? ¿Qué papel juegan las ideologías en el conocimiento?

Acababa de escribir «La actualidad del mensaje de *Archipiélago Gulag* 50 años después» (Llano, 2025), con ocasión del aniversario de la obra que le valió a Alexander Solzhenitsyn el Premio Nobel de Literatura, y había trabajado sobre el Vaclav Havel disidente y Vasili Grossman, en busca de sentido y esperanza, frente a la espiral de mal y sufrimiento que engulle a ucranianos y rusos. Son voces que nos conviene escuchar y tomar en serio: de un lado, el sinsentido del mal nos obliga a no dar por descontadas la paz y la democracia, como advierte Timothy Snyder (2022); de otro, la lección del movimiento disidente del régimen soviético nos recuerda que, si introdujo una novedad inaudita en el pasado reciente con su amor a la verdad, a la libertad y a la no violencia en la Europa del Este, puede volver a hacerlo, lo cual no sólo da esperanza a un pueblo golpeado por el afán de poder y la ideología del *Russkij mir* de unos cuantos (Dell'Asta, 2023), sino que envía un mensaje claro a la Europa del Oeste: no es posible construir el mundo humano al margen de la conciencia, de lo que Esquirol prefiere llamar «una vida empapada de atención» (p. 81) que, «lejos de toda llamada a la introspección» (pp. 104 y 142), nos abre a los otros y a las cosas.

Alentada por la mirada esperanzada y aguda que atraviesa los libros de dos amigos, *Época de idiotas* (Zerolo, 2022) y *Lo que todavía vive* (Ruiz del Árbol, 2023), y al hilo de mi lección sobre el uso de la razón en la postmodernidad, invito a mis alumnos a entrar en diálogo abierto conmigo y trabajarla por grupos, relacionándola con *El poder de los sin poder* (Havel, 2018), *Ojos que no ven* (González Sáinz, 2009), o *Todo fluye* (Grossman, 2017). Educada en un realismo no ingenuo, ni pre-crítico que, acogiendo el legado de la tradición, no teme someter la razón a la experiencia, ni apelar al corazón en su sentido bíblico como criterio de juicio, converjo con Zerolo en que la unidad de sentido ya no se da hoy en la *polis*, como en el mundo antiguo, ni en la conservación de la ley eterna, como en la Edad Media, ni en la razón crítica, como en la modernidad, sino en la persona que vive en la historia. Alguien capaz de trascender los hechos y por ello, en términos esquirolianos, un ser «metafísico y religioso» (p. 168).

Hoy necesitamos la verdad encarnada. «La palabra sólo puede madurar en el seno de alguien», escribe Esquirol (p. 98). «Las palabras vacías enferman a las personas […] Sin palabras vivas, la vida mengua» (p. 163). Dando prevalencia al admirar, prestar atención, mostrar y describir, sobre el analizar, demostrar y explicar (p. 41), propone una filosofía centrada en el respeto, la mirada y la atención (pp. 67-68). Denuncia la falta de «sentido común y confianza» y el «psicologismo que nos invade» (pp. 63-64), y desaconseja «cuestionar el sentido común antes de tiempo si no se quiere entrar de golpe en una maraña monumental» (p. 92). Ni «complicar las cosas innecesariamente», ni «reducir el misterio» que late «en el subsuelo de todas las cosas» (p. 168).

Concibiendo la razón como «ventana», ni molde, ni esquema, prioriza lo concreto, la abstracción viene después (p. 69). Esquirol nos reta a despojarnos de nuestras medidas, imágenes y prejuicios, para no perdernos la realidad tal como emerge en la experiencia. No duda en sostener que «prestar atención» es «hacer metafísica», es decir, «remontar más allá de lo dado para captar aquello que lo hace posible», sin quitar fuerza a lo concreto, ni absolutizar el dato» (p. 72). «Sin la mística del sentido común y de los ojos abiertos, comienza la asfixia lenta y la depresión» (p. 169). Ajeno a todo gnosticismo, propone una filosofía de la proximidad y la relación: a la obsesión por la interioridad, que encierra y ensimisma, opone el camino «abierto» que, «juntando cielo y tierra, conduce al recogimiento [...] La reflexión no se añade, es la vida humana misma» (p. 142), e invita a vivir, que es «aprender a vivir» (p. 144).

Pronto detecto el desacuerdo en mis alumnos, tanto al discutir la lección, como en sus exposiciones sobre *Ojos que no ven* y *Todo fluye*. Su escepticismo me hiere. Da que pensar. ¿Qué legado les estamos dejando? Parecen sordos a lo más imperecedero del testimonio de Grossman: la primacía de la vida, que es libertad, sobre el mal absurdo e inútil de un sistema totalitario que pretendió acabar con ellas para llevar a cabo su proyecto de un ser humano y un mundo nuevos, y que, en su barbarie, demostró fácticamente la falsedad del axioma hegeliano «todo lo real es racional». Pero ¿fue ese su mensaje o algo que yo quise ver? No en vano la diversa interpretación del horror vivido en los campos y de su sentido o absoluto sinsentido enfrentó a grandes disidentes. Intuyo que tengo algo que aprender. Quiero escucharlos de verdad.

También miran con reticencia el reclamo de González Sáinz al indomable abrir los ojos, al asombro y gratitud hacia lo real, para evitar la ceguera de los de los ojos torvos. Recelan de su distinción entre un uso ideológico de la razón, que enemista, vacía de sentido a las palabras y legitima la violencia en nombre de una causa abstracta, y una mirada atenta y respetuosa a las cosas y a los otros, que busca palabras preñadas de significado para comunicar el espesor de la experiencia vivida, para comprender y dar sentido a lo que pasa, para relacionarse con los demás. Acusan al escritor soriano de esencialismo, rehúsan discernir el bien del mal en las posturas de los personajes, rechazan todo intento de oponer el pretendido realismo de unos a la ideología de otros, y les suena extraña e ilegítima la noción de corazón en sentido bíblico a la que apelo.

Si ya veía yo la necesidad de replantearme la noción de ideología y qué realismo es hoy posible (Dreyfus, Taylor, 2016), cómo redescubrir lo real (Pieper, 2024), mis alumnos, afines a los maestros de la sospecha, la filosofía analítica y la hermenéutica, tachando de ilusoria, ingenua o tramposa mi posición, me han dado el empujón final. Deberé estudiar los trabajos de Terry Eagleaton sobre ideología (1997) y cultura (2009), los de Michael Freeden (2013 y 2006) y Jason Blakely, *Lost in Ideology* (2024), buscando luz sobre la historia del concepto, sus acepciones y la conveniencia o no de recurrir a él, así como comprender qué implica vivir en una era secular y razonar de forma crítica, objetiva y no reductiva ni despectiva, sobre las diferencias ideológicas. ¿Cabe hacer juicios objetivos acerca de las ideologías? ¿Es posible evitar el relativismo? Basten, por ahora, dos sugerencias de Esquirol: si la vibración de la verdad personaliza y llama a responder, y la propaganda despersonaliza y disuelve el yo en la masa, es precisa una filosofía atenta y próxima a la vida concreta (pp. 78-80); el reposo que exige el cuidado del alma permite distinguir los auténticos pensamientos, que contienen mucha vida y, por tanto, necesitan reposar, de las meras teorías, que no reposan (pp. 147-148).

Frente a la sospecha, una educación de la libertad como respuesta interminable

Algunos de mis alumnos se resisten a reconocer el bien en el protagonista de *Todo fluye* y el mal en Lenin y Stalin, o consideran problemático calificar de humano el modo de pensar y vivir del protagonista de *Ojos que no ven*, y de inhumano y violento el de su hijo etarra. ¿No tiene más sentido reconocer que la libertad no se desvela igual al obrar bien que al obrar mal, y que «el mundo no invita a la destrucción, sino al cultivo y la recreación» y «el otro no convoca al asesinato, sino al respeto» (p. 60)?

Renunciar a discernir el bien del mal nos desmoraliza y deja en manos del más fuerte. ¿Por qué algunos alumnos ven en mi insistencia en la conversión personal una peligrosa forma de eximirme de la responsabilidad de cambiar las estructuras degradantes? Yo sólo trato de huir de la utopía de quienes «tratan de escapar de la oscuridad de dentro y de fuera, soñando sistemas tan perfectos que ya nadie necesitará ser bueno. Pero el hombre que es dejará en la sombra al que pretende ser» (Eliot, 1981), y creo en el «primer principio pedagógico» de Simone Weil que recuerda Esquirol: lo decisivo, incluso en unas condiciones de vida humillantes, es «restablecer la dignidad» brutalmente violada, como en los campos de exterminio, o «restablecer la confianza», en situaciones menos graves (p. 61). Ahora bien, si educar es confiar (p. 62) y favorecer el sí libre del otro (p. 14), cuando las circunstancias sociales son esclavizantes «ayudar a ser origen requiere luchar para la liberación y la emancipación» (p. 64). Afirmar que es ingenuo o engañoso pretender hacer más humano el mundo partiendo del cambio del corazón de las personas, en vez de erradicar las estructuras podridas, es contraponer lo que en la realidad está unido, afirmar un polo a costa del otro cuando se trata de dar cuentas de la complejidad de lo concreto. ¿Cómo no recordar *El contraste* de Guardini (1996)? Los alumnos que leyeron *El poder de los sin poder*, en cambio, conocieron a un hombre para el que vivir en la verdad no fue sólo su lema como disidente y pensador, sino su ideal en la lucha política por generar estructuras paralelas, espacios de libertad frente a la alienación.

Grossman hace un retrato magnífico de la irreductibilidad del yo y de su libertad como capacidad de renacer entre las ruinas.

Para el escritor judeo-ucraniano ningún fin justifica la violación de la libertad, afirmación que Stalin nunca le perdonó y le valió el ostracismo. Lo que más me impactó de *Todo fluye* y que mis alumnos, para mi asombro, ignoraron, fue que el protagonista, Iván, después de treinta años en el infierno del gulag, afirmara que «el momento más terrible» había sido... ¡una conversación en su «celda, al amanecer, después de un interrogatorio», con el hombre más inteligente que había conocido! Su cinismo le hiere e infunde miedo, porque hace que su fe en la libertad se tambalee. ¿De qué libertad se trata para que su sola negación teórica le asfixie?

Desconfiando de «las filosofías que elaboran sistemas demasiado potentes» (p. 55) y reducen el peso del ser humano, o simplemente decretan su muerte, Esquirol prefiere no usar una palabra tan manoseada como libertad, y hablar de la capacidad de trascender lo dado, de ser alguien «convocado a no dejarse llevar», a ser «origen, inicio» (pp. 56-57) y hacer «su camino», confirmado y alentado por el sí del maestro (p. 64). ¡Qué visión tan ajena al absoluto desprecio del sujeto por parte de tantos ismos!

Parte de la experiencia: aquí y ahora, en esta circunstancia concreta, si presto atención y sorprendo mi yo en acción, me encuentro con un cierto poder: «ser inicio significa poder responder a la situación» (pp. 59-60). ¡Qué distante de la vulgar *free choice!* «Las cosas importantes no se eligen como en un supermercado. Esto es una caricatura de la libertad» (p. 63). ¡Qué lejos de la voluntad de poder que se autoafirma hasta el infinito! «La vida que es capaz de rebajarse gana. De hecho, *la libertad* más auténtica es ésta: la libertad de la entrega» (p. 134). Estando en las antípodas de todo autoritarismo, no duda en reivindicar «la obediencia que libera y el límite que engendra», la escucha y seguimiento de «lo que vale la pena», pues posibilitan «la mayor de las libertades»: «la palabra que brota de lo más profundo de uno mismo» (pp. 88-91). «Los vínculos nos liberan» (p. 160), concluye.

Para el compañero de celda de Iván, la historia se resume «en el eterno paso de una forma de violencia a otra [...] todo permanece inmóvil [...] sobre todo [...] el hombre». Extenuado, consciente de que el siglo XX «es el siglo en que la violencia del Estado ejerce sobre el hombre ha alcanzado su cota más alta», Iván se estremece, siente el peso de sus palabras que caen, con su lógica aparentemente irrefutable, sobre la frágil y titubeante llama de su fe. Para él, la hiriente realidad del mal, su poder destructivo y arrollador «ha hecho tambalearse el principio hegeliano del proceso histórico mundial: 'Todo lo real es racional'». Esta es la paradoja que se le ha desvelado en su dura vida: «en el momento del triunfo completo de la inhumanidad se ha hecho evidente que todo lo creado por medio de la violencia resulta finalmente absurdo e inútil».

Cuando Alekséi, tras admitir que la mentira de su compañero resulta reconfortante, niega la historia, porque no hay nada que haga crecer «lo humano [...] en el hombre», Iván siente un dolor insoportable que le quita el respiro y el deseo de vivir. Lo más increíble es que, insinuando una ley de la historia, afirma a continuación: «el alivio me llegó del lugar más insospechado: me arrastraron de nuevo al interrogatorio». Frente a los fantasmas y monstruos de la razón, el alivio viene de lo real que nos toca, nos llama, nos provoca, ¡de la vida! Frente a una lógica que nos enfrenta a la realidad y nos hace odiarla, el gran aliado es la vida que, con sus imprevistos, nos saca de nosotros mismos devolviéndonos a la realidad, desafiándonos a ir más allá de su apariencia para dar con su significado. Todo lo real en su materialidad y concreción, incluido el pecado, puede jugar a favor del hombre y acercarle a Dios, como enseña el Escrutopo de *Las cartas del diablo a su sobrino* (Lewis, 2006).

La educación para la libertad como responsabilidad que propone Giussani está en clara sintonía con Celan, Kafka, Benjamin y Weil, que siguen —advierte Esquirol— la estela de Malebranche. En *El sentido religioso* el sacerdote milanés reclama una educación en la atención y la aceptación, en una actitud de pregunta y espera activa, que se traduce en petición, en hambre y sed, en una simpatía original por el ser, en la elección de la positividad como punto de partida. Sin esa «disposición personal», según Esquirol, «el humano no puede acercarse al umbral donde lo más valioso puede advenir. Sólo quien esté atento podrá recibir entero el regalo del poema. O el regalo del mundo. O el regalo del tú. O la revelación más profunda» (pp. 65-66). ¿Y quién no quiere regalos?

El nihilismo como ocasión de testimoniar la vida y la esperanza

Un regalo fueron las dos clases impartidas por mis antiguas alumnas. Mi propuesta de reservar un espacio a la mediación y a la justicia restaurativa como ejemplos prácticos de un uso más amplio y dialógico de la razón fue acogida por los estudiantes con gran interés. Elena tuvo la osadía de partir de algunas de mis afirmaciones y, además, preguntarles, de modo que el choque se produjo de inmediato. El clima de confrontación se transformó, como por arte de magia, en cuanto pasó a contarnos su experiencia como mediadora en los casos que ha llevado. Ocurrió lo mismo cuando Alicia les comunicó su experiencia como facilitadora de procesos restaurativos en prisión, contándoles historias reales de presos y víctimas concretos.

Mis alumnos ya no se oponían al escuchar que la verdad que importa es la que vive la persona concreta; que nos entendemos mejor si usamos la razón partiendo de la experiencia, hecha de razón y de afecto; que llegar a un acuerdo con la persona a la que estás enfrentado libera y apacigua o, al menos, no aumenta la animadversión; que la lógica jurídica, tan valiosa como limitada, se opone a la lógica de la mera fuerza; que todo ser humano tiene hambre de verdad y justicia y, cuando se le ha infligido un daño, no se conforma con un juicio y la imposición de una pena al culpable, sino que necesita conocer la verdad de los hechos (no sólo su aspecto más externo y cuantificable), y la reparación del daño moral o emocional que sufrió; que el mal daña y el bien cura; etc.

Frente a los prejuicios (de los que nadie está libre), la dialéctica se revela estéril. Es mejor ser testigo, «alguien capaz de quedar afectado o tocado» (p. 149). Si «la interioridad […] es […] el lugar en el que el infinito me afecta y me convoca con mi propia voz» (p. 171), Elena y Alicia transmitieron esa conmoción por la vida, la muerte, el tú y el mundo, que describe Esquirol en *Humano, más humano. Una antropología de la herida infinita* (2021). Nuestra condición humana sufriente nos permite conversar con quienes piensan distinto más pendientes de entenderles, encontrar puntos comunes y aprender a vivir juntos, que de demostrar que tenemos razón. Dando testimonio de lo increíble (p. 151), movieron a mis estudiantes a descubrir la fuerza del sí, retándoles a «no incrementar el infierno», imitar a «las incontables buenas personas de este mundo» (p. 10) (p. 17) y sumarse «a la conspiración del desierto» (p. 11).

Cada año intento transmitir a mis alumnos que el nihilismo no puede ser la última palabra: algo en nosotros se rebela ante la nada y el sinsentido. La experiencia de la contingencia y de la finitud no puede llevarnos a concluir, negando la experiencia primordial del asombro, que preguntarse por el significado y sentirse herido por lo infinito es de locos. Me confortó el reclamo de Esquirol a acusar tanto la belleza y hondura del mundo, como la presencia del mal y del sufrimiento, avalado por un aliado de la talla de Camus, por su deseo de «conservar intacta una doble memoria de las cosas. Sí, existe la belleza y existen los humillados», por su descubrimiento de que «en medio del invierno» había en él «un verano invencible» (p. 135).

Para Esquirol, «el nihilismo es un cierre» cuyo antídoto es «la educación» (pp. 156-157), que exige cultivar «el alma […] porque *puede perderse*» (p. 153). Tras resaltar que somos «un ruego, una pregunta», *alguien* al que la nada afecta terriblemente, afirma: «La esperanza no anula la desesperación —¿qué precio habría que pagar para conseguir algo así?—, pero no deja que lo ocupe todo y mantiene abierta una brecha. Es como si en cada cima de la desesperación hubiera una especie de asidero secreto e invisible […] La desesperanza tiene siempre el aspecto del cierre: sin mañana, sin tiempo, sin ventana. El alma humana está hecha de esperanza» (p. 158). El hombre se sabe finito, pero «quiere *salvaguardar* […] pide ser salvado […] El humano y el mundo, de la mano y temblorosos, llegarán juntos al último umbral» (p. 159).

A quienes nos identificamos con la escuela del alma nos une «el hecho de estar en camino y de anhelar o, como dice Weil, de «sentir hambre», que es como concibo yo «la religiosidad (bien entendida y bien vivida)» (pp. 183-184). Nada me interesa más en mi día a día que apegarme «a la conmoción que somos y a lo que nos desborda» (p. 178) y responder a lo que «va más allá de nosotros mismos». Es la experiencia de la resonancia que reivindica Harmut Rosa en un tiempo dominado por el afán de disponer y controlar (2019 y 2021). Desde mi experiencia de que «*hay algo más que cuenta*» que el mundo trata de acallar, deseo mantenerme abierta, «*en camino y al servicio*» (p. 180), fiel al anhelo de que «el sinsentido […] no tenga la última palabra» (p. 183), en esta escuela del alma regida por la lógica de la gratuidad, de lo «sin porqué» (p. 187).

EDUCANDO EN LA «UTOPÍA» DE LA JUSTICIA RESTAURATIVA: CLAVES DE *LA ESCUELA DEL ALMA*

Alicia Beneite Almeida

¿Por qué una «utopía»?

Haciéndonos conscientes de la necesidad de ubicarnos no solo en las palabras que siguen, sino en la propia vida humana, que «es afín a los lugares» (pp. 19-37), Esquirol muestra que la «escuela del alma» puede ser el colegio, la universidad, la casa o la prisión. Podemos llegar a entender que la escuela del alma es la vida misma donde acontece la persona como una «soledad existencial» que habla de un «ser alguien». La escuela del alma es la vida terrenal concreta donde cada espíritu encarna en su individualidad esa responsabilidad infinita de Lèvinas, permitiéndose de esta manera la constante evolución pedagógica. Así, todos los lugares que el hombre transita y habita están interconectados por un mismo objetivo: la pedagogía del alma donde todos somos alumnos y maestros. El profesor o el que facilita procesos restaurativos «no son más que instrumentos en las manos de Dios», como señala Edith Stein en *La estructura de la persona humana* (2002).

Por ello me atrevo a hablar de mi experiencia, no solo de mi experiencia como facilitadora de procesos restaurativos, sino también de las intuiciones educativas que se han ido generando durante mi experiencia en la formación de justicia restaurativa, desde mi vivencia como alumna hasta mi vivencia como profesora en la actualidad.

Tanto en la prisión como en el aula universitaria el sentido de la escuela del alma es «alcanzar la universalidad desde la marginalidad» (p. 27). Con esta conciencia de unicidad e interconexión de los lugares, Esquirol nos recuerda que «la palabra *universitas* significa 'comunidad o colectivo' y poco a poco se fue restringiendo a una comunidad específica, 'la comunidad de maestros y discípulos'» (p. 28).

Por ello, el estar siendo «alguien» en comunidad, sea en las salas grises, emocionalmente frías y, en ocasiones, malolientes, donde tienen lugar los procesos restaurativos en prisión, sea en las antiguas y/o renovadas aulas de la facultad de Derecho de la Universidad Complutense de Madrid, me obliga a atender apasionadamente, en cuerpo y alma, a las vivas y vivificantes palabras del Éxodo 3,5 que Esquirol trae a su libro: «quítate las sandalias, porque estás pisando un lugar sagrado». Verdaderamente experimento ambos sitios como lugares sagrados, donde ocurren cosas extraordinarias que se escapan de mis manos y, a la vez, pasan por mí, cuentan conmigo, están diseñadas para que yo las viva junto a cada uno de los otros «alguien» que conforman una comunidad en cada espacio-tiempo determinado.

Durante la carrera de Derecho, algunas personas me hicieron llegar la idea (o el juicio) de que vivía instalada en una «utopía» («*proyecto deseable, pero irrealizable*», según la RAE) al pensar que el Derecho y la sensibilidad eran compatibles y que la justicia restaurativa era posible, real y un buen complemento para nuestro sistema de justicia penal actual. Cuando me embarqué en el estudio de la justicia restaurativa, me percaté de que la «utopía» se cernía, no solo sobre el mundo del Derecho, sino también sobre el mundo de la Educación, dado que comencé a aprender esta temática jurídica a través del Aprendizaje por Servicio y la educación experiencial, método pedagógico también acusado de utópico por algunos, pero que fue imprescindible para mi camino de comprensión.

Muchas veces se considera la justicia restaurativa como un camino utópico. Sí, se puede pensar que es utópico, a lo mejor por desconocimiento o por pensar erróneamente que se propone como una nueva manera de hacer justicia aplicable a todos los casos y alternativa a nuestro sistema judicial. Se puede pensar que es utópico que un victimario se responsabilice activamente del daño causado a la víctima y quiera repararlo más allá del cumplimiento de la pena impuesto por la sentencia. Algunos quizá no puedan comprender que algunas víctimas quieran ver al victimario o entablar con él un diálogo donde puedan ser colmadas algunas de sus necesidades más profundas, como por ejemplo la necesidad de alcanzar una verdad más allá de la limitante verdad jurídica recogida en los hechos probados y en el fallo de una sentencia judicial. En este sentido Esquirol nos recuerda que «la primera verdad nunca es la del mundo. Es la verdad del otro» (p. 18). También el victimario se ve interpelado por la verdad que le trae la víctima, al mostrarle las consecuencias concretas que tuvo el delito para ella. Se puede considerar «utópico» que alguien que ha cometido crímenes graves pueda transformar el mal causado y convertir el daño infligido en una ocasión de bien. La misma confianza en la capacidad de evolución del ser humano y el reconocimiento del protagonismo de la víctima y del victimario como responsables activos de su camino puede sonar a «utopía». «Utópicos» pueden resultar, en fin, el deseo de verdadera paz y el deber de fraternidad.

También la educación experiencial y el aprendizaje por servicio pueden estimarse «utópicos», irrealizables. Algunos pueden juzgar «utópico» que el profesor cultive la atención, la proximidad, la mirada y el asombro de los alumnos ante la realidad, como hacen estas dos metodologías pedagógicas. También podría sonar a «utopía» el aprendizaje a través de la experiencia propia y ajena o que los alumnos sean los que hagan su propio camino acompañados por su profesor «hacia las cosas y luego hacia la hondura» (p. 12).

Todas estas «utopías» se pueden reconducir a la que cabe calificar de gran «utopía»: comprender la existencia como una respuesta a la que se nos invita, como un vivir siendo conscientes de que somos responsables ante nosotros mismos y ante los otros. Así que, con el peso de las «utopías» irrealizables sobre mis hombros, llegué a tener en mis manos y frente a mis ojos la página del libro de Esquirol donde dice que «hay utopías que son de este mundo. Cuando la verdadera paz empapa las relaciones de la vida comunitaria, la utopía acontece» (p. 10). Esto fue un verdadero descanso.

Descubro así que la justicia restaurativa, la educación experiencial y el aprendizaje por servicio no son «utopías» en el sentido de metas irrealizables que orientan nuestro presente, ni tampoco metas que pueden llegar a realizarse y ser «topías», sino utopías ya realizadas en los márgenes, en la marginalidad rodeada de montones de situaciones grises tal y como este autor nos lo describe.

«Lo humano se ha realizado ya» porque hay personas en las que podemos ver reflejada la humanidad cumplida, respondió Esquirol a mi pregunta en un encuentro que nos regaló. En este sentido, la utopía es, tiene lugar, se ha realizado ya, porque tanto en lo jurídico como en lo pedagógico, en mi experiencia yo me he encontrado con pequeños «círculos o manchas de paz» que se materializan «en la horizontalidad de la tierra» (pp. 107-109). Tienen unas veces la forma de experiencias novedosas en escuelas o proyectos de innovación docente de profesores universitarios utópicos, y, otras, la de procesos restaurativos de juristas utópicos y facilitadores de justicia restaurativa en el ámbito Derecho.

Sobre la responsabilidad de ser alguien y el valor central del encuentro

La universidad es un lugar en el mundo donde puede suceder el encuentro. La carrera universitaria es carrera porque es camino, y cuando uno se halla en este peregrinaje advierte que es un camino que se anda, se re-corre, se integra y se recuerda. «El principal encuentro que se da —o que debería darse— en la escuela o en la universidad es el encuentro con la maestra o el maestro. También es importantísimo el encuentro con los compañeros» (p. 44). Para el alumno, el maestro y los compañeros componen una de las comunidades donde él es, crece y aprende tanto conocimientos científicos como su responsabilidad ante las preguntas vitales que le vienen dadas, donadas, como una gracia, por la mera existencia del maestro y de los compañeros, porque «la soledad que yo soy no es una invitación al egocentrismo, sino a la fraternidad» (p. 110).

El universitario, cuando reconoce que es «alguien» porque es mirado en su dignidad, «canta y celebra vivir junto a los que viven», y así, haciéndose «amigo de trazos, números, palabras o gestos bellos», «se convierte en fuente» (p. 15). Yo, como alumna de Derecho, canté reconociendo mi autenticidad cuando me reconocí digna a través de la mirada del otro. «El alumno experimenta confianza porque el primero en confiar es el maestro. El maestro confía algo al alumno. ¿Qué? El mundo» (p. 48). Por eso, desde mi vivencia, la premisa para la educación en la escuela del alma es la confianza del maestro en el alumno. Coincide con él Stein cuando advierte que el educador ha de tener «una profunda veneración y un santo respeto ante los jóvenes cuya educación se le confía» (2002).

También la justicia restaurativa puede entenderse como un espacio donde se promueve el encuentro. Aquí el primer encuentro ha de ser el del victimario o el de la víctima con el facilitador. El trabajo restaurativo grupal que realizamos para preparar posibles actuaciones de reparación es el espacio que propicia que la víctima se encuentre con otras víctimas del grupo en el que está. Lo mismo sucede con los victimarios, porque la vida de uno resuena en la vida de los otros participantes. Estos encuentros son la premisa para el posible encuentro entre víctima y victimario o de estos con la comunidad, porque el facilitador y los compañeros nos permiten encontrarnos con nosotros mismos. El encuentro con uno mismo pasa por reconocer nuestra «soledad existencial», nuestra individualidad, que somos «alguien». Esto es trabajado de manera consciente en el proceso restaurativo propiciando que la víctima vuelva a sentir una dignidad que realmente no perdió como consecuencia del delito, aunque pueda sentirlo así. Lo mismo se trabaja con el victimario para que logre conectar con esa dignidad que cree haber perdido en su itinerario delictivo y carcelario, pero que nunca llegó a taparse del todo. Esquirol nos recuerda que «somos origen, pero, a veces, las circunstancias sociales son tan duras y condicionan tanto que esclavizan a las personas» (p. 61), ya hayan sufrido o cometido un delito. Por ello, el facilitador acompaña a la persona para que recuerde que es digna. Que la víctima y el victimario se sepan dignos conlleva que adviertan que las circunstancias que han vivido no son determinantes y que, de nuevo, pueden ser origen, es decir, pueden hacerse responsables activamente de sí mismos y de sus circunstancias en el presente, y «querer hacer un buen camino, aquí, justo aquí» (p. 17). Es importante que tenga lugar el encuentro con uno mismo en el mundo, con el ser interior que uno es en su interacción con el exterior, con la propia dignidad intrínseca desde la relación con el otro. Esta es la dignidad inalienable del ser humano, la dignidad inmanente a las condiciones y circunstancias que vienen del exterior.

Desde esta perspectiva, en mi experiencia he descubierto cierta analogía entre los procesos de justicia restaurativa y la enseñanza: la sola existencia y presencia del facilitador o del profesor confirma a la víctima y al victimario, o a los alumnos, que están existencialmente «solos» (p. 52). De alguna manera el proceso educativo y el proceso restaurativo convergen en «las palabras silenciosas» que el profesor o el facilitador dicen sin decir al otro: «estás solo, pero, conmigo y con otros, podrás ser poeta y obrero de más mundo» (p. 53). Por tanto, a mí me resulta indispensable que el trabajo educativo o restaurativo permita a la persona tomar conciencia de su unicidad, de la riqueza que ya es y que podrá seguir redescubriendo como un núcleo puro esencial y consustancial a su humanidad, que mora candente en su interior tras la coraza del personaje. Reconocer en nosotros el santo origen (es decir, la autenticidad que uno es por el mero hecho de existir) supone un camino intenso e interminable donde cada caminante descubrirá siempre de nuevo su profunda dignidad. Si durante este trabajo la persona consigue reconocer que es «alguien», ese «ser inicio» conllevará que acepte que tiene una responsabilidad infinita y hermosa ante todo lo que sucede.

Por eso, «la soledad existencial es la condición de todo encuentro» (p. 52), y este sucede gratuitamente, porque «no hay ninguna fórmula» para asegurarnos de que siempre acontecerá. «No hay un manual de instrucciones, ni puede haberlo», ya que el encuentro es encuentro precisamente porque «es sin porqué», pero «sí hay un tipo de cultura y de ambiente que favorece, inspira y prepara los encuentros» (p. 45), que ha de ser permitido, fomentado y facilitado legislativamente. Así podrán seguir desarrollándose a fuego lento esos proyectos, procesos y profesionales utópicos, y generándose lugares sagrados (las salas y aulas en prisión y las aulas universitarias) donde se pide esa *epojé* griega que es «el paréntesis que hace posible atender a algo porque deja suspendido todo lo demás, inclusive las circunstancias de fuera del aula» (p. 70) porque la «sacralidad del aula es el imperativo de la compañía. El aula es el lugar en el que, en compañía, se presta atención a las cosas del mundo» (p. 114).

Cuando la víctima, el victimario, el facilitador, el alumno o el profesor han podido encontrarse consigo mismos, ya están preparados para el encuentro con el otro. Cuando el encuentro sucede, me atraviesa la «no indiferencia» y «me lleva a querer ser más yo mismo, en formas de compromiso y responsabilidad» (p. 44). Ese «ser más yo mismo» nos habla de que, a partir del encuentro, otra capa de la corteza del personaje ha sido quitada y el ser esencial de la persona emerge un poco más, porque tiene más hueco para poder ser, respirar, expandirse e irradiar hacia el exterior «la fuerza del sí» (pp. 137-144) ya dado cuando se comenzó el camino. El encuentro con los ojos del otro, con la vida del otro que se despliega ante mis sentidos, hace que me vivencie como «alguien», porque «la experiencia de ser inicio se da concretamente en el seno de tales relaciones. Sin los demás, por ejemplo, no habría libertad y, precisamente, en el encuentro con el otro se pone en juego la libertad porque «ser inicio significa poder responder a la situación» (p. 60), poder responder ante el otro que se halla en el mismo lugar que yo, frente a mí, y que espera de mí un acompañamiento como profesor o facilitador, o que espera de mí respuestas a sus preguntas, si tengo delante, como victimario, a la víctima del delito que cometí. Esto requiere un gran sentido de la responsabilidad por parte de todos los involucrados, «una responsabilidad radical ante el rostro del otro» (p. 112) que se nos regala como don y nos reclama la palabra o la acción, pues «sin una determinada disposición personal —sin la fuerza del espíritu suficiente— el humano no puede acercarse al umbral donde lo más valioso puede advenir» (p. 66).

Es difícil tratar de convencer con razones de que el verdadero encuentro humano entre profesor y alumno puede darse. Más difícil aún es afirmar que este encuentro con la mirada del otro puede tener lugar entre víctimas y victimarios. Pero lo cierto es que esto es, existe, acontece, no es una «utopía» en el sentido de irrealizable, sino que es una realidad pequeña, acotada y no genérica. No es una panacea, pero el encuentro ya sucede en los márgenes y, aunque «en verdad, encuentros auténticos hay menos de lo que parece», los encuentros auténticos existen, sí, «a veces ocurren verdaderos encuentros. Justo cuando un alma toca otra alma. Cuando una hondura es tocada por otra hondura» (p. 43). «No hay encuentros de mentira» el encuentro (sea entre profesor y alumno, entre compañeros, entre víctima y victimario, o entre estos y el facilitador o la comunidad) es de verdad. «No solo eso, es un encuentro donde emerge la verdad» y, a la vez, «en el camino de la verdad, cada uno deviene más sujeto» (p. 78).

Yo soy testigo de estos tipos de encuentro tanto en la cárcel como en la universidad, uno de esos «testigos vivos, en primera persona, de esa conmoción, de esa infinitud que nos traspasa», «de la vida» (p. 150), lo cual conlleva una responsabilidad infinita. «Testimoniamos lo inaudito, excepcional y, de alguna manera, misterioso, secreto» (p. 151), así que si finalmente alguien comprende el milagro y la verdad de los encuentros es «a partir del testimonio» (p. 47). Todo el que participa de la Educación y del Derecho en sus marginalidades, es y está llamado a ser «obrero del mundo (capaz de crear más mundo en el mundo), obrero de vida (capaz de intensificar la vida), obrero de fraternidad (capaz de crear más vínculos con el tú) y obrero de sentido (capaz de encontrar sentido, crearlo y esperarlo)» (p. 15). Si otros comienzan el camino de la comprensión (más espiritual que mental), será a través del testimonio, como indica el título de uno de los libros de Luigi Giussani, *El camino a la verdad es una experiencia* (2007).

LA MEDIACIÓN FAMILIAR COMO LUGAR DE JUNTURA, ORIGEN Y CAMINO

Elena Palomo Blanco de Córdova

Cuando mi antigua profesora de Filosofía del Derecho me invitó a hablar de mi trabajo como mediadora en una de sus clases, una enorme ilusión y emoción me recorrió todo el cuerpo. Iba a ponerme delante de los alumnos de 5° del doble grado de Derecho y Filosofía en cuyo lugar estaba yo no hace mucho. No quería ceñirme únicamente a unas nociones básicas sobre la mediación familiar. ¿Qué tenía que ver con la Filosofía del Derecho? ¿Cómo he terminado dedicándome a este trabajo? ¿Qué engranajes habían acabado conjugándose en mí para acabar encontrando mi vocación en la gestión jurídica y emocional de los conflictos familiares? ¿Cuál había sido mi recorrido?

Pensé en los alumnos. Yo también me había sentido perdida, poco ubicada en el ajetreado y competitivo mundo de los despachos, deseosa de una vida coherente con mis inquietudes filosóficas, en un mundo cada vez más acelerado y, a la vez, aletargado. No me contentaba con una clase conceptual, gris y legalista. No respondería a las necesidades que yo, tan solo dos años atrás, sentía nacer en mí sentada en aquellas sillas apretadas y frías del aula. Quería que pensásemos juntos, pero que pensáramos de verdad. Decidí hablarles desde el corazón y tratar de conectar con ellos. Deseaba saber de ellos, mostrarles que es posible conjugar Derecho y Filosofía en la práctica profesional, interpelarles, decirles que sus inquietudes merecían ser tenidas en cuenta, que yo había sido una más como ellos y que podían contar conmigo.

Provocada por los temas que Ana había trabajado con ellos durante el curso decidí arriesgar personalmente, como había hecho ella. Elegí como título «Los fundamentos filosóficos de la mediación familiar». Tal vez sonara pretencioso, pero el resultado no pudo ser mejor: se produjo un verdadero encuentro. No sin sufrimiento. Me explico. Tuve la osadía de empezar haciendo mías algunas afirmaciones que aparecían en el material que Ana nos pasó, sin prever que me iba a topar con el desacuerdo radical de alumnos sólo un par de años más jóvenes que yo. Abrí la clase con la siguiente pregunta de Ana: «¿Cómo se descubre la propia humanidad y qué permite a uno crecer como persona?». Enseguida percibí cierta hostilidad. Lejos de dar paso a un debate interesante, provocó una serie de reacciones en contra y un atrincheramiento por su parte. La cuestión que planteé, tratando de acercarme a ellos y generar un espacio de diálogo, suscitó más bien división y sospecha. Un tanto perpleja vi que la clase continuó discurriendo bajo esa dinámica y se alteró aún más después de escuchar una parte del vídeo «Cómo hablar con los que piensan distinto» de Guadalupe Nogués. La bióloga argentina enfatiza la importancia de la empatía, la escucha activa y la apertura mental, así como el riesgo de identificarnos férreamente con nuestras ideas y pensamientos al hablar con aquellos que piensan diferente. Su reclamo al caer en la cuenta de que no somos (sólo) lo que pensamos y a encontrarnos con el otro en el plano del afecto —no sólo del intelecto— mostraba con eficacia lo que se pone en juego en el espacio de una mediación. No obstante, se generó en clase precisamente lo que Guadalupe intentaba deconstruir en su video. Salieron en defensa del valor de las ideas y se sintieron atacados en lo más profundo de su persona.

El clima cambió de forma imprevista cuando empecé a contar lo que he aprendido mediando entre cónyuges que no saben escucharse y entenderse, pero tienen claro que es preferible acudir a la mediación, antes que a ese último recurso jurídico que es el juicio. Ante la concreción de las historias que vivo a diario, ya no saltaban de forma reactiva, sino que preguntaban con interés, ya no se situaban en el plano de las ideas, sino que descendían al plano de la experiencia que les estaba interpelando, porque tenía que ver con sus vidas, y deseaban saber más. Sus rostros, su tono, sus miradas, su postura, sus intervenciones eran distintas. Con todo, yo salí de esas casi dos horas con un sabor agridulce y asombrada de lo difícil que es dar clase. Sólo más tarde, comentándolo juntas, entendí lo distinto que es entrar en el aula con el automatismo cansino de quien se dispone a explicar lo que sabe, a decidir exponerse y entrar en diálogo auténtico con los alumnos sobre la vida que, como nos repite Ana, con palabras de un maestro suyo, es la realidad en cuanto que te toca, te llama, te provoca.

El mediador familiar como cultivador del alma

Si, como enseña Esquirol, educar implica confiar, dar confianza, incluso «restablecer la confianza» rota (p. 61), y hacer «que lo humano del humano florezca y fulgure» (p. 154), mi trabajo como mediadora familiar tiene un claro componente educativo. La mediación es uno de esos «lugares que a menudo son obras —instituciones— humanas» cuya articulación conforma el mundo humano. Responder a la necesidad de alimento y renovación continua para no vaciarse o esclerotizarse es «cultivar el umbral», siendo éste a la par «diferencia y juntura» (pp. 20-21). Si «la diferencia nos orienta, la homogeneidad nos deprime. El horizonte es diferencia y juntura» (p. 13). Nuestra humanidad exige cultivo, si queremos «evitar la tendencia al cierre, al enfriamiento, a la indiferencia, a la disminución de la humanidad», o, en positivo, favorecer «proximidad, cuidado, atención» (p. 115).

¿Qué es la mediación? ¿Qué papel juega en los conflictos familiares? La mediación familiar es un proceso voluntario y confidencial en el que un profesional imparcial facilita la comunicación entre miembros de una familia para ayudarles a resolver conflictos y alcanzar acuerdos mutuamente aceptables. J. M. Haynes la define como «un proceso en el cual un tercero neutral ayuda a los miembros de la familia a negociar de manera efectiva y a resolver disputas, con el objetivo de mejorar sus relaciones y promover una convivencia más armoniosa» (2000). La mediación se basa en el «principio de autodeterminación de las partes», que deciden eludir la vía judicial, no ponerse en manos de un juez para que resuelva lo que considere más justo, legal y equitativo. Albergan la esperanza de llegar a un punto común, ayudados por un mediador, cuyo papel es dotarles de la confianza necesaria para que elaboren sus propios acuerdos. Al promover la autonomía de la voluntad, permite que las partes encuentren la solución a sus problemas y asuman un mayor compromiso con sus acuerdos, ya que son ellas quienes los han diseñado para responder a sus necesidades e intereses específicos. Se parte de la premisa de que nadie mejor que las partes conoce el conflicto que les afecta y todas las circunstancias que lo rodean, por lo que son las más indicadas para acordar lo que consideren conveniente.

El mediador enlaza, busca la conexión entre los que están enfrentados, trata de favorecer la comunicación entre ellos y que lleguen a un acuerdo. Cree en su capacidad de con-cordar (del latín *cum* y *cor*), armonizar, conformar, concertar, conciliar, y trata de transmitirles esa confianza. Como el educador, hace «crecer a las personas» juntándolas: «el arte más excelso es el que junta a las personas» (p. 167). Aunque no lo sepan, las partes tienen mucho que decir y escucharse, mucho que comprender y algo nuevo por descubrir. El mediador tiene la responsabilidad de promover, allí donde reina la extrañeza, el rencor, la rabia y la confrontación, una posibilidad de encuentro, acogida, pregunta y diálogo. Debe orientar a los que acuden a la mediación para que se genere una cierta unidad allí donde parece haber sólo división y oposición. En el espacio que brinda la mediación, puede convertirse en «testigo vivo de la verdad» (p. 149) que el mundo más necesita: que en la diversidad está la riqueza, el estímulo para crecer y la posibilidad de reconocernos y reconocer al prójimo, de ir más allá de nosotros mismos, en definitiva, de transformar el dolor inicial en una oportunidad de crear algo bello. Sí, bello, porque usar la razón y servirse de las palabras para ponerse de acuerdo es algo bueno y bello, contribuye a crear una «isla de paz» (pp. 107-109). Qué mágicos se vuelven los acuerdos cuando las partes, cansadas de sufrir y desgastadas por el constante enfrentamiento y el «y tú más», descubren y participan de esta verdad.

En los problemas familiares el sufrimiento emerge desde lo más profundo, pues afecta al lugar donde podemos ser nosotros mismos y protegernos de la intemperie a la que estamos expuestos (p. 7). Es injusto pretender que una ruptura no duela, no suponga una crisis, no nos devuelva a la intemperie. Pero es más injusto aún no acoger la pedagogía del dolor, desperdiciar la experiencia, que esas «toneladas de sufrimiento que los humanos hemos sido y somos capaces de infligir a otros humanos» (p. 10) sean en vano. El espacio que procuramos en la mediación familiar puede evitar que los que acuden a ella se hundan en la grieta sangrante que nace del conflicto, ayudándoles a madurar: «La madurez del humano se expresa en la capacidad de hacer, de irradiar, de crear. Ser fuente genera, he aquí la madurez del humano. ¿y ser generador de qué? De más mundo y de más vida. Sí, más mundo: armonía, cosmicidad, justicia, estabilidad. Y más vida: amor, pensamiento, calidez, fraternidad» (p. 88).

El talento del mediador reside en recordar a las partes en conflicto que son origen e inicio, que en su capacidad de respuesta radica su responsabilidad radical (pp. 177-178). Las confirma con su sí: «Sí, eres inicio; harás tu camino, y será un buen camino» (p. 64). Esto refuerza la idea de que el ser humano es una profundidad abierta al mundo. La atención, en este contexto, es el esfuerzo para ensanchar un milímetro más esa apertura y mantenerse en ella. En la mediación se cultiva esta mirada atenta, esta aproximación a las cosas del mundo, sin fundirse en ellas, que permite conocerlas desde una distancia respetuosa, la del tercero que mira desde fuera el conflicto (pp. 20-21). Esta distancia es decisiva en el espacio de mediación, donde el discurso de ambas partes es acogido con una escucha atenta libre de juicio. El mediador actúa como puente y traductor, para que el mensaje llegue nítido y limpio, para que la hondura del otro sea comunicada en su desnudez y transparencia. Sólo así se pueden producir los verdaderos encuentros que nos marcan, en los que «un alma toca otra alma» (pp. 42-43).

El mediador orienta a las partes para recobrar su aliento originario, es decir, les recuerda el inicio que la vida les convoca a ser. Pueden volver a empezar, dar comienzo a algo nuevo, hacer las cosas bien (p. 140). Hasta para separarse hay que aprender, porque se puede hacer mejor o peor. En la mediación familiar esto se traduce en empoderar a las partes para que salgan de la situación abrumadora que arrastran, y puedan concordar. El mediador confía en las personas que tiene ante sí y, dándoles confianza (p. 61), las capacita para tomar decisiones de común acuerdo. En efecto, escribe Esquirol, «ser inicio significa darse cuenta de que es uno mismo quien puede comprometerse, quien puede esforzarse, quien puede ayudar, quien puede luchar, quien puede amar [...]; ser inicio significa sentirse capaz» (pp. 56-57). Lo que parecía una situación sin salida puede transformarse en una oportunidad para crecer y madurar.

El mediador ayuda a las partes a reconocerse en su dignidad, recordándoles que son más que el conflicto, que son «alguien» (pp. 52-53). Les muestra que existe una manera positiva de afrontar el conflicto, que no están condenados a verse como enemigos. Intenta hacerles ver que son libres, capaces de responder, de salir de la inercia, del miedo y del odio, de hacer experiencia «del *no* frente al mal» que implica combatir contra él (pp. 132-133). Ante el conflicto, el mediador irradia una mirada transformativa y llena de vida. Está llamado a juntar, a cultivar el umbral, el límite «que junta sin confundir» (p. 37).

La mediación como lugar de atención, cuidado, construcción, reposo y testimonio

«Vivir es [...] procurar encontrar la forma [...] Sí, ¡que haya una manera!, y no una mera inercia [...]. Una manera sencilla, a la vez que honda, generadora y reflexiva [...] que articule *contemplación, acción médica* y *construcción*» (p. 144). Así resume Esquirol los movimientos del alma frente a la revelación del mundo como belleza, sufrimiento y camino (pp. 123 ss), seguidos por dos movimientos que reclama la vida madura: el reposo —frente al «desasosiego de la sociedad contemporánea» (p. 148)—, y el «testimonio de lo que nos pasa» (p. 150).

La mediación debe realizarse preferiblemente en una mesa redonda. Esta necesidad de un espacio concreto encuentra su sentido precisamente en que gracias a esta configuración se elimina la jerarquía visual y simbólica, promoviendo igualdad y equidad entre las partes. La forma redonda facilita la comunicación y el contacto visual directo, mejorando la comprensión mutua y creando un ambiente de colaboración en lugar de confrontación. Además, refuerza la neutralidad del mediador, quien se sienta como un facilitador entre iguales, lo que ayuda a construir confianza y reducir la tensión. Esta disposición asegura que todos los participantes se sientan incluidos y escuchados, lo cual es crucial para el éxito del proceso mediador.

Esquirol me ha hecho más consciente de la experiencia que vivo a diario. Al principio, las miradas se evitan; hay vergüenza, miedo, soledad y, sobre todo, sufrimiento. Hay un anhelo de comprensión, de esperanza y unión, ojos que piden ser mirados con amor, que alguien les dé «testimonio de un más allá del mal» (p. 133), de que el mal no es la última palabra. Hace falta entonces una mesa circular, para que las miradas, que inicialmente están dirigidas hacia dentro, puedan salir al encuentro del otro y detectar en los ojos del familiar su petición de comprensión, buscando llegar a un acuerdo que brinde cierta paz. Por eso, la mediación es un lugar de escucha y comprensión, donde cabe encontrar «el sentido y la fuerza para resistir frente a todas las embestidas del absurdo» (p. 17).

«No hay lugar sin alguien detrás del umbral» (p. 44) que se dirige «a todos y a cada uno», llamándolo por su nombre, haciéndole descubrir que es «alguien capaz» (p. 51). La mediación es un espacio de claridad y calidez, luz y ternura, donde se cultiva la no indiferencia (p. 10) y «hay tiempo» (p. 36), lugar en el que se llama a responder ante el rostro del otro, en su desnudez. En la mediación se recupera el sentido y la orientación, se reconoce la diferencia y se busca la unión de los corazones, la (con)cordia.

A MODO DE CONCLUSIÓN

Ana Llano Torres

Lo importante no es quién tiene razón, sino cómo es posible vivir. Llevo años rumiando, tratando de hacer carne esta afirmación. Lejos de despreciar la inteligencia, la exalta ligándola a lo que verdaderamente nos urge: el presente, del que nadie puede salirse, ese presente continuo, no desligado del pasado, ni del futuro, que es la vida con sus imprevistos. En la docencia, en los procesos restaurativos o en la mediación familiar, es «Mejor dejarse de etiquetas y reconocer, sencillamente, que el humano es *quien afronta la situación*, quien es inicio afrontando su situación» (p. 59). Cuando la vida —no la vida que pasa, la vida que viene— nos hiere, debemos decidir, dar nuestro sí o nuestro no. Ahí, cada uno dentro de su circunstancia, en lo más profundo, somos iguales.

Reivindicando el legado de Camus, Orwell, Aron, Barthes, Arendt, Bernanos y Tillion, «poetas de mundo» (p. 140) que nos enseñan a abrirnos a la alteridad que nos salva de nuestro ego, a pensar, mirar y vivir acogiendo la realidad en su polaridad, concreción y multiplicidad de matices, a ser leales con la experiencia, en vez de atrincherarnos en bandos, o justificar la violencia en nombre de alguna abstracción, Jean Birnbaum nos ayuda en *El coraje del matiz* (2024) a redescubrir ese fondo humano irreductible que nos une. Agradecida a esa «fraternidad subterránea del matiz» a la que apela el periodista y ensayista francés, concluyo confesando mi deseo —que comparten Alicia y Elena— de aprender el coraje humilde y la certeza serena con que hace filosofía Josep María Esquirol, el lenguaje y la manera, a la par decididos y templados, con que se comunica, y de formar parte de lo que Patočka llamó «la solidaridad de los conmovidos» (p. 175).

REFERENCIAS

Birnbaum, J. (2024), *El coraje del matiz*. Encuentro.

Blakely, J. (2024), *Lost in Ideology. Interpreting Modern Political Life*. Agenda Publishing.

Dell'Asta, A. (2023), *La «Pace russa». La teologia politica di Putin*. Morcelliana, Brescia.

Dreyfus, H., Taylor, Ch. (2016), *Recuperar el realismo*. Rialp.

Eagleton, T. (1997), *Ideología: una introducción*. Barcelona, Paidós, trad. De J. Vigil Rubio.

Eagleton, T. (2009), *La idea de la cultura: una mirada política sobre los conflictos culturales*. Paidós. Trad. de R. del Castillo.

Eliot, T. S. (1981), «Coros de 'La Piedra'», VI, vv. 22-26, en *Poesías reunidas 1909-1962*, Alianza.

Esquirol, J. M. (2021), *Humano, más humano. Una antropología de la herida infinita*. Acantilado.

Esquirol, J. M. (2024), *La escuela del alma*. Acantilado.

Freeden, M. (2013), *Ideología: una introducción*. Ed. Universidad Cantabria. Trad. de P. Sánchez León, prólogo de J. Fernández Sebastián.

Freeden, M., Talshir, G., Humphrey, M. eds. (2006), *Taking Ideology Seriously: 21st Century Reconfigurations*. Clarendon Press.

Giussani, L. (2007), *El camino a la verdad es una experiencia*. Encuentro.

González Sáinz, J.A. (2009), *Ojos que no ven*. Anagrama.

Grossman, V. (2017), *Todo fluye*. Galaxia Gutenberg. Trad. de M. Rebón.

Guardini, R. (1996), *El contraste. Ensayo de una filosofía de lo viviente concreto.* BAC.

Haynes, J. M. (2000), *Fundamentos de la mediación familiar. Manual práctico para mediadores.* Gaia Ediciones.

Havel, V. (2018), *El poder de los sin poder y otros escritos.* Encuentro.

Innerarity, D. (1992), *La libertad como pasión.* EUNSA.

Lewis, C. S. (2006), *Las cartas del diablo a su sobrino.* Rialp.

Llano Torres, A. (2021), La vida como vocación en la fenomenología de la acción de Capograssi, *Persona y Derecho,* vol. 85, n. 2, pp. 105-140.

Llano Torres, A. (2025), La actualidad del mensaje de *Archipiélago Gulag* 50 años después, artículo aceptado el 19-8-2024, prepublicado *online;* saldrá en papel en *Persona y Derecho* vol. 93 (2026).

Pieper, J. (2024), *El descubrimiento de la realidad.* Rialp.

Rosa, H. (2019), *Resonancia: una sociología de la relación con el mundo.* Katz.

Rosa, H. (2021), *Lo indisponible.* Herder.

Ruiz del Árbol, L. (2023), *Lo que todavía vive.* Madrid.

Snyder, T. (2022), *El camino hacia la no libertad.* Galaxia Gutenberg.

Stein, E. (2002), *La estructura de la persona humana.* BAC.

Zambrano, M. (2007), «La mediación del maestro», escrito en 1965 e inédito, cedido por Jorge Larrosa a la Revista *El cardo* 21-2-2007, disponible *online:* https://revistaelcardo.blogia.com/temas/entre-maestros-y-maestros/.

Zerolo, A. (2022), *Época de idiotas. Un ensayo sobre el límite de nuestro tiempo.* Encuentro.